Die Doppelrolle der Frau in Familie und Beruf

Alva Myrdal / Viola Klein

Die Doppelrolle der Frau in Familie und Beruf

Kiepenheuer & Witsch
Köln / Berlin

Titel der Originalausgabe
WOMEN'S TWO ROLES · HOME AND WORK
Routledge & Kegan Paul Ltd. London

Aus dem Englischen von Ursula Schroth-Pritzel

Dritte überarbeitete und erweiterte Auflage 1971

Gesamtherstellung Weiß & Zimmer AG Mönchengladbach
Schutzumschlag Hermann Bürger Köln
Printed in Germany 1971
ISBN 3 462 00748 3

Inhalt

Verzeichnis der Tabellen und Schaubilder

TABELLEN

SCHAUBILDER

Vorwort

Dieses Buch hat eine ziemlich lange Geschichte. Es entstand aus einer Anregung, die mir kurz nach dem Ende des letzten Krieges der Internationale Akademikerinnenbund (IFUW) gab. Er schlug nämlich eine internationale Erhebung über notwendige Sozialreformen vor, damit die Frau das Familien- und Berufsleben besser miteinander in Einklang bringen könnte. So wurden über die Ländergruppen der IFUW Fragebogen verteilt und Informationen gesammelt, die zeigten, daß in vielen Ländern ein wachsendes Interesse und Verständnis für dieses Problem bestand, und daß in einigen Teilen der Welt schon die ersten Schritte getan waren, um der Frau den vollen Einsatz im Wirtschaftsleben ihres Landes zu erleichtern.

Das verfügbare Material war jedoch zu verschiedenartig, um wissenschaftlichen Ansprüchen an seine Zuverlässigkeit zu genügen; auch war der Krieg noch nicht so lange beendet, daß man hätte sagen können, welche Verhältnisse sich als normale Friedensverhältnisse bezeichnen ließen. Schließlich brachten meine Aufgaben zunächst bei den Vereinten Nationen und dann bei der UNESCO nicht nur die praktische Unterbrechung der 1946 begonnenen Forschungsarbeit mit sich; meine Eindrücke von der überwältigenden Fülle der Probleme in den unterentwickelten Ländern waren so stark, daß es mir auch geistig unmöglich schien, eine Untersuchung fortzuführen, die sich lediglich auf einige wenige besonders begünstigte Länder beziehen konnte.

Als man mich drängte, die unterbrochene Arbeit an dem Manuskript wieder aufzunehmen, fand ich die Lösung für meine Schwierigkeiten in der Zusammenarbeit mit Viola

Klein. Zwar gingen wir von verschiedenen Seiten an das Problem Frau und Beruf heran, aber es bestand glücklicherweise eine grundsätzliche Übereinstimmung zwischen uns in allen entscheidenden Fragen.

So ist dieses Buch das Ergebnis unserer harmonischen Zusammenarbeit. Da wir örtlich getrennt waren, und jede von uns neben der Arbeit an diesem Buch einen vollen Beruf auszuüben hatte, kamen wir nicht ganz so rasch damit voran, wie wir es wünschten. Wir gestehen, daß es Augenblicke gab, da uns ein Leben mit nur zwei Aufgabenkreisen – Beruf und Familie – als eine »geruhsame« Existenz erschien, nach der wir uns geradezu sehnten. Deshalb dürfen wir mildernde Umstände für uns erbitten, falls manche Leserin gelegentlich glauben sollte, wir hätten die Schwierigkeiten ihrer Doppelaufgabe unterschätzt.

ALVA MYRDAL

Vorwort zur deutschen Neuauflage

Die Neuauflage dieses Buches bietet uns eine willkommene Gelegenheit, die in seiner ersten Fassung dargelegten Argumente nochmals nachzuprüfen und, soweit notwendig, zu berichtigen.

In einer Periode raschen gesellschaftlichen Wandels scheinen mehr als zehn Jahre tatsächlich eine lange Zeit. Kann eine im Jahre 1956 unternommene Sozialanalyse auch noch heute bestehen? Die Entwicklung ist auf den hier abgehandelten Gebieten sehr ausgeprägt verlaufen; hat sie sich in jener Richtung bewegt, die wir damals voraussahen? Ein Großteil unserer Gedankengänge beruhte auf Bevölkerungsstatistiken, die jetzt durch neuere Zahlen ergänzt werden können, sowie auf der Deutung wirtschaftlicher Entwicklungslinien – bekanntlich ein unsicherer Boden für Prognosen.

Prüfen wir unser Buch aus der Rückschau auf eine zehnjährige Erfahrung und mit dem Abstand, der die Frucht einer so langen Zeitspanne ist, dann fühlen wir uns überzeugt, daß seine Gedankengänge heute nicht weniger gültig sind als seinerzeit. Einige Ideen, die damals neu erschienen, sind durch häufige Wiederholungen zu Allgemeinplätzen geworden; z. B. die »Vier Phasen im Leben einer Frau« und die Tatsache, daß verheiratete Frauen die »letzte, relativ unerschlossene Arbeitsreserve« bilden.

Wenn wir das Buch heute neu zu schreiben hätten, dann würden wir zweifellos manche Akzente etwas ändern und einige neuere Entwicklungen unterstreichen (wie etwa den wachsenden Anteil über 35jähriger verheirateter Frauen auf dem Arbeitsmarkt, oder die direkte Beziehung zwischen dem Bildungsniveau und der Beschäftigungsrate von

Frauen); einige Argumente würden wir fortlassen (zum Beispiel die Erörterung, wie weit sich die Berufstätigkeit der Frau auf die Fruchtbarkeitsrate auswirkt); auch würden wir, soweit vorhanden, neuere Forschungsergebnisse mit heranziehen. Ferner würden wir es heute für weniger nötig halten, eine Defensivstellung zu beziehen, als zu einer Zeit, wo die Erwerbstätigkeit von verheirateten Frauen noch eine weniger verbreitete und mehr umstrittene Erscheinung bildete. Dies sind jedoch geringfügige Einzelheiten, die die Hauptlinie nicht berühren: vielleicht ein Wechsel der Tonart, aber keine Veränderung der Melodie.

Sowohl in wirtschaftlicher wie in bevölkerungspolitischer Hinsicht haben sich die früher beobachteten Entwicklungslinien in derselben Richtung fortgesetzt – nur noch ausgeprägter als man damals voraussehen konnte.

Beispielsweise hat in drei von den vier in diesem Buch untersuchten Ländern der Anteil der Bevölkerung an den »nicht-produktiven« Altersgruppen auf beiden Seiten der Altersskala zugenommen. Der Prozentsatz der Bevölkerung von 65 Jahren und darüber ist ebenso erheblich gestiegen wie der der unter 15jährigen; und überdies geht ein größerer Teil von jungen Leuten jetzt länger zur Schule oder auf die Universität.

Anteil der Bevölkerung im nicht-erwerbstätigen Alter 1950 und 1962, in vH

	Unter 15 Jahren		65 Jahre und mehr	
	1950	1962	1950	1962
U. S. A.	26,8	31,2	8,1	9,3
Großbritannien	22,3	23,0	10,7	11,8
Frankreich	22,7	28,2	11,4	11,8
Schweden	23,4	21,5	10,3	12,1

Quelle: Manpower Statistics 1950–1962, O.E.C.D., Paris 1963.

Diese Entwicklung setzt sich fort und ist von wachsender Bedeutung. Um nur ein Beispiel zu nennen: nach Vorausberechnungen[1] wird der Anteil der unter 15jährigen sowie der Pensionsberechtigten in England und Wales bis zum Jahre 1970 auf 39,9 vH, und bis 1980 auf 41 vH ansteigen (wobei die für 1971 vorgesehene Heraufsetzung des Schulabgangsalters von 15 auf 16 Jahre noch unberücksichtigt bleibt; dadurch wird sich der nicht-produktive Bevölkerungsteil um weitere 1,5 vH erhöhen). Eine ähnliche Entwicklung läßt sich auch in den anderen Industrieländern beobachten.

Die Heiratsquote ist weiter gestiegen und das Durchschnittsalter bei der ersten Eheschließung noch mehr zurückgegangen. Mehr als ein Viertel aller Bräute im Vereinigten Königreich ist unter 20, und reichlich ein Drittel in den USA ist 19 Jahre oder jünger. Entsprechend ist das Alter der Frauen, in dem sie Kinder gebären, gesunken, so daß – selbst wenn man den inzwischen erfolgten leichten Anstieg der Geburtenrate berücksichtigt –, die Zeitspanne »nach der aktiven Mutterschaft« sich weiter ausdehnte. Die steigende Erwerbsquote der Frauen von über 35 Jahren spiegelt zum Teil diese Entwicklung wider.

Hauptsächlich als Folge der hohen Heiratsquote in jungen Jahren hat sich die Knappheit an Arbeitskräften vor allem in den traditionell weiblichen Berufen zugespitzt, wie etwa in der Krankenpflege, im Lehrberuf, in der Sozialarbeit und in dem ständig wachsenden Dienstleistungssektor der Volkswirtschaft.

Unsere hochindustrialisierte Gesellschaft erzeugt eine ständig wachsende ungeheure Menge von Konsumgütern, von denen die meisten dazu beitragen, die Haushaltsführung zu vereinfachen. Sie wirken gleichzeitig als Anreiz zur Erwerbstätigkeit verheirateter Frauen, denen dadurch eine Möglichkeit geboten wird, das Familieneinkommen zu erhöhen und diese Konsumgüter zu erstehen. Auf diese

1 Registrar General's Statistical Review of England and Wales, 1963, Teil II, Bevölkerungstabellen, 1965.

Weise hat unser Wirtschaftssystem durch seine eigene Antriebskraft eine Schraube ohne Ende in Bewegung gesetzt: Mehr Haushaltsgeräte stellen mehr Frauen für Erwerbsarbeit frei, und mehr verheiratete Frauen in bezahlter Arbeit steigern die Notwendigkeit – und beschaffen das Bargeld – für mehr und bessere hauswirtschaftliche Vorrichtungen. Der Druck von Massenproduktion und Wirtschaftswerbung hat eine Lage geschaffen, in der die Erwerbstätigkeit der verheirateten Frauen für große Teile der Bevölkerung den Schlüssel für den Zugang zu dem vielzitierten »Wohlstand« unserer Gesellschaft liefert, und die Verhältnisse auf dem Arbeitsmarkt sind dergestalt, daß Arbeitsplätze dieser oder jener Art nicht schwer zu finden sind.

Als ein Nebenergebnis dieser Entwicklungen hat sich ein bemerkenswerter Wandel in der öffentlichen Meinung vollzogen. Zwar bestehen noch an einigen Stellen Vorurteile gegen die Beschäftigung von verheirateten Frauen, aber sie sind im Schwinden begriffen. Die Praxis, einer Ganztags- oder wenigstens einer Teilzeitarbeit nachzugehen, hat sich unter Frauen in den dreißiger und vierziger Jahren, unabhängig von ihrer sozialen Herkunft, so weit verbreitet, daß diejenigen, die es nicht tun, jetzt fast erklären müssen, warum sie zu Hause bleiben.

In diesem Sinne hat sich die vor Jahren von uns in schwachen Umrissen vorausgesehene Entwicklung zum Kreis gerundet. Man möge uns verzeihen, daß wir über die Richtigkeit unserer Prognose eine gewisse Genugtuung empfinden.

Nach dem Gesagten halten wir es nicht für notwendig, unseren Text stark abzuändern. Durch Ersetzen oder Ergänzen einiger Tabellen haben wir die demographischen Angaben auf einen neueren Stand gebracht, und wir haben das vierte Kapitel (»Frauen im Erwerbsleben von heute«) unter Heranziehung neuer Unterlagen weitgehend umgeschrieben.

Auch haben wir unsere Bibliographie um einschlägige Veröffentlichungen des letzten Jahrzehnts erweitert.
Was andere Teile des Buches – etwa die Kapitel sechs und sieben – anbetrifft, so liegt wohl eine Reihe von neueren Untersuchungen vor, die wir natürlich an Stelle der älteren angeführt hätten, wenn wir das Buch heute schreiben würden; wir glauben, daß ihre Ergebnisse das Gesamtbild weder wesentlich verändert, noch so neue Erkenntnisse hinzugefügt haben, daß wir genötigt wären, die hier dargelegten Auffassungen zu berichtigen. Wer sich ernsthaft mit dem Thema beschäftigt, wird mit Hilfe der Bibliographie die Angaben dieser Seiten ergänzen können.
Bei der Neubearbeitung des vorliegenden Werkes haben wir auch die Frage erwogen, ob wir diese Gelegenheit nicht dazu benützen sollten, das aus vier westlichen Industrieländern stammende Tatsachenmaterial, auf das sich unsere Beweisführung stützt, durch Aufnahme entsprechender Daten über die Berufstätigkeit der Frauen in der Bundesrepublik zu ergänzen, um dem deutschen Leser eine Vergleichsmöglichkeit mit der Situation im eigenen Lande zu geben. Aus mehreren Gründen haben unsere Überlegungen jedoch zu einem negativen Schluß geführt.
Dazu gehört vor allem, daß die Einzelheiten, die hier über Frauenarbeit in England, Frankreich, Schweden und den Vereinigten Staaten angeführt werden, in erster Linie als Beispiele einer Allgemeinentwicklung gedacht sind, die mit zunehmender Industrialisierung untrennbar verbunden ist und an der andere Staaten in einem ähnlichen Wirtschaftsstadium – ungeachtet historischer oder ideologischer Unterschiede – *mutatis mutandis* teilnehmen.
Überdies sind inzwischen die Ergebnisse der von der Bundesregierung veranlaßten Frauen-Enquête veröffentlicht worden, die alles vergleichbare Material – und noch vieles darüber hinaus – über die Situation der Frauen in Beruf, Familie und Gesellschaft in der BRD enthalten. Der an dem Problem ernstlich interessierte deutsche Leser befin-

det sich daher in der besonders günstigen Lage, vergleichende Analysen selbst zu unternehmen. Derartige internationale Vergleiche werden in dem Bericht der Bundesregierung selbst durch wiederholte Hinweise auf die vorliegende Studie nahegelegt.

Sowohl in seiner Methode wie in seiner Zielsetzung ist unser Buch eine Untersuchung sozialer Wandlungen und nicht ein Plan für eine ideale zukünftige Gesellschaft. Wir waren bestrebt, die Wirklichkeit so, wie wir sie antrafen, zu analysieren, die im Wirken begriffenen sozialen Kräfte zu verstehen, und aus den von uns beobachteten Entwicklungslinien einige der möglichen Folgen abzuleiten. Auch haben wir versucht, diesen oder jenen Weg aufzuzeigen, wie die Gesellschaft den Menschen, die durch die neuen Lebensbedingungen am unmittelbarsten betroffen werden, bei der Anpassung helfen könnte.

Ein solches »Mindestprogramm« muß für jene, die die Gesellschaft reformieren wollen, enttäuschend hinter ihren Erwartungen zurückbleiben. Gleichzeitig muß es sich jene zu Gegnern machen, die den Status quo erhalten wollen.

Als Soziologen sehen wir jedoch unsere Aufgabe weder darin, ein phantasiereiches Traumbild einer neuen und besseren Gesellschaft zu liefern, noch in dem vergeblichen Versuch, unumgängliche Wandlungsprozesse aufzuhalten. Unsere Aufgabe ist es, die Verhältnisse so wie sie zu einer gegebenen Zeit an einem gegebenen Ort bestehen, zu studieren und zu beschreiben, um dann auf Grund der beobachteten Tatsachen begrenzte Voraussagen über mögliche Entwicklungen in der nahen Zukunft zu machen. Das mag ein weniger erregendes Unterfangen sein, als eine direkte Einflußnahme auf die Ereignisse in dem Bestreben, ihren Lauf zu ändern; es ist nichtsdestoweniger eine wesentliche Aufgabe. Denn ohne eine streng sachliche Bewertung der gegenwärtigen Lage sowie der zugrunde liegenden Vorgänge muß jede soziale Maßnahme wirkungslos bleiben.

ALVA MYRDAL UND VIOLA KLEIN

Einleitung

Soll die verheiratete Frau außerhalb des Hauses beschäftigt sein? Das ist in den letzten Jahren zum aktuellsten, die Frau betreffenden Thema geworden, und die Auseinandersetzung wird auf beiden Seiten sehr leidenschaftlich und mit tiefer Überzeugung geführt. Da hierbei vieles von wesentlicher Bedeutung für das Leben jedes einzelnen mitspricht, überrascht es nicht, daß sich die Erörterung fast überwiegend auf der Ebene persönlicher Meinungen und Gefühle, statt auf der Grundlage von soziologischen Tatsachen bewegt. Solche Tatsachen sind jedoch für eine vernünftige Einschätzung der Situation und für ein nüchternes Abwägen des Für und Wider wesentlich. Deshalb ist es die Absicht dieses Buches, die sachdienlichen Unterlagen für eine derartige Beurteilung zu liefern.

Unsere Leser werden nicht im Zweifel darüber gelassen, nach welcher Seite wir in dieser Kontroverse neigen. Wie wir hoffen, werden sie uns aber zutrauen, daß wir bei der Sammlung von Tatsachen und der Darlegung der damit zusammenhängenden Probleme unparteiisch vorgegangen sind.

Das Problem »Frau und Arbeit«, und die allgemeine Frage nach der Rolle der Frau in der Gesellschaft hat sich während der letzten Jahrzehnte völlig verändert. Es handelt sich nicht mehr um die Frage, für welche Tätigkeiten die Frau körperlich und geistig befähigt ist. Die Erfahrung hat den langen Streit um die weiblichen Fähigkeiten beigelegt und bewiesen, daß die Frau sich auch auf ganz anderen Gebieten betätigen kann als lediglich auf denen, die mit der allgemein verbreiteten Vorstellung vom »schwachen Geschlecht« vereinbar sind.

Der Diskussionspunkt hat sich heute von der Frage »Was *kann* die Frau tun?« auf die Frage »was *sollte* die Frau tun?« verlagert. Bei dieser Frage geht es sowohl um das Interesse an dem individuellen Glück der Frau, als auch am Wohl der Gesellschaft.

Das Problem, was man mit seinem Leben anfangen soll, stellt sich der Frau mit größerer Schärfe als dem Mann – teils weil die Frauen auf wichtigen Gebieten des Soziallebens vergleichsweise Neulinge sind, teils, weil ihr Leben enger mit der Existenz der Familie und dem Fortbestand der Menschheit verbunden ist.

Im gegenwärtigen Stadium unserer gesellschaftlichen Entwicklung lassen sich die Frauen von zwei offensichtlich widerstreitenden Zielen leiten. Einerseits möchten sie, wie jedermann, ihre Persönlichkeit voll entwickeln und im Rahmen ihrer individuellen Anlagen und Neigungen an dem bestehenden sozialen und wirtschaftlichen Leben aktiv teilnehmen. Andererseits wünschen sich die meisten Frauen ein Heim und eine eigene Familie. Früher, als sich das soziale und wirtschaftliche Leben überwiegend zu Hause abspielte, gerieten diese Ziele nicht miteinander in Konflikt. Heute scheint das anders zu sein.

Aber auch die Gesellschaft stellt heute zweierlei Anforderungen an die Frau, und auch diese geraten unter den gegenwärtigen Lebens- und Arbeitsverhältnissen in Widerspruch zueinander. Die Notwendigkeit des Fortbestandes und der Regeneration der Gesellschaft, die der Frau eine relativ größere Verantwortung als dem Manne auferlegt, stellt nämlich zugleich Anforderungen an die Frau, die mit der Notwendigkeit des wirtschaftlichen Fortschritts in Widerspruch stehen. Die Verwirklichung dieses Fortschritts hängt in beträchtlichem, doch oft unterschätztem Maße von der Mitwirkung der Frau ab.

Dieses Zusammentreffen von widerstreitenden Interessen hat in den letzten ein oder zwei Generationen zu einer öffentlichen Diskussion und zu mannigfaltigen Interpretationen der »wahren« Rolle der Frau in der Gesellschaft geführt. Allmählich werden die Frauen es aber müde, die einander ständig widersprechenden Ermahnungen über ihre Pflichten anzuhören. Unterschiedliche kulturelle Traditionen machen ihren Einfluß geltend, und gegensätzliche politische Ideen haben das umstrittene Problem getrübt. Es gibt kein einheitliches Ideal, das für so grundverschiedene Lebensstile oder Familienformen anwendbar wäre, wie jene in einem mitteleuropäischen Dorf und in einer Vorstadt von Los Angeles. Trotzdem gehören auch sie zu unserer heutigen Welt und sind einander erreichbar nahegerückt.

In früheren Zeiten kannte die Frau ihren Platz und verbrachte ihr Leben mit der Betreuung ihrer Familie. Ihre Welt wurde von den Wänden ihres Heims begrenzt. Von dorther drängte eine entschlossene Minderheit in die Welt des Geschäftslebens und der Öffentlichkeit hinaus, und es gelang ihr, dort in dem Maße Zugang zu finden, in dem sie bereit war, Heim und Familie den Rücken zu kehren.

Jene Pioniertage sind jetzt vorbei. Mit ihnen schwand für die Frau die Notwendigkeit, zwischen unvereinbaren Alternativen eine oft verhängnisvolle Entscheidung treffen zu müssen. Der gordische Knoten eines scheinbar unlöslichen weiblichen Dilemmas wurde zerschnitten. Die technische und gesellschaftliche Entwicklung der letzten Jahrzehnte hat der Frau Gelegenheit gegeben, ihr Interesse an Haus und Beruf miteinander zu vereinen, wenn wir die beiden Interessenkreise einmal kurz auf diese Art charakterisieren dürfen. Die Frau braucht nicht mehr auf die Freuden des einen Lebenskreises zu verzichten, um die Befriedigung durch den anderen zu erlangen. Die Vorzüge von beiden Bereichen sind für sie in greifbare Nähe gerückt, wenn sie nur ihre Hand danach ausstreckt.

Um dies nicht nur für wenige Auserwählte Wirklichkeit werden zu lassen, bedarf es einer Art geistiger Umwälzung. Ohne Zweifel ließe sich die Gesellschaft so organisieren, daß den Frauen ein praktischer Spielraum für Familie und Erwerbsberuf gegeben wird. Doch bevor diese beiden Aufgaben zu einem harmonischen Ganzen verschmolzen sind, wird es nötig sein, weit klarer als bisher über die Ziele und die Mittel zu ihrer Verwirklichung nachzudenken und den Tatsachen mutig ins Auge zu sehen.

Bei der Erörterung dieses heutigen Frauenproblems ist eine Einschränkung zu machen: Wir sprechen hier nur über die Frau in der westlichen Gesellschaft. Wir sind uns völlig darüber klar, daß es kein einheitliches »Frauenproblem« gibt, das in gleicher Weise alle Länder betrifft. Im Rahmen dieser Untersuchung würde es jedoch unmöglich sein, eine vergleichende Betrachtung über die Rolle der Frau in der ganzen Welt mit einzuschließen oder die mannigfaltigen Schwierigkeiten zu erörtern, denen die Frau in anderen Kulturkreisen und in den verschiedenen Stadien der gesellschaftlichen Entwicklung gegenübersteht.

Für die Zwecke dieser Untersuchung wurde das Schwergewicht auf die Situation gelegt, die sich in den meisten hochindustrialisierten Ländern unserer Zeit darbietet. Wir müssen uns aber dennoch der Tatsache bewußt bleiben, daß auf die große Mehrzahl der Frauen in der heutigen Welt – nämlich auf alle jene in den unterentwickelten Ländern mit ihren schnell ansteigenden Bevölkerungsziffern, ihren großen Familien und vorindustriellen Wirtschaftsformen – die hier dargelegten Probleme sich zur Zeit nicht beziehen. Wenngleich sich diese Untersuchung also nur mit einer besonderen Phase in dem fortschreitenden gesellschaftlichen Entwicklungsprozeß befaßt, hat das Thema von der Doppelaufgabe der Frau in der Gesellschaft dennoch universelle Geltung. Denn wahrscheinlich werden sich ähnliche Probleme wie die, mit denen wir es gegenwärtig in den industrialisierten Ländern zu tun haben, später auch anderswo ergeben, wenn nämlich andere Länder industrielle Entwicklungsstufen erreichen, die den unseren im industrialisierten Westen entsprechen.

Es ist zu hoffen, daß die Erfahrung und Einsicht, die in den modernen Industrieländern während eines Jahrhunderts der Experimente und Irrtümer so teuer erkauft wurde, nicht nur der Jugend dieser Länder, sondern ebenso den Menschen aller Altersstufen in den jüngeren Gemeinwesen der Welt zugute kommen wird.

I

Eine Revolution in zwei Stufen

Die soziale Stellung der Frau hat in unserem Jahrhundert eine Reihe tiefgreifender Wandlungen erfahren, in der wir zwei Hauptphasen unterscheiden können. Die erste ist durch die Zulassung der Frau zu einer immer größeren Vielfalt von bisher »männlichen« Arbeiten gekennzeichnet, im großen und ganzen jedoch unter der Voraussetzung, daß die Frau nicht durch Familie gebunden war. Das hervorstechendste Merkmal der zweiten Phase ist das Bemühen einer wachsenden Zahl von Frauen, Familie und Erwerbsarbeit miteinander zu verbinden. Insgesamt läuft dieser soziale Wandel auf eine schrittweise Rückgewinnung von Positionen hinaus, die verlorengingen, als die Frau durch die industrielle Revolution aus dem Wirtschaftsleben verdrängt wurde.

Vor dieser Revolution hat die Frau zu allen Zeiten äußerst tätig am wirtschaftlichen Leben der Gesellschaft teilgenommen, so wie es in Agrarländern bis heute noch der Fall ist. Ihre Doppelaufgabe, Kinder aufzuziehen und wirtschaftlich produktive Arbeit zu leisten, verschmolz zu einer einheitlichen Lebensform der Arbeit im Hause. Als die Industrialisierung eine Aufgabentrennung erzwang, glaubte man zunächst, die Frau könne nur noch eine der beiden Funktionen fortführen, nämlich die in der Familie. Daher mußten die Frauen zuerst ihr Recht, Seite an Seite mit dem Manne zu arbeiten, durchsetzen; und jetzt müssen sie beweisen, daß sie beide Aufgaben während ein und derselben Lebenszeit ausfüllen können – eine Lebenszeit, die heute so viel länger als früher währt.

Natürlich wirkte sich die Ausschaltung der Frau aus den wirtschaftlichen Tätigkeitsbereichen bei den verschiedenen sozialen Schichten in unterschiedlicher Weise aus, was auch umgekehrt für ihre Eingliederung in die Erwerbstätigkeit zutrifft. Diese war im städtischen wie auch im ländlichen Proletariat eine unmittelbare Folge der Industrialisierung, und die Ausbeutung von Frauen und Kindern in der Frühzeit der Industrialisierung war einer der dunkelsten Punkte in der Sozialgeschichte des 19. Jahrhunderts. Als später die Löhne stiegen, zogen sich viele Arbeiterfrauen vom Arbeitsmarkt zurück, weil es als bedeutsames Merkmal eines höheren Lebensstandards galt, wenn Frauen und Mütter in der Lage waren, zu Hause zu bleiben, so wie es den Frauen der bessergestellten Schichten möglich war.

Schließlich fiel den Frauen des städtischen Mittelstandes die Aufgabe zu, der planvollen Rückkehr zu volkswirtschaftlich produktiver Arbeit durch ihren Eintritt in das Erwerbsleben Ausdruck zu geben.

Die Rückgewinnung der den Frauen verlorengegangenen Arbeitsgebiete ist ein langer und wechselvoller, noch keineswegs abgeschlossener Prozeß. Bei diesem Vorgang werden die größten Schwierigkeiten dadurch verursacht, daß Denkgewohnheiten, die zu früheren Phasen dieser komplizierten Entwicklung und oft auch zu besonderen Gesellschaftsschichten gehören, als absolute Maßstäbe auf Verhältnisse übertragen werden, für die sie nicht mehr anwendbar sind.

BEWÄHRUNG DER FRAU AUSSERHALB DER FAMILIE

Als erstes mußte mit der irrigen, sich hartnäckig haltenden Vorstellung aufgeräumt werden, daß die Frau nicht in die Welt der Industrie, der Erwerbsarbeit – kurz, der »Männerarbeit« hineinpasse. Die Fronarbeit der Frauen während der Frühzeit der Industrialisierung und ihre fortgesetzte Beschäftigung in verschiedenen Sparten der Leichtindustrie galt nicht als Beweis ihrer Wettbewerbsfähigkeit.

Den Vorkämpferinnen aus dem Mittelstand und den gehobenen Schichten, die sich gegen harte Widerstände ihren Weg zu individueller Anerkennung bahnen mußten, blieb der Nachweis überlassen, daß die Frau unter den gleichen Bedingungen wie der Mann zur Verrichtung von männlicher Arbeit befähigt ist. Um das zu beweisen, waren jene Vorkämpferinnen meistens durchaus bereit, die Tatsache, daß sie Frauen waren, zu übersehen, und sie gaben sich damit zufrieden, daß auch andere diese Tatsache ignorierten. Der Beitrag der Frau zum Wirtschaftsleben der Vergangenheit war in Vergessenheit geraten, und vielen schien es, daß die Frauen mit ihrem Anspruch auf einen Platz in der volkswirtschaftlichen Gütererzeugung in absolutes Neuland vorstießen. Ob sie nun zaghaft oder herausfordernd auftraten – jeder neue Schritt schien einen neuen Beweisfall darzustellen. Jede berufstätige Frau glaubte sich unablässig auf die Probe gestellt.
Das traf tatsächlich für die Vorkämpferinnen der Frauenemanzipation einzeln und insgesamt zu. Kennzeichnend für die damalige Zeit war die Veröffentlichung von unzähligen vergleichenden Untersuchungen und Messungen über die relativen Fähigkeiten und Anlagen von Mann und Frau, von ihrer Begabung für Mathematik bis zu ihrem Talent als Seiltänzer.
Diese von Psychologen und Soziologen durchgeführten Untersuchungen haben erwiesen, daß die meisten Frauen auf den meisten Gebieten ebenso leistungsfähig wie die meisten Männer sind, daß Einzelpersonen des gleichen Geschlechts stets untereinander verschiedener sind als etwa der Durchschnitt aller Personen des einen Geschlechts, verglichen mit dem Durchschnitt aller Personen des anderen Geschlechts; und daß etwaige meßbare Unterschiede in der Durchschnittsleistung des einen Geschlechts auf einem bestimmten Gebiet sich durch Unterschiede auf einem anderen Gebiet wieder ausgleichen. Wenn also Männer eine etwas größere Neigung zu einem bestimmten Beruf – etwa

dem des Technikers – zeigen, so gleichen Frauen das aus, indem sie sich anderweitig hervortun – beispielsweise auf sprachlichem Gebiet. Wenn Männer häufiger an Körperkraft überlegen sind, so zeichnen sich Frauen wiederum durch größere Geschicklichkeit aus.

Das umstrittene Problem der Leistungsvergleiche kann heute wissenschaftlich und praktisch als gelöst angesehen werden. Obgleich der Unterschied in den Verhaltungsweisen von Mann und Frau immer noch ein beliebtes Unterhaltungsthema für Salongespräche und populäre Quizveranstaltungen bildet, werden die Fähigkeiten der Frau heute nicht mehr ernsthaft bestritten. Solche Diskussionen scheinen vielmehr eine Art Nachhutgefecht zu sein, da die Entscheidungsschlacht vorbei ist. In einer Welt, die weithin die Gleichheit der Geschlechter akzeptiert, sind sie vielleicht ein letzter unbewußter Protest gegen Gleichmacherei und Einförmigkeit.

Inzwischen ist es für jeden offenbar geworden, was die Frau alles erreicht hat. Dieser Vorgang wurde zweifellos durch die beiden Weltkriege beschleunigt, in denen die Gesellschaft notgedrungen Frauen in Berufen beschäftigen mußte, die bis dahin ein männliches Monopol gewesen waren. Während des zweiten Weltkrieges war eine Zeitlang ein höchst eindrucksvolles Plakat in ganz Großbritannien zu sehen. Es zeigte das Bild einer jungen Frau in Uniform und Stahlhelm, die ein weinendes Kind aus den Flammen eines zerbombten Hauses trug. In ihrer gefaßten und nüchternen Art symbolisierte sie den Mut und die Entschlossenkeit Großbritanniens im Bombenhagel, und neben ihrer Tüchtigkeit zeigte ihre Haltung gerade jenen Anflug von Mütterlichkeit und Gefühl, der so unmittelbar an das Herz appellierte. Niemand konnte bezweifeln, daß dieses Bild echt war. Denn jeder wußte aus eigenem Erleben, daß unzählige Frauen ähnlichen Gefahren mit gleichem Mut und gleicher Gelassenheit begegnet waren und noch begegneten. Die Frauen hatten es nicht mehr nötig

»zuviel zu behaupten«, wie es jene ersten Frauenrechtlerinnen mit ihrer übertriebenen Nachahmung des Mannes taten.

Die erste Phase der Revolution war abgeschlossen, und die Frauen hatten die an sie gestellten Anforderungen erfüllt.

Es muß jedoch auch zugegeben werden, daß diese Anforderungen den Frauen auf halbem Wege entgegenkamen. In unserer äußerst komplizierten und differenzierten Wirtschaftsform findet sich für alle natürlichen Gaben Platz. Für die meisten Berufe ist physische Kraft nicht mehr unbedingt erforderlich. Viele Arbeiten, die früher nur mit großem Kraftaufwand von Menschen geleistet werden konnten, verrichten nun Maschinen, deren Bedienung weit mehr Geschicklichkeit verlangt als reine Muskelkraft; bessere hygienische Verhältnisse und kürzere Arbeitszeiten haben dafür gesorgt, daß die Arbeit in der Industrie ebenso wie in den Büros nicht mehr so anstrengend ist; und bessere Verkehrsverbindungen haben dazu beigetragen, daß die Kluft zwischen Heim und Arbeitsplatz überbrückt wurde. Geändert hat sich auch die Haltung der Arbeitgeber: die moderne Betriebsführung in Westeuropa und Nordamerika verfolgt heute nicht mehr jene kurzsichtige Politik, die durch Antreiberei das Letzte aus den Arbeitern herausholen will. Statt dessen bemüht sie sich nach Kräften, die Arbeitsbedingungen den Bedürfnissen des Menschen anzupassen. Ein gutes Arbeitsklima gilt als wesentlich für befriedigende Produktionsergebnisse. Wissenchaftliche Untersuchungen befassen sich nicht nur mit Betriebspsychologie und Menschenführung, sondern auch mit den Produktionsverfahren, um zu ermitteln, welche materiellen und psychologischen Bedingungen die höchste Produktivität gewährleisten.

Heute sind daher die Voraussetzungen für die Beteiligung der Frau am wirtschaftlichen Produktionsablauf günstiger als je zuvor seit dem Beginn der industriellen Revolution.

Darüber hinaus hat unsere Gesellschaft begonnen, die Tatsache hinzunehmen, daß die Frau im Berufsleben steht und dort auch bleiben wird.

WELCHE AUFGABE HAT DIE FRAU IN DER FAMILIE?

Den heutigen Verallgemeinerungen hinsichtlich der wirtschaftlichen Funktion der Frau fehlt es allerdings oft an Klarheit. Wir wissen jetzt, daß die äußerst wichtige Tätigkeit der Frau im Hause alten Stils, das der Mittelpunkt produktiver Arbeitsgänge war, sich von Grund auf gewandelt hat. Dennoch bildet diese häusliche Umgebung, als der anerkannte Rahmen für das Leben und die Arbeit der Frau, immer noch in einem unvernünftig großen Ausmaß den Hintergrund zu der »Rolle« der Frau. Die Erinnerung an eine längst überholte Gesellschaftsform lebt beharrlich fort und beeinflußt nicht nur unsere Träume, sondern gibt auch unseren Versuchen, vernünftig zu denken, eine falsche Richtung.

Bis zum Beginn des 19. Jahrhunderts gehörten zu den hauswirtschaftlich-praktischen Arbeiten der Frau das Spinnen, Weben und Schneidern, Brotbacken, Fleischkonservieren, Seifensieden, Bierbrauen, Obsteinmachen und viele andere Arbeiten, die jetzt gewöhnlich von Fabriken ausgeführt werden, dazu ein gutes Teil an Unterricht und Krankenpflege. So konnte der Wert der Hausfrauenarbeit nicht zweifelhaft sein. Auch das Gebären vieler Kinder – die nicht nur als zusätzlich zu stopfende Mäuler eine Belastung, sondern daneben schon in jungen Jahren ein Kapital darstellten, weil sie als zusätzliche Arbeitskräfte zum Familieneinkommen beitrugen – steigerte den wirtschaftlichen Wert der Frau und erfüllte sie mit der Gewißheit, daß ihr Leben sinnvoll war.

Als das Gleichgewicht der vorindustriellen Gesellschaftsordnung durch die neuen technischen und sozialen Entwicklungen gestört wurde, änderten sich die äußeren Lebensbedingungen der Frau vollkommen. Die kleinhandwerklichen Familienbetriebe verfielen und wurden von großen Fabriken verdrängt, die einzelne Arbeiter beschäftigten, nicht aber Familien. Aus Humanitätsgründen mußte die Beschäftigung von Kindern in Fabriken und Bergwerken bald gesetzlich unterbunden werden; die Volksschulbildung wurde allgemein eingeführt, und nicht lange darauf machte das Gesetz es den Eltern zur Pflicht, für ihre Kinder wenigstens bis zum Alter von 10 Jahren zu sorgen. Vom wirtschaftlichen Standpunkt aus wurden Kinder damit für die ärmeren Bevölkerungsschichten zu einer Belastung, anstatt wie bisher ein Kapital zu sein, und gleichzeitig wurde dem Elternhaus ein großer Teil der Verantwortung für ihre Erziehung entzogen. Viele Arbeiterfrauen gingen in die Fabriken, wo sie täglich 10 bis 12 Stunden arbeiteten, so daß sie Kinder und Haushalt so sehr vernachlässigten, daß es das soziale Gewissen in der zweiten Hälfte des 19. Jahrhunderts erregte. Vor diesem Hintergrund sah man schließlich die Erwerbsarbeit verheirateter Frauen außerhalb ihres häuslichen Kreises als soziales Übel an und hielt es dagegen für eine Hebung ihres Lebensstandards, wenn sie sich auf Hausarbeit beschränken konnten.

Daß die Arbeitslast im Haushalt inzwischen drastisch abgenommen hatte – und zwar aus verschiedensten Gründen, von denen der bedeutsamste die Beschränkung der Kinderzahl war –, wurde nie voll erkannt. In manchen Kreisen gilt es immer noch fast als Blasphemie, diese geschichtliche Tatsache zu erwähnen.

Zugleich mit dem Idealbild der schwerarbeitenden Hausfrau kam ein völlig anderes weibliches Ideal auf, das an die Privilegien des Adels anknüpfte und mit dem wachsenden Wohlstand und der stärkeren Ausbreitung des Mittelstandes an Bedeutung zunahm – nämlich die dem Müßiggang frönende »Dame der Gesellschaft«. Dieses Idealbild, dem im vergangenen Jahrhundert mehr gehuldigt wurde als in unserem, verherrlichte tatsächlich ein Parasitenleben der Frau. Im gehobenen Mittelstand hatte die Ehefrau in erster Linie eine Zierde im Hause ihres Mannes und ein lebendiges Zeugnis seines Reichtums zu sein. Daß sie nichts tat, gehörte als Vorbedingung hinzu. Bis zum heutigen Tage wetteifern diese beiden gegensätzlichen Leitbilder miteinander in den Spalten aller Frauenzeitschriften. Auf der einen Seite stehen die häuslichen Tugenden mit dem Duft des täglich frisch gebackenen Brotes und die Statistiken, die von einem Vierzehn- bis Sechzehnstundentag der Hausfrau sprechen. Auf der anderen Seite aber gibt es den kostspieligen Kult der lilienweißen Hände, der verschwenderischen Zerstreuungen und des immer rascheren Wechsels der hochmodischen Garderobe; kurz, die vielgepriesenen Träume vom »Versorgtsein«, wenn man erst einmal verheiratet ist. Man kann in den Anzeigenspalten der modernen Modezeitschriften einen merkwürdigen Kausalzusammenhang finden (obwohl er einem vielleicht gar nicht bewußt wird). Während einerseits immer mehr Geräte angeboten werden, die Zeit und Arbeitskraft sparen sollen, werden andererseits immer mehr zeitraubende Schönheitsbehandlungen empfohlen, um eine weibliche Figur, die Spuren von zu wenig körperlicher Betätigung und zuviel Muße zeigt, in Form zu halten.

Es läßt sich nicht bestreiten, daß selbst heute noch die beiden Vorbilder der schwerarbeitenden Hausfrau und der dem Müßiggang frönenden Dame in einer unheiligen (und gewöhnlich nicht erkannten) Allianz vorhanden sind, und daß die Aufgabe der Frau von ihnen gemeinsam auf das Heim beschränkt wird. Das schlimmste an dieser Auffassung ist nicht, daß sie unsinnig und mit den Gegebenheiten des heutigen Lebens nicht zu vereinbaren ist, sondern daß sie unseren jungen Mädchen ein völlig falsches Bild gibt, wenn sie vor die praktische Wahl gestellt werden, wie sie ihr eigenes Leben gestalten sollen. Man sollte einmal ehrlich prüfen und unterscheiden, welche Arbeit im Haushalt produktiv und notwendig und welche nur ein Vorwand zum Zeitvertreib ist. Man sollte auch unterscheiden zwischen ehrlich verdienter Muße und reiner Zeitverschwendung.

DIE FRAU WIRD ZUR STAATSBÜRGERIN

Während das Idealbild der bürgerlichen Frau des 19. Jahrhunderts heute noch lebendig ist und von allen Gesellschaftsschichten übernommen wurde, war die Nutzlosigkeit des weiblichen Daseins im gehobenen Mittelstand gerade die Haupttriebfeder für jene soziale Revolution, die gemeinhin Frauenemanzipation genannt wird. Diese Bewegung war nicht einfach die Auflehnung des schwachen Geschlechts gegen die Fesseln, die der starke, freie Mann der Frau im Laufe der Jahrhunderte angelegt hatte – obwohl in diesem Bild ein wirkungsvoller Appell an das Gefühl liegen mag. Tatsächlich jedoch waren die Frauen nur im sozialen Entwicklungsprozeß einen Schritt hinter den Männern zurückgeblieben. Das gilt sowohl wirtschaftlich als politisch.

Eine Gesellschaftsgruppe kann nur dann erreichen, in einem Parlament vertreten zu sein, wenn sie stark genug ist, ihren Anspruch durchzusetzen. In Frankreich gewann der Mittelstand erst nach der Revolution einen Anteil an der politischen Macht, und in England erst nach der Verabschiedung des Reformgesetzes vom Jahre 1832. Während die Bauern in Schweden, ebenso wie die Kaufleute seit der Einführung der parlamentarischen Demokratie vor mehr als 500 Jahren, ihren Platz in den »vier Ständen« hatten, wurde die Arbeiterschaft erst sehr spät als Partner beteiligt, nämlich nach schrittweisen Reformen in den ersten Jahrzehnten unseres Jahrhunderts. Nur in den Vereinigten Staaten von Amerika setzte sich schon sehr früh das allgemeine Wahlrecht für Männer durch. In Europa folgte den durch die industrielle Revolution hervorgerufenen sozialen Veränderungen allmählich das politische Wahlrecht für die gesamte erwachsene Bevölkerung – mit Ausnahme von Geistesgestörten, Verbrechern und Frauen. Frauen waren bis zum Ende des Ersten Weltkrieges in den USA, in Großbritannien und in Schweden nicht wahlberechtigt, und in Frankreich bis zum Ende des Zweiten Weltkrieges.

Bei den Frauen dauerte es länger als bei den Männern, bis sie politische Freiheit und demokratische Rechte, Zugang zur Bildung und zum Erwerbsleben erhielten, da die Frau allgemein mit der Anpassung an die industrielle Revolution zurückgeblieben war. Mit ihrem Ruf nach dem »Recht auf Arbeit« wollte sie ihren alten Platz im wirtschaftlichen Produktionsprozeß und das Gefühl, der Gesellschaft nützlich zu sein, zurückerobern. Beides hatte sie verloren, als sich das Zentrum der Produktion vom Hause in die Fabrik verlagerte. Wie revolutionär damals auch die Forderung der Frauen nach dem Recht auf Arbeit erschienen sein mag, tatsächlich strebten sie nicht nach etwas Neuem, sondern lediglich nach der Rückgewinnung des verlorengegangenen Anteils am Wirtschaftsleben. Wenn die Frau nun unmißverständlich und bewußt in die Welt außerhalb des Heims zu gehen begehrte, wurde sie nicht etwa von einer Welle der Perversion oder der Mode dazu angetrieben, sondern einfach von der Logik des wirtschaftlichen Geschehens. Die Arbeit war aus dem Hause gezogen, und die Frauen wollten ihr nachziehen, genauso wie es die Männer vor gar nicht so langer Zeit auch getan hatten.

Die unterschiedliche Behandlung von Mann und Frau im Eigentumsrecht war eine weitere Folge der neuen wirtschaftlichen Entwicklung im 19. Jahrhundert. Beim Landadel und in den Familien selbständiger Handwerker übten die Frauen früher oft eine erhebliche Macht aus, in der sie jedoch beschränkt wurden, als es zu neuen Investitionsformen in Industrie und Handel kam. Daher war die Abhän-

gigkeit, gegen die sie sich nun verwahrten, weit jüngeren Datums als man allgemein glaubte.
Das Recht auf Bildung, ein anderes wichtiges Ziel der Frauenemanzipation, wurde den Frauen wesentlich später als den Männern zuerkannt. Aber auch hier sollte man in ihnen eher Nachzügler im Entwicklungsprozeß sehen als eine Hälfte der Menschheit, die von der anderen in Abhängigkeit gehalten wird. Die Bildung war zunächst das Vorrecht einiger weniger und wurde erst während des 19. Jahrhunderts allmählich auf eine breitere Grundlage gestellt. Nachdem zunächst in einigen Staaten der USA schon im ersten Viertel des vorigen Jahrhunderts ein System freier, aus Steuermitteln finanzierter staatlicher Schulen mit Zugang für alle entstanden war, das sich bis 1850 auf alle Nordstaaten ausdehnte, wurde die Schulpflicht in Schweden 1842 eingeführt, in Großbritannien 1870 und in Frankreich 1882 (um uns auf diese vier Länder zu beschränken, die für die vorliegende Untersuchung als Beispiele dienen werden).
In einigen Gesellschaftsformen der Vergangenheit, z. B. in der aristokratischen Kultur des Mittelalters, war die Bildung, besonders im Bereiche der »schönen Wissenschaften«, mehr die Domäne der Frau als die des Mannes. Diese Situation kehrte sich um, als die wirtschaftliche Entwicklung auf beide Geschlechter unterschiedlich einwirkte, denn nun ging die Schulbildung Hand in Hand mit der beruflichen Ausbildung. Während beispielsweise die Heilkunde, solange sie eine barmherzige Kunst war, oft in der Hand von Frauen lag, wurden diese von der weiteren Ausübung einer medizinischen Tätigkeit ausgeschlossen, als man die Zulassungsbedingungen für den Arztberuf von Amts wegen regelte – denn die Frauen konnten ja die Grundausbildung nicht erhalten. Daher war es nur logisch, daß das Recht auf höhere Bildung eine der ersten Reformen werden mußte, für die die Frauen kämpften. Als sie den Zugang zu den Universitäten errungen hatten, bezeichnete

das einen bahnbrechenden Sieg der Bemühungen, der Frau den ihr zustehenden Platz in der Welt zurückgewinnen.

WIDERSTREITENDE AUFGABEN UND VORBILDER

Die Frau mit dem Lebensberuf hat ihren Ursprung unverkennbar im Mittelstand; sie ist symptomatisch für die zweite Phase der sozialen Revolution, die wir geschildert haben. Die Billigung der weiblichen Berufstätigkeit ermöglicht es nun der Frau, an eine außerhäusliche Arbeit als Lebensaufgabe ohne jedes Gefühl von Selbstverleugnung oder Resignation zu denken und sie als positiven Gewinn anzustreben.

Das Ideal der »Frau mit dem Lebensberuf« wurde bis vor kurzem allerdings nur von Frauen gehegt – und obendrein nur von einer sehr beschränkten Zahl von Frauen. Daher hat dieser Begriff bis auf den heutigen Tag für viele Leute einen so unangenehmen Beigeschmack, daß berufstätige Frauen oft eilig versichern, sie seien keine »Berufsfrauen«. Die Männer haben sich aus den verschiedensten Gründen noch nicht recht auf den Typus einer Ehefrau eingestellt, die sich so wesentlich von ihren Müttern unterscheidet. Die beiden anderen weiblichen Vorbilder – die schwerarbeitende Hausfrau und die Gesellschaftsdame – erfüllen weiterhin die Vorstellungswelt der Männer wie auch unzähliger Frauen, und diese Verwirrung macht die Lebenspläne junger Mädchen so sehr unrealistisch. Obwohl sich die äußeren Lebensumstände der Frau drastisch geändert haben, schwebt dem jungen Mädchen immer noch ein Idealbild ihrer Zukunft vor, als ob diese Veränderungen nie stattgefunden hätten. Hier besteht ein ungewöhnlich langer Zeitraum zwischen dem Auftauchen neuer Tatsachen und Zusammenhänge und der Hinnahme all ihrer Folgerungen.

Natürlich ist es weder richtig noch fair, generelle Aussagen über Frauen zu machen, so als ob sie alle nur einer Klasse oder einem Typ angehörten.

Wir brauchen beispielsweise nur an den schon erörterten Wunsch der Frau nach produktiver Teilnahme am Leben der Gesellschaft, sowie an das von ihr geforderte »Recht auf Arbeit« und »Recht auf Bildung« zu denken. Hierbei handelt es sich zweifellos um Ideologien des Mittelstandes. Während den Frauen, die zur Passivität und Stumpfheit des viktorianischen Salons verdammt waren, die Möglichkeit, wie die Männer zur Arbeit zu gehen, begehrenswert und bereichernd erscheinen mochte, war die Arbeit für Arbeiterfrauen jedoch oft eine fast unerträgliche Notwendigkeit.

Heute, ein paar Generationen später, da die Frauenbildung längst kein Traum mehr ist, differiert die Einstellung zur Arbeit noch immer recht deutlich zwischen verschiedenen Schichten – die nicht unbedingt mit Gesellschaftsklassen identisch sein müssen. Frauen mit Universitätsbildung oder einer Spezialausbildung, die erfahren haben, welche Befriedigung eine verantwortliche Tätigkeit odere Facharbeit bietet, haben natürlich weit weniger Lust, bei einer Heirat ihre Stellungen aufzugeben als Mädchen, die nur Hilfs- oder Routinearbeit verrichten. Pearl Jephcott war in ihren Untersuchungen über Fabrikarbeiterinnen[1] von der Tatsache beeindruckt, daß sie überhaupt kein positives Verhältnis zu ihrer Arbeit hatten. Sie stellte fest, daß diese Mädchen ihre Arbeit als unvermeidliche, aber vorübergehende Phase ihres Lebens ansahen, die sie möglichst schnell hinter sich bringen wollten. Ihre Phantasie war von Hollywood-Filmen und von Illustrierten, die ihren Hauptlesestoff bildeten, genährt und sie warteten daher auf den Tag, an dem sie in den seligen Stand der Ehe treten würden, um dann darin glücklich bis ans Ende zu leben. Ebenso sehnen sich die meisten Stenotypistinnen, Verkäuferinnen und Frauen in ähnlichen wenig aussichtsreichen Stellungen mit Routinearbeit darnach, in

1. A. P. Jephcott, *Girls Growing Up*, London 1942 und *Rising Twenty*, London 1948.

eine Welt entfliehen zu können, in der es für sie weder einen Chef noch festgesetzte Arbeitsstunden geben wird. Obwohl der Wechsel praktisch nur darauf hinausläuft, daß eine Routine die andere ersetzt, wird man doch von derjenigen frei, die einem von außen her – entweder durch den unpersönlichen Mechanismus der Maschine oder durch den Willen eines Vorgesetzten – auferlegt war. An ihre Stelle tritt nun eine Routine, die die Frau in gewissem Umfang selbst handhaben kann und die ihr daher das Gefühl des Freiseins gibt.

Im Gegensatz dazu wird die hochqualifizierte Frau, die ihren Beruf gegen häusliche Routinearbeit eintauschen muß, wahrscheinlich bald unbefriedigt sein, weil sie ihre Fähigkeiten nicht mehr nutzen kann. Ihre Enttäuschung kann sich auch auf die verschiedendste Weise äußern – am häufigsten ist wohl die Klage über die Plackerei im Haushalt.

Heute, da die Familie im allgemeinen auf eine leicht zu versorgende Kinderzahl beschränkt wird, da Versorgungsbetriebe und Fabrikerzeugnisse viele früher im Haushalt erledigte Arbeiten übernommen haben, und da arbeitsparende Einrichtungen zwar weniger die Zahl der Arbeitsstunden, aber doch die physische Arbeitslast im Haushalt weitgehend vermindert haben, wird der Ausdruck »Plakkerei« in Verbindung mit hausfraulichen Pflichten häufiger gebraucht als je zuvor. Es ist bekannt, daß der steigende Lebensstandard die Armut zwar allgemein weniger kraß, aber dafür psychologisch umso drückender gemacht hat. Genauso hat die Tatsache, daß es einerseits arbeitsparende Geräte gibt, und daß der Frau andererseits die Wahl einer Lebensweise mit eigenem Verdienst freisteht, die Hausarbeit noch unerfreulicher für die Hausfrau gemacht. Hausfrauen sind in unseren Tagen zu einer unzufriedenen Klasse geworden; sie werden daher – und auch weil sie das Stimmrecht besitzen – von den Regierungen und Politikern ständig umworben, angesprochen und gepriesen.

Während der letzten Generation etwa hat sich die Unzufriedenheit der Frau interessanterweise verlagert. Viel von dem Neid der Frau gegenüber dem Manne – zweifellos eine starke Unterströmung in den Anfängen der Frauenbewegung – hat jetzt die Richtung gewechselt und ist zum Neid einer Gruppe von Frauen gegen eine andere geworden: Die berufstätige Frau mißgönnt der Hausfrau die Freiheit, ihre Arbeit zu tun, wann und wie sie will, und sie neidet ihr vielleicht auch das größere Ansehen, das mit größerer Muße einherzugehen pflegt; die Hausfrau dagegen beneidet die berufstätige Frau wegen ihrer finanziellen Unabhängigkeit, wegen der größeren Vielfalt ihrer gesellschaftlichen Kontakte und wegen ihrer Zielstrebigkeit. Dies alles folgt aus dem heutigen Zustande teilweiser Emanzipation, in dem zwei weibliche Leitbilder, zwei verschiedene Lebensformen unsicher nebeneinander fortbestehen.

Zwar gibt es viele individuelle Unterschiede in dem Nachdruck, den man auf die sich gesetzten Ziele legt, und – was noch wichtiger ist – man ist sich dieser Ziele in verschiedenem Grade bewußt. Aber im großen und ganzen kann man wohl sagen, daß die Menschen – Frauen nicht weniger als Männer – um glücklich zu sein, sowohl emotionelle Erfüllung in ihren persönlichen Beziehungen als auch das Gefühl brauchen, der Gesellschaft von Nutzen zu sein. Selbst den eifrigsten Frauenrechtlerinnen ist es heute klar, daß Arbeit nicht Selbstzweck ist, und daß die frühere Überbetonung des Berufs, auf Kosten von Ehe und Familie, der Sache der Frauen großen Schaden zugefügt hat.

Andererseits zeugt die weitverbreitete Unzufriedenheit unter den städtischen Hausfrauen heute dafür, daß die Sorge für einen Ehemann und zwei Kinder – so verlockend diese Lebensform auch einem jungen Mädchen erscheinen mag, das seine Tage an der Schreibmaschine oder hinter dem Ladentisch verbringt – unter den gegenwärtigen Umständen nicht ausreicht, um die vielen Lebensjahre einer Frau auszufüllen und um ihr das befriedigende Gefühl zu geben, daß sie alle ihre Kräfte eingesetzt hat. Obwohl das keine angenehme Einsicht ist, fangen viele Frauen an, zu der Erkenntnis zu erwachen, daß ihre Kinder nicht immer Kinder bleiben werden und daß Ehemänner, mögen sie noch so leidenschaftlich um die Frau geworben haben, nicht ein halbes Jahrhundert lang – das ist jetzt nach statistischen Berechnungen die wahrscheinliche Ehedauer – gleich bleiben können.

EINIGE GRUNDTATSACHEN

Das alles sind einige der Schwierigkeiten, die in diesem Buch besprochen und untersucht werden sollen. Der Zwang zu Verallgemeinerungen stellt natürlich einen Nachteil dar, den die vorliegende Untersuchung mit den meisten anderen Arbeiten über soziale Probleme teilt. Man kann nicht hoffen, mehr als einen ungefähren Umriß der in Betracht kommenden Probleme aufzuzeigen. Das so entstehende Bild verliert an detaillierter Genauigkeit, was es an Universalität gewinnt. Es mag möglich sein, eine allgemeine Vorstellung von den Aufgaben zu vermitteln, vor denen Frauen stehen. Wenn man aber nun versucht, diese Aufgaben mit dem tatsächlichen Leben von Frauen zu vergleichen, gibt es doch allzu viele individuelle Unterschiede, als daß das Bild jemals lebensecht werden könnte.

Es scheint uns nötig, diese Einschränkung zu machen und unseren Leserinnen vorweg zu sagen, daß sie hier nur eine anatomische Skizze erwarten können, nicht aber ein Porträt von sich selbst. Unter statistischen Gesichtspunkten sind die Frauen eine zu große und zu heterogene Gruppe, als daß man sie als eine Einheit behandeln könnte. Generelle Feststellungen kann man über sie nur im Hinblick auf einige objektive, meßbare Merkmale treffen, die vom sozialen und individuellen Hintergrund unabhängig sind, wie zum Beispiel durchschnittliche Lebenserwartung, Beginn des Erwachsenenalters, Fortpflanzungsnormen usw. Aber es würde bereits ein falsches Bild geben, wollte man festlegen, in welchem Alter durchschnittlich das Erwerbsleben beginnt, weil die höhere Schulbildung bei den oberen Einkommensgruppen gewöhnlich erst später abgeschlossen wird. Und wenn erst solche subjektiven Merkmale, wie etwa die Einstellung zu bestimmten Problemen, Meinungen und Gewohnheiten mitsprechen, wird die statistisch ermittelte »Durchschnittsfrau« zu einem bloßen Phantom. In einer Zeit, die die Begrenzung der Kinderzahl in wachsendem Umfang zu einer Frage der persönlichen Entscheidung gemacht hat, werden selbst solche anscheinend objektiven Zahlen wie Fruchtbarkeitsraten von der persönlichen Einstellung, von der Erziehung und von sozialen Werturteilen bestimmt und sind ein Spiegel für Klassenunterschiede, sowie religiöse und andere Einflüsse. Wenn wir überdies auch noch verschiedene Länder in Betracht ziehen wollen, wird die Situation noch verwickelter.

Einige Tatsachen treffen jedoch allgemein zu, und sie reichen aus, um als Ausgangspunkt für eine grobe Analyse der gegenwärtigen Verhältnisse und zugleich als Basis für die Erörterung künftiger Möglichkeiten zu dienen. Die folgenden fünf Punkte zeigen den Fragenkreis auf:

1. Die Frau als diejenige, die die Kinder zur Welt bringt, stellt besondere soziale Probleme. Diese Tatsache muß bei der Bewertung ihrer schöpferischen Leistung für die Gesellschaft besonders berücksichtigt werden.

2. Weil sie Mutterpflichten zu erfüllen hat, ist die Anpassung der Frau an die sozialen Umwälzungen, die durch die industrielle Revolution ausgelöst wurden, vor allem hinsichtlich der Trennung von Arbeit und Heim, verzögert worden.

3. Die geistige Gesundheit und das Glück kommender Generationen hängt in einem Ausmaß, das wir erst heute zu begreifen beginnen, von der Liebe und der Sicherheit ab, die dem Kinde während der ersten Lebensjahre zuteil wird.

In diesem Sinne trägt die Frau eine besonders lastende Verantwortung für die künftige Wesensart ihres Volkes.

4. Die allgemeine Verlängerung der Lebensdauer, die unser Jahrhundert charakterisiert, hat sich weit stärker für die Frau als für den Mann ausgewirkt. Heute haben die Frauen eine längere durchschnittliche Lebenserwartung als ihre Großmütter und auch als ihre männlichen Zeitgenossen.

5. Unter den gegenwärtigen Umständen, bei einer Durchschnittsfamilie mit kaum mehr als zwei Kindern und bei angemessenen, arbeitssparenden Hilfsgeräten, kann man annehmen, daß eine normale Hausfrau nur für etwa ein Viertel bis ein Drittel ihres ganzen Erwachsenenlebens durch die Haushaltsführung voll beansprucht wird.

2

Die Frau in einer langlebigen Gesellschaft

Zwei Entwicklungen haben vor allem die zweite Phase der sozialen Revolution, die die Gleichberechtigung der Frau einen wesentlichen Schritt der Verwirklichung näherbrachte, eingeleitet: einmal die erheblich gestiegene durchschnittliche Lebenserwartung, und zum anderen der Wandel in der Familiengröße und -struktur. Diese bevölkerungspolitischen Veränderungen machen ein gründliches Neudurchdenken der gesellschaftlichen Aufgabe der Frau unbedingt erforderlich.

DIE HÖHERE LEBENSERWARTUNG

Im Vergleich zu früheren Generationen hat die Frau heute nicht nur ein, sondern zwei Leben als Erwachsene zu leben. Die nüchterne Sprache der Bevölkerungsstatistik drückt die geschichtliche Tatsache aus, daß die durchschnittliche Lebenserwartung eines Neugeborenen sich im Laufe der letzten hundert Jahre fast verdoppelt hat. Ein heute in fortschrittlichen Ländern geborenes Mädchen wird im Durchschnitt ein Alter von 70 und mehr Jahren erreichen.

Diese Zunahme ist in erster Linie auf den außerordentlichen Rückgang der Säuglingssterblichkeit zurückzuführen; aber die Fortschritte in der medizinischen Wissenschaft, die verbesserte Hygiene usw. haben auch die das Leben in späteren Jahren bedrohenden Gefahren verringert. Während z. B. die Lebenserwartung eines neugeborenen Mädchens in Großbritannien in den letzten hundert Jahren um 70 vH zugenommen hat, betrug die entsprechende Zunahme für ein Lebensalter von 25 Jahren 35 vH. In Jahren ausgedrückt, bedeutet das für die Neugeborene eine Erhöhung der Lebenserwartung um 30 Jahre und für die 25jährige um etwa 13 Jahre. Im Laufe der letzten zehn Jahre hat sich die durchschnittliche Lebenserwartung in den untersuchten Ländern um weitere 1 bis 2 Jahre erhöht.

Im durchschnittlichen Heiratsalter hat die Frau heute noch ein halbes Jahrhundert oder mehr vor sich. Was dieser Fortschritt wirklich bedeutet, zeigt sich am besten bei einem Vergleich mit dem vorigen Jahrhundert. Während 1850 die Hälfte der weiblichen Bevölkerung noch vor Erreichung des 45. Lebensjahres starb, erleben heute fast 90 vH dieses Alter, und 70 vH werden 65 Jahre alt – ein Alter, das vor hundert Jahren nur von einem Drittel aller Frauen erreicht wurde. Das ist ein beträchtlicher Fortschritt. Hinzu kommt, daß diese zusätzlichen Jahre nicht eine Verlängerung des Greisenalters und des Dahinsterbens bedeuten, sondern einen echten Zuwachs an Jahren voller Gesundheit und Vitalität.

Diese längere Lebensdauer ist selbstverständlich nicht auf das weibliche Geschlecht beschränkt, aber die folgende Tabelle zeigt doch, daß sie für Frauen in den Ländern, auf die sich diese Untersuchung bezieht, ausgeprägter ist als für Männer:

TABELLE I

Lebenserwartung verschiedener Altersgruppen in vier Ländern

Alter:	0		25		40		60	
Geschlecht:	männl.	weibl.	männl.	weibl.	männl.	weibl.	männl.	weibl.
USA (1962)	66,8	73,4	45,1	50,9	31,4	36,7	15,9	19,6
Frankreich (1962)	67,29	74,14	45,19	51,37	31,47	37,13	15,68	19,61
Schweden (1961)	71,56	75,35	48,99	52,09	34,86	37,60	17,56	19,63
England u. Wales (1960–62)	68,0	74,0	48,8	51,0	31,6	36,6	15,1	19,0

Quelle: *Democratic Yearbook*, Vereinte Nationen, New York 1963.

Die erhöhte Lebenserwartung hat weitreichende Konsequenzen, die sich auf wirtschaftlichem, sozialem und psychologischem Gebiet bemerkbar machen. Eine ihrer Auswirkungen ist der allmähliche Wandel in der allgemeinen Einstellung gegenüber dem Altern. Dieser Wandel drückt sich in der neuen, zuversichtlicheren Art aus, mit der man im fortschreitenden Lebensalter seine eigenen Fähigkeiten und Aussichten abschätzt, und ebenso in der objektiven Anerkennung dieser besseren Möglichkeiten. Der Gedanke, daß man das Alter eines Menschen nicht einfach nach der Zahl seiner Lebensjahre bemessen kann, gewinnt allmählich an Boden, wenigstens unter Soziologen, Gerontologen (Spezialisten der Altersmedizin) usw. Natürlich ist die Ansicht, »ein Mensch ist so alt, wie er sich fühlt«, nicht neu; aber noch nicht lange hat die Wissenschaft zur Kenntnis genommen, welche Wahrheit dieser weitverbreiteten Redensart zugrunde liegt. Um dies klarzumachen, ist die Bezeichnung »biologisches Alter« im Gegensatz zum »chronologischen Alter« geprägt worden.

In einem Referat vor dem Internationalen Bevölkerungskongreß im September 1954 in Rom bezeichnete Professor Henri Laugier von der Sorbonne das »chronologische Alter« als »einen Begriff von lächerlich unzulänglicher Art«, der, wie er sagte, »sich lediglich dadurch auszeichnet, daß er – wenigstens in unserer westlichen Gesellschaft – exakt meßbar ist«. Er schlug als besonders dringlich vor, Forschungsarbeiten durchzuführen, um einen Maßstab zu finden, mit dessen Hilfe man das »wirkliche biologische Alter« eines Menschen bestimmen kann, analog zu der Methode, mittels der das »Entwicklungsalter« kleiner Kinder – d. h. ihr Zurückbleiben oder Vorauseilen in der Entwicklung, verglichen mit der Norm ihrer jeweiligen Altersgruppe – festgestellt wird. Denn, so betonte Professor Laugier, die Schwankungsbreite hinsichtlich des »wirklichen, biologischen Alters« eines Menschen wächst mit der Zahl der Jahre und ist dann besonders groß, wenn das chronologische Alter einer Person als Kriterium für die Bewertung ihrer Arbeitsleistung herangezogen wird. Bei einem chronologischen Alter von 70 Jahren kann das biologische Alter soweit abweichen, wie es etwa dem Unterschied zwischen dem chronologischen Alter von 50 und 90 Jahren entspricht.

Physische und geistige Leistungsfähigkeit bestimmen das biologische Alter eines Menschen nur zum Teil. Ebenso entscheidend dafür ist, wie sich der Einzelne altersmäßig selbst einschätzt.

In dieser Hinsicht sind große Veränderungen in der Einstellung der Menschen vor sich gegangen, die sich ganz besonders deutlich im Leben der Frau abzeichnen.

Heutzutage fühlt sich eine 36jährige Frau in der Blüte ihres Lebens. Sie würde mit Erstaunen auf dem Bild einer stattlichen, gereiften Matrone aus dem 17. Jahrhundert die melancholische Inschrift lesen:

Meine Kindheit ist vergangen, die mein Fleisch verschönte,
und meine Jugend ist dahin, die mir frische Farbe gab,
ich bin nun endlich in jene reifen Jahre gekommen,
die mir sagen, daß meine fröhlichen Tage vorbei sein müssen,
und darum, Freund, hat die Zeit mich so sehr verändert:
Ich war einst jung und bin nun, wie du mich siehst.

AETATIS XXXVI

Vor hundert Jahren, zu Balzacs Tagen, hatte »die Frau von dreißig Jahren« einen kritischen Lebensabschnitt erreicht. Wenn sie dann noch nicht die Würde des reiferen Alters angenommen hatte, war sie eine tragische oder eine lächerliche Figur. In den Augen der Welt – und höchstwahrscheinlich auch in ihren eigenen – war sie endgültig passée.

Noch vor einem Menschenalter hielt ein die Frau erfor-

schender Wissenschaftler wie Freud das Alter von 30 Jahren für einen Schlußpunkt in ihrem Leben. So sagte Freud in seiner Vorlesung zur Psychologie der Frauen: »Ich muß hier einen Eindruck erwähnen, den man immer wieder in der analytischen Tätigkeit erfährt. Ein Mann um die 30 erscheint als ein jugendliches, eher unfertiges Individuum, von dem wir erwarten, daß es die Möglichkeiten der Entwicklung, die ihm die Analyse eröffnet, kräftig ausnützen wird. Eine Frau um die gleiche Lebenszeit aber erschreckt uns häufig durch ihre psychische Starrheit und Unveränderlichkeit. Ihre Libido hat endgültige Formen angenommen und scheint unfähig, sie gegen andere zu verlassen. Wege zu weiterer Entwicklung ergeben sich nicht; es ist, als wäre der ganze Prozeß bereits abgelaufen, bliebe von nun an unbeeinflußbar ...« Freud glaubte, dieser psychologische Prozeß sei das Ergebnis einer konstitutionellen Anlage.[1]
Es scheint müßig, sich zu fragen, ob Freud dreißig Jahre später die gleichen Beobachtungen gemacht hätte. Seine Auffassung, daß wir es mit einem konstitutionellen Unterschied zwischen Mann und Frau zu tun hätten, würde heute zweifellos kritischer aufgenommen werden. Auf jeden Fall deutet vieles darauf hin, daß der »Schlußpunkt« zumindest um zehn Jahre, wenn nicht mehr, hinausgeschoben worden ist, seit Freud seine »Vorlesungen zur Einführung in die Psychoanalyse« veröffentlichte, und daß viele Frauen selbst mit vierzig Jahren heute der Ansicht sind, daß sie noch nicht »die Möglichkeiten weiterer Entwicklung ausgeschöpft« haben. Wir finden heute auch immer mehr Menschen, die ihre Lebenslust erheblich längere Zeit demonstrieren. Die französische Romanschriftstellerin Colette mag hier als ein Extremfall für die »neue« Einstellung angeführt werden: An ihrem 80. Geburtstag erklärte sie Journalisten, wie schwierig es sei, sich mit dem Greisenalter abzufinden. »Wenn man doch noch 58 wäre«, seufzte

1. Vgl. auch Viola Klein, *The Feminine Character,* London 1946.

sie, »denn dann wird man immer noch begehrt und ist voller Zukunftshoffnung«. Und nun erklärt Dr. Kinsey, gestützt auf eine Fülle von statistischem Material, daß selbst auf dem Gebiet sexueller Entwicklung – wo man bisher immer glaubte, daß Frauen früher reifen und schneller verblühen als Männer – diese generellen Ansichten überholt sind und den Tatsachen widersprechen.[2] In unserer westlichen Zivilisation scheinen die Frauen den Höhepunkt der Geschlechtsreife später zu erreichen und ihre sexuelle Leistungsfähigkeit viel länger zu behalten, als unsere gesellschaftliche Moralauffassung es anerkennen will.

Passen sich die meisten Frauen auch subjektiv der vollen Erkenntnis ihrer veränderten körperlichen Verfassung an? Das ist schwer zu sagen, weil die alten Denkschemata fast völlig unverändert neben den neuen Leitbildern fortbestehen. »Großmutter« wird in den Zeitungsanzeigen noch immer als sanfte, leicht gebrechliche alte Dame im weißen Haar abgebildet – am liebsten beim Märchenerzählen inmitten von lockenköpfigen Enkelkindern. Die Tatsache, daß Frauen in den Vierzigern oder frühen Fünfzigern Großmutter werden, und daß sie als Alterstyp nicht viel anders als Marlene Dietrich auszusehen brauchten, wird sich vielleicht erst in fünfzig Jahren auf die Massenklischees auswirken – trotz der heutigen Werbung für Kosmetika, Haarfärbemittel usw., die die Frauen davon zu überzeugen versucht, daß sie mit 65 Jahren wie 20 aussehen können.

Auf der anderen Seite gibt es eine Unmenge von Publikationen mit Titeln wie *Das Leben beginnt mit Vierzig, Jugend jenseits von Vierzig, Schönsein auch über Vierzig* usw., die gerade durch ihren schwungvollen Redefluß mißtrauisch machen. Aber sie sind ohne Zweifel ein augenfälliger Beweis für den weitverbreiteten Wunsch, die Zeitspanne fortgesetzter Entwicklung und des Heranreifens der Per-

2. A. C. Kinsey, *Sexual Behavior in the Human Female*, Philadelphia und London 1953.

sönlichkeit auszudehnen; sie zeugen für eine noch etwas gezwungene und selbstbewußte Weigerung, die »letzten Stellungen zu beziehen«.

Wenn man den unvermeidlichen Zeitverlust bei der Anpassung an die durch ein längeres und gesünderes Leben geschaffene neue gesellschaftliche Lage berücksichtigt, muß man anerkennen, daß eine große psychologische Umwandlung doch bereits vor sich gegangen ist. Sie beweist deutlich die enge Wechselbeziehung zwischen der objektiven gesellschaftlichen Wirklichkeit und der subjektiven persönlichen Reaktion.

Die persönliche Einstellung des Menschen spiegelt die gesellschaftliche Situation und ist für diese zugleich ein wichtiger Faktor. Sie ist ein Spiegelbild, weil die Menschen in unübersehbar individueller und subjektiver Weise auf einen objektiv gleichen gesellschaftlichen Tatbestand reagieren – so etwa in unserem sich auf die erhöhte Lebensdauer beziehenden Beispiel. Andererseits ist die individuelle Einstellung selbst ein gesellschaftlicher Faktor, denn solche persönlichen Reaktionen werden aktive Bestandteile der gesellschaftlichen Situation, die zu ihrem geistigen Klima beisteuern und die ihren Wandel beeinflussen können. Um es deutlicher zu sagen: Die gewandelte Einstellung der Frau zum Älterwerden – die selbst, wie wir sehen, das Resultat der Bevölkerungsentwicklung ist – wirkt ihrerseits auf Fragen wie Berufstätigkeit, gesellschaftliche Sitten und Verhaltensweisen zurück. Auf diese Weise sind gesellschaftliche Tatbestände und ihr psychologisches Korrelat zwei verschiedene Aspekte der gleichen Gesamtsituation.

Selbst so unpersönliche Angaben wie Bevölkerungszahlen und Arbeitsstatistiken finden in persönlichen Einstellungen ihren Ausdruck. Sie spiegeln sich in den Ansichten der Menschen, die kaum – wenn überhaupt – wissen, welche gesellschaftlichen Tatsachen ihrem bewußten Denken zugrunde liegen und es bedingen. Das Aufbegehren und das Gefühl der Nutzlosigkeit bei den Frauen des Mittelstandes in der viktorianischen Zeit, die wir bereits erwähnten, sind dafür ein Beispiel. Es war das subjektive Gegenstück zu den von der industriellen Revolution ausgelösten wirtschaftlichen und sozialen Umwälzungen. Das Ideal der »hilflosen« Frau, das damals in Mode kam, war der unbewußte Ausdruck einer gesellschaftlichen Situation, in der die Frau ihre wirtschaftliche Nützlichkeit verloren hatte und sich ausschließlich auf ihre weiblichen Reize verlassen mußte, um einen Mann einzufangen, und auf die öffentliche Moral, um ihn festzuhalten.

Beispiele wie dieses könnte man endlos aufzählen. In der Tat wäre es ein fesselndes Spiel – oder Material für eine Anzahl von Dissertationen –, wollte man Betrachtungen anstellen über die psychologischen Wechselbeziehungen zu einer Reihe statistisch festgestellter Tatsachen; man könnte etwa den Frauenüberschuß, die geringe Kinderzahl moderner Familien, die Massenwanderungsbewegungen und vieles andere herausgreifen.

Wenn man sich mit der Situation der Frau in unserer Gesellschaft befaßt, wird man sich einer Methode bedienen müssen, die den subjektiven Gesichtspunkten ebenso wie den meßbaren objektiven Daten gerecht wird. Wissenschaftliche Tatsachen und Statistiken sind soweit einzubeziehen, daß man die gegenwärtige Situation sachgerecht darstellen kann. Zugleich muß man erkennen, daß die psychologischen Probleme und Schwierigkeiten, die sich aus dieser Situation ergeben, sowie die für eine Übergangsgesellschaft typischen, widerstreidenden Ideale und einander widersprechenden Bestrebungen, ein Teil des Ganzen und vielleicht ebenso wichtig sind wie meßbare Daten. Überdies treten sie immer mit einer kleineren oder größeren zeitlichen Verzögerung in Erscheinung, so daß eine sinnvolle Anpassung an die sich wandelnde Situation nur langsam vonstatten geht.

DIE LANGLEBIGE BEVÖLKERUNG – EINE BÜRDE ODER EINE ARBEITSKRAFTRESERVE?

Dem Problem unserer älter werdenden Bevölkerung wurde in den letzten Jahren von den Sozialwissenschaftlern und den Verwaltungsbehörden aller westlichen Länder starke Beachtung geschenkt. Ernste Besorgnis hat die Tatsache erregt, daß bei Zugrundelegung der gegenwärtigen Geburten- und Sterblichkeitsziffern eine zunehmende Anzahl alter Menschen von einem kleiner werdenden Teil arbeitender Menschen zu unterhalten sein wird. In Großbritannien zum Beispiel war bei der Volkszählung im Jahre 1911 von 15 Personen eine in pensionsberechtigtem Alter (über 65 Jahre bei Männern, über 60 bei Frauen). Im Jahre 1947 jedoch war der Anteil doppelt so hoch (2 von 15). Man hat geschätzt, daß in 25 Jahren auf 3 Personen im arbeitsfähigen Alter bereits 1 Altersrentner kommen kann.

In Frankreich, wo das Problem äußerst akut ist, hat sich die Zahl der Personen im arbeitsfähigen Alter im Verhältnis zu der der alten Menschen innerhalb von hundert Jahren von 9:1 im Jahre 1851 auf 5:1 im Jahre 1951 verschoben.

Die Situation ist, wie Tabelle 2 zeigt, in allen westlichen Ländern ähnlich.

Wenn wir überdies berücksichtigen, daß mit der Hebung des Bildungsniveaus eine wachsende Anzahl junger Leute – ebenso wie die alten – keinen Beitrag zum Sozialprodukt leistet, so wird die Schrumpfung des Anteils der wirtschaftlich produktiven Personen beträchtlich.

Im Hinblick auf diese Situation wird jetzt versucht, die arbeitsfähige Lebensspanne der Bevölkerung im Rahmen der bestehenden Gesetze auszudehnen. In verschiedenen Ländern werden seit einiger Zeit Maßnahmen getroffen, um die Menschen über das gesetzliche Ruhestandsalter hinaus weiter zu beschäftigen. Das *Bureau of Employment Security* im Arbeitsministerium der USA hat

TABELLE 2

*Anteil der Altersklassen von 65 Jahren und darüber an der Gesamtbevölkerung**

Land	1900 vH	1950 vH	1960 vH
USA	4,0	8,1	9,3
Großbritannien	5,3	10,7	11,8
Frankreich	8,4	11,4	11,8
Deutschland**	4,9	9,2	10,9
Schweden	8,4	10,2	12,1

zum Beispiel ein Sonderprogramm für ältere Arbeiter aufgestellt, das auf den Ergebnissen einer Untersuchung über die Berufsprobleme von 342 000 älteren Arbeitern in fünf Staaten beruht. Es hat einen Leitfaden für lokale Arbeitsämter veröffentlicht, der bis ins einzelne gehende Hilfen bei der Beratung und dem Einsatz von älteren Menschen bietet.[3]

In Großbritannien erwerben Menschen, die nach Erreichen des Ruhestandsalters in ihrem Beruf bleiben, einen höheren Pensionsanspruch. Der Arbeitsminister versucht, wie sein amerikanischer Kollege, die Beschäftigung älterer Menschen zu fördern. Im Staatsdienst soll ein Beispiel gegeben werden. Der Schatzkanzler verkündete im Februar 1952 im Parlament den Plan, alle Staatsbeamten so lange wie irgend möglich zu beschäftigen. Das bedeutet praktisch die Abschaffung der gesetzlichen Altersgrenze im Staatsdienst. Es ist bemerkenswert, daß diese Entscheidung zu einer Zeit getroffen wurde, da man vorschlug, im Hinblick auf die

* Diese Tabelle und die folgenden Zahlen sind entnommen aus Jean Daric, *Vieillissement de la Population. Besoins et Niveau de vie des personnes agées,* erschienen in *Population* Nr. 1, Januar–März 1952, Paris, und ergänzt durch die Zahlen für 1960 aus *Manpower Statistics, O.E.C.D.,* Paris 1963.

** 1900: Deutsches Reich, 1950 und 1960: Bundesrepublik.

3. Vgl. auch Stephen Grieur, *Job Re-Design,* O.E.C.D., Paris 1964.

finanzielle und wirtschaftliche Lage die Zahl der Arbeitskräfte im Staatsdienst innerhalb der nächsten sechs Monate um 10 000 zu vermindern. Es wurden auch Schritte unternommen – zum Beispiel von der Postverwaltung und später von anderen Behörden –, um die obere Altersgrenze für die Einstellung zu erhöhen.

Die Verlängerung des beruflich aktiven Lebensabschnitts ist die eine Möglichkeit, mit den Problemen, die aus dem Älterwerden der Bevölkerung erwachsen, fertig zu werden. Sie kann auch zur Lösung vieler wirtschaftlicher und psychologischer Altersprobleme beitragen. In der Hauptsache ist sie jedoch ein Versuch, durch Weiterbeschäftigung von überalterten Menschen die Produktivität zu erhöhen.

Die alten Leute stellen jedoch keineswegs die einzige verfügbare Arbeitsreserve dar. Die Frauen bilden eine weitere, denn sie haben in ihrem Leben lange »unter-produktive« Perioden.

Im vorhergehenden Kapitel ist festgestellt worden, daß das Leben der Frau noch immer in eine Rolle gedrängt wird, die nicht länger ihre einzige sein kann. So sehr auch eine Frau während einer gewissen Zeit für die Aufgabe einer hingebenden Mutter geschaffen sein mag – sie kann sie nicht ewig ausüben. Während vor 50 Jahren eine Frau durchschnittlich 15 Jahre eines beträchtlich kürzeren Lebens allein mit Schwangerschaften und Säuglingspflege zubrachte, beträgt heute der entsprechende Durchschnitt 3½ Jahre. Angenommen, sie heiratet im Alter von 22 Jahren, so macht dies nur 6 bis 7 vH ihrer verbleibenden Lebensjahre aus. Die Familienaufgabe der Frau, für die sie nach alter Tradition »abgestellt« wurde, hat sich dem Umfang nach radikal vermindert.

Zuerst und am augenfälligsten hat sich die Kinderzahl verringert. Während in der viktorianischen Ära sechs, acht oder mehr Kinder (und noch mehr Geburten) in einer Familie keine Seltenheit waren und 1870 für verheiratete Frauen der Durchschnitt bei 5,8 Kindern lag, hat heute von drei Frauen nur eine mehr als 2 Kinder, und der Durchschnitt für Frauen nach 25jähriger Ehe beträgt 2,5 Kinder. Dies sind britische Zahlen.

Nach der schwedischen Volkszählung von 1960 haben nur 10,4 vH aller verheirateten Frauen im arbeitsfähigen Alter (unter 65 Jahren) drei und mehr Kinder unter 16 Jahren. Mehr als ein Viertel aller Ehepaare haben kein Kind unter 16, und weitere 25,3 vH haben keine Kinder im Alter von weniger als 7 Jahren. Bezeichnet man die Frauen, die keine zu Hause lebenden Kinder unter 15 Jahren haben, als befreit von der unmittelbaren Kinderpflege, so sind nicht weniger als 71 vH aller erwachsenen Frauen in diesem Sinne »frei«. Da sowohl verheiratete, als auch unverheiratete Frauen dazu gehören, kann man die Behauptung wagen, daß annähernd Dreiviertel aller erwachsenen Frauen von der eigentlichen Betreuung von Kindern frei sind.

WIE LANGE WIRD EINE MUTTER ZU HAUSE GEBRAUCHT?

Jede Beweisführung, die sich aus Statistiken herleitet, ist dem kritischen Einwand ausgesetzt, sie ziehe die breite Mannigfaltigkeit individueller Situationen nicht in Betracht. Wir wollen mit allem nötigen Vorbehalt annehmen, daß die Familie der Zukunft im Durchschnitt 3 Kinder hat (was wahrscheinlich eine Überschätzung ist, da die gegenwärtige Durchschnittszahl näher bei 2 liegt), daß ferner der Abstand zwischen der Eheschließung und dem ersten Kind 2 Jahre umfaßt (was länger als die gegenwärtige Durchschnittszeit ist) und daß schließlich die Intervalle

SCHAUBILD 1
DER NORMALE LEBENSABLAUF EINER FRAU

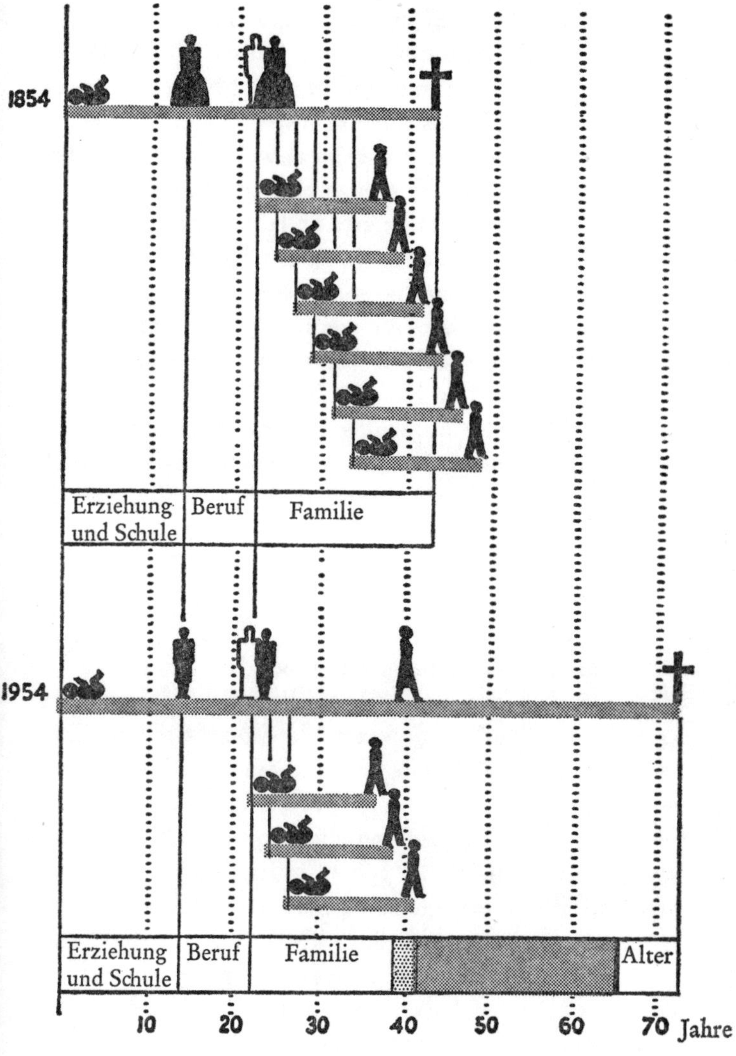

zwischen den einzelnen Kindern rund 2 Jahre betragen. Bei der Geburt eines dritten Kindes würden somit 6 Jahre vergangen sein. Wenn wir ferner voraussetzen, daß eine ständige Beaufsichtigung erforderlich ist, bis das jüngste Kind das 9. Lebensjahr erreicht, ergibt sich für die aktive Mutterschaft ein Zeitraum von 15 Jahren. Unsere Durchschnittsfrau würde dann ungefähr 40 Jahre alt sein (wobei wir sehr großzügig das durchschnittliche Heiratsalter mit 25 Jahren veranschlagen) und hätte weitere 35 Jahre ihres Lebens vor sich. Manche mögen einwenden, daß die Kinder sie brauchen, bis das jüngste 15 Jahre alt ist; das würde das Alter der Mutter auf 46 Jahre erhöhen, bevor der neue Lebensabschnitt beginnt – mit weiteren 28 Jahren, die dann vor ihr liegen. Andere werden meinen, daß sie ihren Beruf während der beiden Jahre vor dem ersten Kinde nicht aufzugeben brauche, und daß sie gut die außerhäusliche Arbeit wieder aufnehmen könne, wenn das jüngste Kind in die Schule kommt; das würde die Zeit vollbeanspruchter Mutterschaft auf etwa 10 Jahre verringern, nach denen ihre Lebenserwartung weitere 40 Jahre beträgt.

IST DIE EHE EIN LEBENSBERUF DER FRAU?

Die veränderte Einstellung gegenüber dem Altern, die verlängerte Lebensdauer und die gesellschaftliche Notwendigkeit, die relative Verminderung der im arbeitsfähigen Alter stehenden Bevölkerung aufzuhalten, lassen es vernunftwidrig erscheinen, daß sich heutzutage die jugendliche Großmutter von 45 Jahren nur eines veralteten Denkschemas wegen bemüßigt fühlen sollte, den Rest ihres Lebens auf ihren Lorbeeren auszuruhen – so, wie es ihre Großmutter tat, die schließlich bis zu diesem Alter wenigstens ein halbes Dutzend Kinder großgezogen hatte und durchaus bereit war, sich aufs Altenteil zu begeben. Moderne Mütter, die außerhalb der Familie keine Pläne für ihre Zukunft schmieden, gefährden nicht nur ihr eigenes

Leben, sondern werden aus ihren überbehüteten Kindern und ihren Männern Nervenwracks machen.

Ein anderes Klischee, das das vorige in der öffentlichen Meinung begleitet hat und ebenso falsch ist, gewinnt neuerliche Beliebtheit in Zeitungsschlagzeilen wie der folgenden:

Beruf oder Ehe?
Filmstar gibt Ruhm und 100 000 Dollar im Jahr auf

mit dem Untertitel: »Wenn sie zu wählen hat, entscheidet sich die Frau immer für das Heim«. Der Gedanke, Verliebtheit sei eine Ganztagsbeschäftigung, besitzt natürlich einen großen romantischen Reiz, aber er verewigt einen Trugschluß. Die Ehe ist ein bürgerlicher und gesetzlicher Status, in dem eine gewisse Aufgabenteilung zur anerkannten Regel geworden ist. Im besten Falle bedeutet sie Liebe und Kameradschaft sowie geteilte Freuden und Leiden des Lebens – jedenfalls eher liebevolle Partnerschaft als zeitraubende Plackerei oder gar »Beruf«. Die Führung eines Haushalts ist eine Beschäftigung, die sich eher beiläufig aus dem Ehestand ergibt, als daß sie für ihn wesentlich ist. Schließlich wird sie auch von vielen unverheirateten Frauen, wie auch von und für Junggesellen ausgeübt.

Die Organisation eines Haushaltes und die Arbeitsteilung innerhalb des Heims ist etwas, das weitgehend von vorhandenen Einrichtungen, von persönlichem Übereinkommen und von Fragen der Zweckdienlichkeit abhängt. Kleine Kinder zu haben, ist gewiß eine tagesfüllende Arbeit, doch sie beansprucht nur, wie wir schon sagten, einen verhältnismäßig kurzen und vorübergehenden Abschnitt im Leben der Frau. Diesen Abschnitt mit dem Ehestand an sich gleichzusetzen, ist ein Denkfehler, für den die Gesellschaft und besonders der Mann teuer bezahlen. Er hat zur Einrichtung einer Sozialordnung geführt, nach der der Mann dazu da ist, die Frau »zu unterhalten«, und die Frau »unterhalten zu werden«.

Außerdem hat sich die Struktur und auch die Größe der Familie während der letzten Generationen beträchtlich gewandelt. Es gibt keine unverheirateten Tanten und keine Großmütter mehr, die in dem engsten Kreis der Familie leben, und die Trennung der Generationen ist zu einer allgemein anerkannten Lebensform geworden. Töchter wie auch Söhne verlassen das Elternhaus, sobald sie erwachsen sind, teils um auf die Hochschule zu gehen oder anderswo einen Beruf zu ergreifen, und teils auch nur deshalb, weil Unabhängigkeit in unserer Gesellschaft hoch im Kurs steht. Wir können hier nicht das Gewebe von kulturellen Sitten und psychologischen Einstellungen durchforschen, das daraus entstanden ist, obgleich es soziologisch sehr interessant wäre; einige seiner Aspekte sind jedoch wesentlich und sollen erörtert werden.

UNSICHERHEITEN DER EHE

Aus den Statistiken zu Beginn dieses Kapitels haben wir ersehen, daß Frauen eine höhere durchschnittliche Lebenserwartung haben als Männer. Das zahlenmäßige Übergewicht der Frauen in den meisten Ländern beruht zum größten Teil auf ihrer niedrigeren Sterblichkeitsziffer, denn im Durchschnitt werden zunächst mehr Knaben als Mädchen geboren. In den jüngeren Altersstufen ist der Prozentsatz der Männer und der Frauen noch mehr oder weniger gleich, mit dem Älterwerden übertreffen die Frauen jedoch zahlenmäßig die Männer immer mehr, und in den höchsten Altersstufen wird ein Verhältnis von 2:1 erreicht. Das heißt, die Anzahl der Frauen, die ihre Männer überleben, ist beträchtlich. Wenn wir ferner bedenken, daß der Ehemann in der Regel zwei oder mehr Jahre älter ist als seine Frau, so folgt daraus unweigerlich, daß viele Frauen auf Jahre der Witwenschaft gefaßt sein müssen, in denen es für sie weder einen Ernährer noch ein Objekt für ihre ungeteilte Fürsorge gibt. Es mag zu unerfreulich sein, dieses Schicksal bei Beginn des Erwachsenenlebens ins Auge zu fassen, wenn Zukunftspläne geschmiedet werden, aber es handelt sich dabei um eine Möglichkeit, der man Rechnung tragen sollte.

Dazu zerbricht eine zunehmende Anzahl von Ehen durch Scheidung, Trennung oder einseitiges Verlassen. In England mit seinen konservativen Scheidungsgesetzen war das Verhältnis von Ehescheidungen zu Eheschließungen 1963 etwa 1:11, oder 0,6 je 1000 der Bevölkerung. Frankreich hat annähernd dieselbe Scheidungsrate; in den USA ist sie fast viermal so hoch (2,26 je 1000 der Bevölkerung im Jahre 1961). In Schweden kommt eine Scheidung auf sechs Eheschließungen (1964), oder 1,2 je 1000 der Bevölkerung.

Überdies macht es die wirtschaftliche Unbeständigkeit unserer Zeit mehr als wünschenswert, die Frau in die Lage zu versetzen, auf eigenen Füßen zu stehen und ihren Lebensunterhalt selbst zu verdienen. Es trifft nicht mehr zu – wie in den Tagen von Jane Austen – daß »die Ehe die einzig achtbare Versorgung für wohlerzogene junge Frauen mit geringem Vermögen ist, die – wenn sie auch nicht unbedingt glücklich macht – doch den angenehmsten Schutz vor Armut gewährt«. Heutzutage kann die Ehe ebensowenig den »Schutz vor der Armut« garantieren, wie sie jemals das Glück hat garantieren können.

Glücklicherweise verfügt man heute über viele andere »achtbare Versorgungen« für wohlerzogene junge Frauen, welchen »Vermögens« und welchen Standes sie auch sein mögen, selbst wenn die Chance, glücklich zu werden, noch immer in erster Linie auf demselben Gebiet liegt wie früher. Das ist aber schließlich nicht ein besonders weibliches Problem.

Es gibt also zumindest dreierlei Tatbestände, die nach einer neuen Umschreibung der Aufgabe der Frau in der Gesellschaft verlangen: erstens die beträchtliche Erhöhung der durchschnittlichen Lebensdauer; zweitens die Schrumpfung der Periode, die ausschließlich den Mutterpflichten gewidmet ist; und drittens die Faktoren der Unsicherheit hinsichtlich der späteren und möglicherweise einsamen Jahre des Ehelebens.

3

Die Lebensabschnitte

Einige unserer Leser mögen einwenden, daß unsere Einstellung zum Leben, und besonders zum Leben der Frau, zu utilitaristisch sei. Warum versuchen Sie, werden sie fragen, die Frau in das Berufsleben hineinzudrängen? Warum diese strenge Einstellung zur Arbeit als einem Allheilmittel der Seele? Wäre es nicht besser, so lange wie möglich die Restbestände einer müßigen Klasse oder wenigstens eines Kreises von Menschen zu erhalten, die in der Lage sind, Dinge zu tun, wann und wie sie wollen, die die vielen kleinen und nicht entlohnten Dienstleistungen, die getan werden müssen, verrichten, und die sich an dem erfreuen können, was das Leben wirklich wertvoll macht: Freundschaft, Bücher und Kunst?

Solchen Lesern möchten wir zweierlei sagen: Erstens kann es sich unsere moderne Volkswirtschaft weder leisten, noch ist es mit unseren demokratischen Vorstellungen vereinbar, daß ein großer Teil der Bevölkerung von den Anstrengungen anderer lebt. Ob wir wollen oder nicht – der Stand der Müßiggänger gehört ebenso der Geschichte an wie die vierspännige Kutsche, das hausgebraute Bier und andere Symbole der »guten alten Zeit«. Der berufslose »Gentleman«, der seine Zeit damit verbrachte, zu reisen, sich zu bilden und die schönen Seiten des Lebens zu genießen, ist verschwunden, und die beruflose Dame wird ihm ganz gewiß folgen. Mit den veränderten technischen Hilfsmitteln haben sich auch unsere gesellschaftlichen Bestrebungen gewandelt. Wenn wir in einer leidlich gerechten und leidlich vernüftigen Gesellschaftsordnung leben wollen, wenn wir wünschen, daß der Lebensstandard unserer Bevölkerung verbessert und ihre Kinder erzogen werden, wenn wir das Alter von der Angst vor der ärgsten Armut befreien wollen – dann müssen wir alle nach bestem Können dazu beitragen.

Zweitens – weit entfernt davon, ein Evangelium der harten Arbeit zu predigen, hoffen wir im Gegenteil auf ein wachsendes Maß von Muße, so daß auch mehr Menschen an den Freuden des Lebens teilhaben können. Muße sollte jedoch in ihrer echten Funktion verstanden werden: als eine Zeit der Ruhe und der Erholung inmitten eines ausgefüllten Lebens.

Auch wir wollen, wie unser kritischer Leser, in einer Welt leben, in der die Menschen vor allem Menschen und nicht nur »gute Staatsbürger« sind. Auch wir verabscheuen den Ameisenstaat, in dem der Wert eines Menschen nur nach seinem Anteil an der Erfüllung eines vorbestimmten Produktionsplanes bemessen wird. Denn wir finden, daß ein Leben, in dem nur gearbeitet wird, zu langweilig wäre, um lebenswert zu sein.

FAMILIE UND BERUF — ZWEI WELTEN?

Eben aus diesem Grunde sind wir zu der Überzeugung gelangt, daß eine gerechtere Aufteilung von Arbeit und Muße zwischen den Geschlechtern, wie sie bereits zwischen den Gesellschaftsklassen erfolgte, notwendig ist. Wenn Männer und Frauen ebenso in ein und derselben Welt leben sollen, wie sie es friedlich in ein und demselben Heim und in ein und derselben Familie tun müssen, dann muß ihr Anteil an dem Rhythmus von Tätigkeit und Muße, dann müssen ihre Interessenkreise und ihre Zerstreuungen besser ins Gleichgewicht gebracht werden, als es jetzt der Fall ist. Es kann nicht zuträglich sein, zwei Menschen zu einer lebenslangen Partnerschaft miteinander zu verbinden, deren Leben in so ungleichem Rhythmus verläuft und deren Interessen auf so weit voneinander entfernten Gebieten liegen, wie es etwa während des letzten Jahrhunderts in unserer Gesellschaft üblich geworden ist.

Daß so viele Frauen – vor allem unverheiratete – in die »männlichen« Arbeitsbereiche eingedrungen sind, mag dazu beigetragen haben, den wirklichen Stand der Dinge zu bemänteln; aber es ist nicht übertrieben zu sagen, daß die Trennung zwischen den beiden Welten des Berufes und der Familie für die Mehrzahl der Menschen heute vollständiger ist, als sie es in der Vergangenheit jemals war. Beruf und Familie sind nicht nur örtlich – manchmal durch viele Meilen – voneinander getrennt, sondern auch hinsichtlich der Atmosphäre, der Interessen sowie des Tempos und der Intensität des Lebens. Wieviele Kinder haben auch nur die leiseste Kenntnis oder Vorstellung davon, wie ihre Väter den größten Teil ihres Tages zubringen? Bei der Fahrt von der Fabrik oder dem Büro zu seiner »Schlafstelle« im Vorort stellt sich der Mann um, als käme er von einem anderen Planeten. Er wird von einer Frau erwartet, deren Leben einem völlig anderen Rhythmus unterliegt. Ihr Heim, das sie theoretisch teilen, ist fast ausschließlich zur Domäne der Frau geworden, und ihr fällt ebenso die Hauptverantwortung für die Kinder zu.

Jedoch an Ehe, Familienleben und Kindern sollten sich eigentlich Mann und Frau gemeinsam erfreuen. Niemandem – und am wenigsten dem Kinde – ist mit der heutigen Neigung gedient, all dies auf eine Seite, nämlich in »die Welt der Frau«, zu verlagern.

Diejenigen, die gegen eine Ausweitung der außerhäuslichen Berufstätigkeit von verheirateten Frauen im Namen der Tradition angehen, haben ihren Blick nur auf eine Periode unserer Sozialgeschichte, nämlich auf das 19. Jahrhundert gerichtet. Solche Traditionalisten wären gut beraten, blickten sie ein wenig weiter zurück auf eine Zeit, in der es ein stabileres Gleichgewicht zwischen den Anforderungen der Gemeinschaft und den Bedürfnissen des Individuums gab. In jener Zeit der harmonisch in sich geschlossenen Familien waren Arbeit und Muße zwischen Mann und Frau, zwischen Eltern und Kindern und zwischen jung und alt viel gleichmäßiger verteilt. Die so entstandene Verbundenheit und der sanftere Übergang von der einen Altersstufe in die andere ist von dem heutigen Zustand mit seinen getrennten Bezirken für Mann und Frau und für jede Generation sehr verschieden. Der jetzige Zustand hat so viele Spannungen erzeugt, daß es sich wohl zu fragen lohnt, ob wir nicht einige wertvolle Merkmale der alten Lebensart in neuer Form zurückgewinnen könnten.

Die Familie war einmal der natürliche Lebensraum für den Mann wie auch für die Frau. Beide hatten an der Erziehung ihrer Kinder teil; jeder teilte die Sorgen und Erfolge des anderen, und alle zusammen trugen ihren angemessenen Teil an der gesamten Arbeitslast, wenn auch diese Teile je nach Kraft und Fähigkeiten der einzelnen Familienmitglieder unterschiedlich waren. Wahrscheinlich gingen sehr große kulturelle Werte verloren, als diese Art von Gemeinsamkeit aufhörte. Ganz gewiß aber haben wir noch keine ähnlich ausgewogene Art zu leben gefunden.

Man sollte daher nicht vergessen, daß gerade die gemeinsame Beteiligung von Mann und Frau dieses Gleichgewicht schuf. Es ist zwar müßig, zu beklagen, daß es nicht mehr vorhanden ist, aber es wäre noch weit zweckloser, sich die romantische Hoffnung zu machen, daß die Frau allein eine solche Lebensfülle schaffen könne, wenn es ihr überlassen bleibt, die Überreste aus früheren Zeiten zu bewahren. Wenn jemand behauptet, ein Heim zu schaffen sei die alleinige Aufgabe der Frau, dann begeht er den Fehler, die Frau etwas allein tun zu lassen, was von Mann und Frau gemeinsam getan werden muß, wenn das Ideal eines glücklichen Heims verwirklicht werden soll.

Viele Menschen fühlen instinktiv, daß dies richtig ist. Die Tatsache, daß immer mehr Männer ihre Freizeit für Hobbies verwenden, die ihnen einen tätigen Beitrag zum Familienleben ermöglichen, ist dafür ein augenfälliger Beweis. In dem höchstmechanisierten Land der Welt, den Vereinigten Staaten, verbringen mehr Menschen als je zuvor ihre

Freizeit als Amateurmaler, -schreiner, -tapezierer, -gärtner usw. Ohne Zweifel spielen dabei auch die hohen Kosten für Facharbeiter eine große Rolle. Doch abgesehen von diesem finanziellen Anreiz finden die meisten Männer echte Freude an solchen schöpferischen Hobbies; nicht nur als Ausgleich zu ihrer routinemäßigen oder nur im Sitzen verrichteten Arbeit, sondern weil sie dadurch an dem »Nestbauenden« Schaffen ihrer Frauen teilhaben und es beiden ein gemeinsames Ziel gibt, das zum größten Teil verlorenging, als die Aufgaben von Mann und Frau strikt – und fast bis zum Ausschluß des Mannes aus dem Familienleben – voneinander getrennt wurden.

Ein Vergleich mit der Vergangenheit bringt jedoch noch eine weitere Ungleichheit zwischen dem heutigen Leben des Mannes und dem der Frau zutage. Unter den vorindustriellen Bedingungen waren Arbeit und Muße nicht so klar getrennt, wie sie es heute sind. Die Kinder wurden mit Märchen besänftigt, während die Hände sich am Webstuhl regten. Wenn der Vater Heu mähte, fand er dabei Zeit, seinen Sohn zu lehren, wie man Zinken in den Rechen setzt oder wie man die Stimmen verschiedener Vögel voneinander unterscheidet. Gewiß waren die Nächte dem Schlafen und Ausruhen vorbehalten; aber auch die Nachtruhe mußte unterbrochen werden, wenn gerade eine Kuh kalbte. Dieses Gleiten von einer Beschäftigung zur anderen, von der Arbeit zum Spiel und wieder zurück, ist der industriellen Welt vollkommen fremd. Aber es ist nach wie vor typisch für den Bereich des Haushalts. Eben dies macht alle Bemühungen illusorisch, die Hausarbeit etwa nach dem Zeitaufwand zu bemessen. Auch führt es zu ungerechten Vergleichen zwischen der Arbeitslast der Hausfrau und der anderer Menschen, die einer kontrollierten und geregelten 48-Stunden-Woche unterworfen sind – ein Vergleich, der gewöhnlich in beiderseitiger Unzufriedenheit endet. Ebenso können Männer – und natürlich auch solche Frauen, die im Erwerbsleben stehen – nur in ihren Hobbies dieser vorindustriellen Mischung von Arbeit und Muße, bei der man unmöglich sagen kann, wo die eine beginnt und die andere aufhört, teilhaftig werden.

SPEZIALISIERUNG NACH ALTERSGRUPPEN

Ein wichtiges Merkmal des Lebens in der heutigen Gesellschaft scheint fast unbemerkt geblieben zu sein: die Teilung der Lebenszeit in mehr oder weniger klar abgegrenzte Phasen. Die Spezialisierung – heute ein Kennzeichen für alle Bezirke unserer Gesellschaft – greift auch im Leben jedes Individuums um sich und trennt eine Phase von der anderen. In jeder von ihnen übernimmt der einzelne eine verschiedene gesellschaftliche Aufgabe. Man kann sie die Ausbildungs-, Berufs- und Ruhestands-Phase nennen.

In der vorindustriellen Zeit war nicht nur das Ausmaß der Arbeitsteilung zwischen den einzelnen Menschen geringer, sondern es waren auch die verschiedenen Perioden im Lebensablauf eines Menschen weniger klar durch besondere gesellschaftliche Funktionen gegeneinander abgegrenzt. Die Jugend war nicht so deutlich wie heute der Ausbildung vorbehalten; das Alter wurde nicht so eindeutig wie heute als eine Periode der Ruhe angesehen.

Auch das Leben der Frau nahm einen geradlinigeren Verlauf. Pflichten des Haushalts und ein umfassendes Pensum häuslicher Arbeiten füllten täglich viele Stunden aus, solange sie noch Kind war. Die Ausbildung fand im Hause statt. Das Eheleben war auf einer verantwortungsvolleren Ebene nur die Fortsetzung dessen, was die Frau in ihrem Elternhaus zu tun pflegte, natürlich trat die Mutterschaft hinzu. Schließlich kam der Tod, oft bevor sie die Fülle ihres Lebens erreicht hatte und nicht lange, nachdem die Kinder aufgehört hatten, ihre Fürsorge zu beanspruchen, gewiß aber höchst selten erst in einem so hohen Alter, daß sie weder auf diese noch auf jene Weise für kleine Hausarbeiten von Nutzen sein konnte.

Der Lebensablauf der unverheirateten Frau unterschied sich nicht sehr hiervon. Entsprechend der vorherrschenden Anschauung war auch für ihre Betätigung der Haushalt der natürliche Rahmen, ob es nun das Haus ihrer Eltern oder ihrer Verwandten war.

Heute sind an beiden Enden eines normalen Arbeitslebens zwei aufgabenmäßig verschiedene Perioden angehängt worden. Den daraus entstandenen Problemen wurde bis jetzt wenig Beachtung geschenkt.

Während die Arbeitsteilung ausgiebig untersucht worden ist, wurde der Verteilung der Arbeitskraft über eine normale Lebensspanne und den sich daraus ergebenden Problemen verhältnismäßig wenig Aufmerksamkeit gewidmet. Sicher, es gibt besondere Zweige in der psychologischen und soziologischen Forschung, die sich allein mit dem Studium von Problemen beschäftigen, die mit der Ausbildungsperiode verbunden sind. Die Einführung von Altersrenten und die Festsetzung von Altersgrenzen für verschiedene Berufe haben ihrerseits soziologische und psychologische wie auch wirtschaftliche Probleme der Anpassung geschaffen, unter denen viele Gegenstand von ad-hoc-Lösungen gewesen sind. Wir haben eine neue Fachwissenschaft, die Gerontologie, die sich den medizinischen, psychologischen und soziologischen Problemen der alten Menschen widmet. Dennoch hat die Sozialpsychologie bis jetzt nicht die ganz allgemeine Frage der Stufenfolge im menschlichen Leben behandelt; insbesondere hat sie das außer acht gelassen, was man die Psychologie der »Nicht-Beteiligung« nennen könnte. Diese wäre in vieler Hinsicht ein lohnendes Forschungsobjekt. Neben anderem könnte sie ein neues Licht auf einige Aspekte der weiblichen Psychologie werfen.

Die Zeit wäre auch reif für eine systematische Untersuchung, wie verschieden sich die vorerwähnten gesellschaftlichen Veränderungen auf Männer und Frauen ausgewirkt und zu welcher großen Divergenz ihrer Lebensweisen sie geführt haben. Erst kürzlich hat man damit begonnen, diese Kluft zu überbrücken – eine Entwicklung, die das gesunde Anzeichen einer Erneuerung und als solches höchst willkommen ist.

DIE LEBENSABSCHNITTE DER FRAU BRINGEN EIN NEUES PROBLEM MIT SICH

Die Frauenberufe sind natürlich ebenso wie die Männerberufe spezialisiert worden. In ihrer Jugend braucht die Frau heute zugunsten der Ausbildung nichts im Haushalt zu tun, und im Alter bleibt ihr die Verpflichtung zu produktiver Arbeit erspart. Es kommt aber hinzu, daß der mittlere Abschnitt ihres Lebens durch die Kluft, die heute zwischen dem Lebensstil der ledigen und dem der verheirateten Frau besteht, in zwei gänzlich verschiedene Perioden aufgespaltet worden ist. Durch mehr oder weniger viele Jahre vor der Ehe wird die Frau heute auf eine Lebensweise vorbereitet und festgelegt, die in bemerkenswertem Gegensatz zu dem Dasein steht, das die meisten Frauen wahrscheinlich später führen werden. Eine Minderheit setzt diese erste Periode ihr ganzes Leben hindurch fort. Die große Mehrheit jedoch erlebt nach der Eheschließung eine vollständige Umwandlung ihrer gesellschaftlichen Aufgabe.

Erste Periode des Erwachsenenlebens

Zwischen Schulentlassung und Eheschließung durchlaufen die meisten Frauen eine Periode, in der sie ihren Lebensunterhalt selbst verdienen; sie dauert in den europäischen Ländern durchschnittlich fünf bis sieben, in den Vereinigten Staaten eher weniger Jahre. 82 vH aller ledigen Frauen zwischen fünfzehn und sechzig Jahren sind in England erwerbstätig. Der entsprechende Prozentsatz liegt in den USA bei 51 vH (dort beträgt das Durchschnittsalter bei der ersten Eheschließung 20,8 Jahre gegen 22,1 in Großbritannien, und überdies liegt das Schulentlassungsalter in den meisten Staaten mit 18 Jahren beträchtlich höher, so daß die Zeit zwischen Schulentlassung und Eheschließung in den USA wesentlich kürzer ist), in Schweden bei 75,9 vH (mittleres Heiratsalter lediger Frauen 26,1 Jahre) und in Frankreich bei 65,2 vH (mittleres Heiratsalter bei der ersten Eheschließung 22,9 Jahre).

Diese Periode zwischen Schulentlassung und Eheschließung hat zweifellos einen großen bildenden Einfluß auf die Persönlichkeit der Frau. Sie ist in dieser Zeit Kollegin des Mannes. Sie bekommt Kontakt mit dem Leben der Gemeinschaft, wird Mitglied von Verbänden und erlangt politische Reife – alles dies in gleicher Weise wie ihre männlichen Arbeitsgefährten. Sie erhält Freizeit als Ausgleich für ihre Arbeit und gewöhnt sich daran, frei über diese zu verfügen, ohne dabei von den Eltern schärfer überwacht zu werden als herangewachsene Jungen. Auch gelangt sie zu einem unabhängigen Verdienst und entwikkelt die Gewohnheit, selbständig darüber zu verfügen.

Meistens erhält die Frau für diesen Lebensabschnitt auch ihre höhere Bildung und erwirbt ihre Kunstfertigkeiten oder ihre Fachausbildung. Vom Standpunkt der Gesellschaft aus bedeutet dies eine erhebliche Kapitalinvestition, selbst wenn in den meisten Ländern nur verhältnismäßig wenige Frauen bis heute in die Stätten einer höheren Ausbildung vorgedrungen sind. Tabelle 3 veranschaulicht das. Während die Zahl der für die Grund- und Mittelschulen angemeldeten Mädchen und Jungen sich etwa die Waage hält, liegt der Anteil der Mädchen in höheren Schulen und den meisten Fachschulen noch weit unter dem der Jungen; immerhin hat der Anteil der Mädchen während der sechziger Jahre gegenüber den in Tabelle 3 genannten Zahlen zugenommen. In den Vereinigten Staaten waren 1962 bei den College-Anfängern 42 vH Studentinnen; zur gleichen Zeit gab es aber nur ein Drittel weibliche Kandidaten un-

TABELLE 3

Anteil der weiblichen Studierenden an Hochschulen 1953 und 1937

Weibliche Studierende in vH aller Studierenden

	1952/53	1937
USA*	35	40
Großbritannien	24	22
Frankreich	36	29
Schweden	26	17

* Der prozentuale Rückgang der weiblichen Studierenden an Hochschulen gegenüber 1937 ist auf das nach dem 2. Weltkrieg herrschende System von Stipendien für ehemalige Soldaten zurückzuführen.

Quelle: Statistische Abteilung der UNESCO.

ter denjenigen, die ein Diplom-, Doktor- oder Staatsexamen ablegten. Nach dem Robbins-Bericht war 1961 in Großbritannien der Anteil der Mädchen an den Studienanfängern 40 vH; nimmt man alle höheren Bildungseinrichtungen, einschließlich Abendhochschulen und Fernstudium, zusammen, dann sind jedoch im gleichen Jahr nur 25,5 vH Mädchen unter den Studienanfängern. In Frankreich stieg der Anteil der Studentinnen an der Gesamtzahl der Studierenden im Jahre 1960 auf 40 vH, in Schweden 1962/63 auf 35 vH.

Nach Abschluß der Ausbildung folgt praktisch für jedes Mädchen eine Zeit, in der es berufstätig ist. Heute ist es geradezu zur Regel geworden, daß die Frau in die Welt der Arbeit geht, und ihr Recht, nahezu jeden Posten zu übernehmen, wird kaum angefochten. Ihre Beschränkung auf ungelernte Hausarbeit – entweder im Elternhause oder in einem fremden Haushalt – gehört schon der Vergangenheit an. Die meisten Frauen erhalten heute eine Berufsausbildung und können ihren Lebensunterhalt selbst verdienen.

Vom wirtschaftlichen Standpunkt aus leben diese Mädchen vor der Ehe das Leben eines Mannes, obwohl sie oft benachteiligt sind durch ungleiche Löhne und den noch schwerwiegenden Mangel an echten Aufstiegsmöglichkeiten. Bis jetzt kann man die meisten von ihnen wohl kaum als »Karriere-Frauen« bezeichnen, da eine Berufslaufbahn noch immer weitgehend das Vorrecht des Mannes ist. Aber es kommt hinzu – und dies ist wirklich der Kernpunkt dieser Frage –, daß die meisten Mädchen gar nicht ihr Leben lang berufstätig bleiben wollen.

Zweite Periode des Erwachsenenlebens

Nach einer Periode der Berufstätigkeit gabelt sich der Weg. Die Gruppe von Frauen, die weiterhin im Erwerbsleben bleiben, besteht überwiegend aus solchen, die nicht heiraten. Ihre Zahl hat sich seit dem Krieg immer mehr verringert.

Die Volkszählungsergebnisse lassen nur ungenügend erkennen, wie viele Frauen heiraten, denn sie zeigen die Gliederung aller Frauen in Ledige und Verheiratete vom 14. oder 15. Lebensjahr an, so daß sie Altersgruppen unter dem normalen Heiratsalter einbeziehen, was die Zahlen sehr zu Gunsten der ledigen Frauen verschiebt. Trotzdem mögen sie hier angeführt werden, um Aufschluß über die Zahl der Frauen zu geben, die nach dem Verlassen der Schule unverheiratet sind:

TABELLE 4

Anteil der weiblichen Bevölkerung von 15 Jahren und darüber nach dem Familienstand in vH

	England u. Wales	USA	Schweden	Frankreich
	1961	1960	1960	1962
ledig	21,8	19,1	27,7	22,4
verheiratet	64,4	65,9	65,2	59,3
verwitwet	13,0	15,0 (verwitwet und geschieden)	7,1 (verwitwet und geschieden)	16,3
geschieden	0,9			2,0

Ein besseres Bild von der Heiratsrate gewinnt man aus einem Bericht der *Royal Commission on Population*, demzufolge 1947 in Großbritannien 83,5 vH aller Frauen im Alter von 45–54 Jahren verheiratet oder verheiratet gewesen waren.

Nachdem das Erwachsenenleben für die Frau mit ihrem Eintritt in den Arbeitsmarkt begonnen hatte, zieht sich die überwiegende Mehrheit bei der Familiengründung daraus zurück. Das Frauenproblem von heute ist nicht – wie es manchmal dargestellt wird – der Wunsch der verheirateten Frau, sich freizumachen, um einen Beruf auszuüben; die Frage ist vielmehr, ob die erwerbstätige Frau ihren Beruf aufgeben soll zugunsten der Hausarbeit. Diese Lage hat schwedische Frauenrechtlerinnen veranlaßt, den althergebrachten Kampfspruch von dem »Recht der verheirateten Frau auf Arbeit« umzukehren in das »Recht der arbeitenden Frau auf Heirat«.

Niemand wird ihr dieses Recht absprechen und ebensowenig ihr Recht – das manche Leute sogar für eine Pflicht gegenüber der Gesellschaft halten – eine Familie zu gründen und zu betreuen.

Ernstlich ist jedoch die Frage zu prüfen: Wie lange sind häusliche Pflichten eine ausfüllende Beschäftigung innerhalb eines durchschnittlichen Ehelebens von 50 Jahren? Die meisten Frauen betrachten natürlich ihr Heim, sobald sie einmal verheiratet sind, als ihren Beruf, und nehmen jede damit verbundene Arbeit auf sich, von mühseliger Plakkerei bis zu mehr oder weniger notwendiger Ausschmükkung.

Eine Frau, die den Haushalt in traditioneller Weise als ihren eigentlichen Beruf ansieht, wird kaum zugeben, daß ihre ständige Anwesenheit im Hause nur während der Periode »aktiver Mutterschaft« erforderlich ist. Wie verhält es sich nun mit dem Zeitaufwand für die Hausarbeit, soweit er meßbar ist?

Tarras Saellfors, ein führender schwedischer Rationalisierungs-Experte, stellte die wirklich erschreckende Berechnung an, daß in Schweden jährlich 2,340 Mill. Arbeitsstunden für Einkaufen, Kochen und Spülen aufgewandt werden, während die schwedische Industrie vergleichsweise nur 1,290 Mill. Stunden braucht. Allein mit Spülen, einer der am wenigsten erfreulichen oder produktiven Hausarbeiten, werden täglich 1½ Millionen Stunden zugebracht. Daraus ist leicht zu erkennen, welch großen Fortschritt die Rationalisierung der Hausarbeit bedeuten würde.

Die meisten Untersuchungen, die es über die Arbeitszeit der Hausfrau gibt, machen leider keinen Unterschied zwischen der Periode »aktiver Mutterschaft« und den anderen Jahren. Noch weniger unterscheiden sie zwischen unbedingt notwendiger Arbeit und reiner Beschäftigung; hier ist es natürlich sehr schwierig, eine Grenze zu ziehen. Auch ließe sich einwenden, daß ja die Hausfrau die im Haushalt gewonnene Zeit nicht für andere produktive Arbeit verwenden würde, so daß sie viele zeitraubende Arbeiten genausogut zu Hause verrichten vermag, auch wenn diese anderwärts wirtschaftlicher und mindestens ebenso befriedigend ausgeführt werden könnten.

Die nach unserer Ansicht interessanteste Erhebung über die Arbeitszeit der Hausfrau wurde 1947 von dem französischen *Institut national d'études démographiques* durchgeführt[1]. Man wollte ermitteln, wie viele Arbeitsstunden es eine Mutter kostet, Kinder aufzuziehen. Diese Untersuchung ist für uns von besonderem Interesse – erstens, weil sie zwischen der Arbeitswoche einer kinderlosen, verheirateten Frau und Müttern mit einem, zwei, drei und mehr

1. Jean Stoetzel, *Une étude du budget-temps de la femme dans les agglomérations urbaines*, in *Population*, Paris 1948, Nr. 1.

Kindern unterscheidet, und zweitens, weil sie die Hausarbeitszeit von Voll-Hausfrauen und die von verheirateten Frauen mit außerhäuslicher Berufsarbeit vergleicht. Die Erhebung erstreckte sich auf 1795 verheiratete Frauen unter 47 Jahren in französischen Städten mit über 5000 Einwohnern.

Dieser Untersuchung zufolge schwankt die Arbeitswoche von verheirateten Frauen zwischen 47 und 74 Stunden, je nach Anzahl der Kinder. Die durchschnittliche Hausarbeitszeit – einschließlich des Zeitaufwandes von bezahlten Hilfskräften und gelegentlich helfenden Familienmitgliedern – betrug in kinderlosen Familien 61 Wochenstunden. Hierzu kommen 18 Stunden pro Woche bei einem Kind, 28 Stunden pro Woche bei zwei und 39 Stunden pro Woche bei drei und mehr Kindern.

Verheiratete Frauen mit außerhäuslicher Berufsarbeit verringern ihre Hausarbeitszeit um 10 Wochenstunden, sofern sie kinderlos sind, und bis zu 30 Wochenstunden, wenn sie Kinder haben – verglichen mit Voll-Hausfrauen bei entsprechender Kinderzahl. In der folgenden Tabelle stellt M. Stoetzel die Arbeitszeit von Voll-Hausfrauen und von verheirateten erwerbstätigen Frauen einander gegenüber:

TABELLE 5

Die wöchentliche Arbeitszeit verheirateter Frauen mit bzw. ohne außerhäuslicher Berufsarbeit in französischen Städten, 1947

		Arbeitsstunden pro Woche		
Anzahl der Kinder		Hausarbeit	Berufsarbeit	Insgesamt
0	Voll-Hausfrauen	56,0	·	56,0
	Verh. berufst. Frauen	45,5	39,1	84,6
1	Voll-Hausfrauen	73,5	·	73,5
	Verh. berufst. Frauen	44,1	38,0	82,1
2	Voll-Hausfrauen	72,8	·	72,8
	Verh. berufst. Frauen	46,2	35,2	81,4
3 und	Voll-Hausfrauen	77,7	·	77,7
mehr	Verh. berufst. Frauen	48,3	35,2	83,5

Quelle: *Population*, 1948, Nr. 1.

Diese Tabelle zeigt als interessantestes Ergebnis, daß die Arbeitszeit der verheirateten berufstätigen Frauen von mehr als 80 Stunden pro Woche nur um 6–8 Stunden pro Woche über der Arbeitszeit der Voll-Hausfrauen mit Kindern liegt, was etwa einer Stunde pro Tag entspricht. Was in dieser einen zusätzlichen Stunde täglich geleistet wird, übertrifft an Produktivität bei weitem die gemachten Anstrengungen.

Unter den maßgebenden Forschungsarbeiten in den USA ist eine der bekanntesten Untersuchungen der Bericht von Bryn Mawr: *Women during the War and after* (1945), der die Familien in vier typische Gruppen gliedert. Er ermittelt je Haushalt den folgenden Zeitaufwand für hauswirtschaftliche Arbeiten:

60,55 Stunden pro Woche in bäuerlichen Familien
64,09 Stunden pro Woche in nicht-bäuerlichen, ländlichen Haushalten
78,35 Stunden pro Woche in städtischen Haushalten, in Städten mit weniger als 100 000 Einwohnern
80,57 Stunden pro Woche in Haushalten in Städten mit mehr als 100 000 Einwohnern.

Entgegen der allgemeinen Vermutung liegt die aufgewandte Hausarbeitszeit im städtischen Haushalt erheblich höher als im Landhaushalt, obwohl die Hausfrau in der Stadt über weit größere Arbeitserleichterungen verfügt. Das ist teils auf die Tatsache zurückzuführen, daß die Städte schmutziger sind und deshalb mehr Zeit zum Putzen und Waschen benötigt wird, teils darauf, daß normalerweise mehr Räume benutzt werden. Auch zum Einkaufen und zur Versorgung der Kinder wird mehr Zeit gebraucht. Der Bericht bemerkt ausdrücklich: »Wenn mit wachsendem Lebensstandard mehr Geräte und Dienstleistungen Eingang in den Haushalt finden, neigen die Frauen dazu, mehr Zeit auf ihre häuslichen Pflichten zu verwenden.«

Nach einer britischen Untersuchung von 1951 bringt eine Arbeiterfrau in einer Londoner Vorstadt durchschnittlich 71 Stunden in der Woche mit Hausarbeit zu, wobei der höchste Zeitanteil in Verbindung mit den Mahlzeiten steht, nämlich ein Viertel der täglichen Hausarbeitszeit. Diese Zahl ist etwas überhöht, da in der Gruppe »Beschäftigung mit Mahlzeiten« auch die Zeit des Essens – neben der eigentlichen Zubereitung – enthalten ist; ebenso wird die Zeit für die persönliche Körperpflege unter »Hausarbeit« mitgezählt. Beides würde bei einer gleichen Erhebung über den Arbeitstag eines Mannes oder einer Büroangestellten nicht einbegriffen sein. Trotzdem läßt sich von der Hausfrauenarbeit noch immer sagen, daß sie viel zeitraubender ist als fast jede andere Arbeit, selbst wenn sie gemächlicher abläuft. Der Bericht sagt deshalb auch: »Stellt die auf ihr Heim beschränkte Frau Vergleiche an, dann verspricht ihr das strenge Büro- und Fabrikleben die Flucht in eine der Hausfrau weitgehend versagte Außenwelt und den Kontakt mit dieser, was für sie den ganzen Zauber und das Geheimnis des Unerreichbaren besitzt.«

Nehmen wir es also als Tatsache hin, daß eine Hausfrau mit Kindern im Durchschnitt wenigstens 60 Stunden in der Woche, und oft mehr, mit den verschiedensten Hausarbeiten verbringt. Die Frage bleibt jedoch, ob dieser ganze Arbeitsaufwand wirklich notwendig ist, oder ob nicht bei besserer Planung seitens des einzelnen oder der Gesellschaft die Zahl der Stunden wesentlich und ohne Schaden für den Haushalt herabgesetzt werden könnte.

Obwohl sie es beklagen, sind die meisten Hausfrauen im Grunde stolz darauf, daß »die Arbeit einer Frau nie getan ist«. Aber die meiste Arbeit ist »nie getan«, wenn man ihr nicht an irgendeiner Stelle einen Endpunkt setzt. Auch der Büroangestellte, der seinen Schreibtisch verläßt, der Krämer, der seinen Laden schließt, der Arbeiter, der sein Werkzeug am Ende eines Achtstundentages aus der Hand legt – sie alle sind in der Regel mit ihrer Arbeit nicht fertig. Sie brechen die Arbeit ab und verschieben sie auf den nächsten Tag. Eine solche Disziplin ist natürlich viel leichter einzuhalten, wenn Heim und Arbeitsplatz getrennt sind und man die unbeendete Arbeit nicht ständig vor Augen hat. Das Verlangen nach einem Achtstundentag wurde erst nach der industriellen Revolution laut und hätte nicht aufkommen können, solange Werkstatt und Heim eine Einheit bildeten. Er gilt noch heute nicht für Selbständige, Künstler, Ärzte und viele Ein-Mann-Betriebe.

Die Hausfrau, deren Heim zugleich ihre Werkstatt ist, befindet sich in dieser wie in mancher anderen Hinsicht noch in der vorindustriellen Zeit. Die Lage wird jedoch heute dadurch erschwert, daß die Hausfrau in einer Welt lebt, in der die meiste andere Arbeit in Acht-Stunden-Schichten und in 5 bis 5 1/2 Tagen wöchentlich getan wird, worauf die Freizeitgestaltung entsprechend abgestellt ist. Kein Wunder daher, daß die Hausfrauen sich benachteiligt fühlen, zumal ihre Arbeitsspitzen zum Teil in die Zeit fallen, zu der andere Leute mit geregelter Arbeitszeit ihre Freizeit genießen.

Die modernen arbeitsparenden Einrichtungen und Geräte haben eher dazu beigetragen, die Qualität der Hausarbeit zu heben, als die darauf verwandte Zeit zu verkürzen. Diese Tatsache scheint die Ansicht zu stützen, daß das Problem der »Haushaltsplackerei« zumindest teilweise ein psychologisches Problem ist. Hausarbeit kann fast unbegrenzt ausgedehnt werden, und es gibt genügend Grund, um die Vermutung zu rechtfertigen, daß Hausfrauen sie oft genug unbewußt ausdehnen, um ein inneres Gefühl der Leere durch den augenfälligen Beweis, daß sie vollbeschäftigt und unentbehrlich sind, zu beschwichtigen.

Dritte Periode des Erwachsenenlebens

Psychologisch wie wirtschaftlich erhebt sich die äußerst wichtige Frage: Was geschieht, wenn die Frauen in ihren vierziger Jahren den Zeitpunkt erreichen, der für die meisten von ihnen den »Ruhestand« nach der Zeit der aktiven Mutterschaft bedeutet? Zu dieser Zeit werden ihre Kinder soweit herangewachsen sein, daß sie nicht länger die volle Aufmerksamkeit der Mutter benötigen; vielfach werden sie auch das Haus verlassen haben. Vielleicht haben nur die an Statistik interessierten Menschen einen Widerspruch darin bemerkt, daß die Frau – die gerade heute ihre Jugend und Gesundheit länger denn je zu bewahren weiß – gleichzeitig daran denken sollte, sich soviel früher »zur Ruhe zu setzen«.

Dieser Zustand verringerter Betätigung wird von den Frauen selbst im allgemeinen nicht als Ruhestand empfunden. Es gibt keinen schroffen Abbruch der Gewohnheiten, kein Aufhören der Beschäftigung, nur ein allgemeines Nachlassen des Arbeitsdrucks, eine kaum wahrnehmbare Gewichtsverlagerung von einer häuslichen Beschäftigung auf eine andere – weniger Stopfen und Kochen als bisher, aber mehr Strickarbeiten.

Dennoch durchleben viele Frauen ein Stadium heftiger Gemütskrisen, wenn sie den Zeitpunkt erreichen, da ihre Kinder unabhängig geworden sind. Nach langen Ehejahren, in denen sich ihre Männer daran gewöhnen mußten, ein wenig im Hintergrund zu stehen, taugen sie nicht mehr dazu, plötzlich der Mittelpunkt der weiblichen Fürsorge und Aufopferung zu sein. Margaret Mead hat ein düsteres Bild dieser Situation gezeichnet[2]. »Eines Tages, wenn sie noch immer eine junge Frau ist, wird sie sich an einem Frühstückstisch finden mit nur einem Gesicht gegenüber, dem ihres Mannes, und sie wird allein sein, ganz allein in ihrem eigenen Heim. Sie ist ohne eine Aufgabe; ihre Hauptrechtfertigung, die Arbeit, für die sie ›alles aufgab‹, ist nicht mehr vorhanden, und doch hat sie noch zwei, viel-

2. Margaret Mead, *Male and Female*, London und New York 1949, S. 332–8.

leicht drei Mahlzeiten täglich zuzubereiten, die Haustür zu öffnen und die Wohnung zu säubern. Aber das Essen ist oft nur für zwei zu richten, und die Fußböden haben es nicht nötig, so oft geputzt zu werden, weil keine Kinderfüße mehr darüberlaufen. Sie ist nicht gänzlich ohne Arbeit, aber sie ist ausrangiert, auf den Boden hinaufbefördert; man hat sie auf einen jener Abstellplätze abgeschoben, mit denen große Organisationen, deren Mitarbeiter wohlerworbene Rechte haben, gegenüber einem Angestellten – falls er für die Pensionierung noch zu jung ist – die Tatsache zu verbergen suchen, daß er eigentlich in den Ruhestand gehört.«

Unter solchen Umständen werden nicht wenige Frauen von einem Gefühl der Leere und der Zwecklosigkeit befallen, auf das sie je nach Temperament und Anlage verschieden reagieren. Ob sie nun nörgelig und mißvergnügt werden, ob sie einen Nervenzusammenbruch bekommen, oder ob sie ein Ventil finden im Bridge oder Golfspiel, im Besuchemachen und Einkaufen, ob sie ihre Tatkraft örtlicher karitativer Tätigkeit, oder in seltenen Fällen der Politik oder künstlerischem Schaffen widmen –, der eigentliche Grund dieser und anderer Veränderungen ist, daß sie in der Mitte ihres Lebens, im Vollbesitz ihrer Leistungsfähigkeit, am Ende ihrer selbstgewählten »Laufbahn« angelangt sind.

NEUER ANFANG MIT 40 JAHREN

Viele Frauen halten sich für zu alt, um mit 40 Jahren neu anzufangen. Verschiedene gesellschaftliche Einflüsse wirken der Vorstellung entgegen, man könnte in diesem Lebensabschnitt einen neuen Beruf beginnen. Voran steht das Fehlen passender Gelegenheiten oder der Mangel an einer entsprechenden Berufsausbildung, sowie an Möglichkeiten für die »Nachschulung von Müttern a. D.«, wie Margaret Cole es genannt hat. Ferner ist da – besonders in kleineren Orten – der Druck gesellschaftlicher Vorurteile, unter dem die arbeitende Frau und ihre Familie an Ansehen verlieren. Schließlich ist im Denken der Frauen selbst noch immer das traditionelle Vorurteil lebendig, das sie glauben läßt, sie seien viel älter und viel weniger leistungsfähig, als sie es in Wirklichkeit sind.

In Fällen persönlicher oder nationaler Not werden aber alle diese Erwägungen gewöhnlich gegenstandslos. Der Verlust ihrer Männer, Wirtschaftskrisen, der Druck fehlender Arbeitskräfte oder politische Umwälzungen haben zahllose verheiratete Frauen mittleren Alters, mit oder ohne frühere Ausbildung, zum Ernährer ihrer Familie gemacht, und zwar zu einer Zeit, die wir die dritte Periode des Erwachsenenlebens genannt haben.

Frauen, die vor langer Zeit ihren Beruf aufgegeben hatten, fühlten sich unter dem Druck des Krieges gedrängt, ihre frühere Berufserfahrung dem Vaterland zur Verfügung zu stellen. Andere, die nie eine Berufsausbildung genossen hatten, waren trotzdem davon überzeugt, daß ihre Energie und ihre Intelligenz bei den Kriegsanstrengungen von Nutzen sein könnten. Unter den vielen Tausenden von Flüchtlingen, die die Naziverfolgung über die ganze Welt verstreute, waren es gewöhnlich die Frauen, die mit den neuen Verhältnissen besser fertig wurden als die Männer. Manche Frauen von über 40 Jahren aus dem Mittelstand, die nie zuvor in ihrem Leben außerhäuslich gearbeitet hatten, erlernten ein neues Handwerk oder Gewerbe und erhielten unverdrossen nicht nur sich selbst, sondern auch ihre Männer, die ohne ihren Beruf und die gewohnte Umgebung entwurzelt waren und nicht so leicht unter veränderten Bedingungen wieder Fuß fassen konnten.

Die Arbeitsmarktstatistik zeigt, daß der Anteil der Witwen und geschiedenen Frauen an den Arbeitskräften beträchtlich höher ist als der der verheirateten erwerbstätigen Frauen. Allein diese Tatsache beweist hinreichend, daß – ganz abgesehen von nationalen Notständen – viele

Frauen später unter Druck von Ereignissen, die außerhalb ihrer Einwirkung liegen und im Gegensatz zu ihren Erwartungen stehen, ihren Lebensunterhalt selbst verdienen müssen.

Aus all diesen Beispielen ist ersichtlich, daß die Rückkehr verheirateter Frauen auf den Arbeitsmarkt in ihrem späteren Leben unter außergewöhnlichen Umständen möglich war. Häufig ist die Frau dabei erfolgreich gewesen, wenngleich sie nur auf gut Glück improvisierte.

Wenn es im Notfall geht, warum bereiten wir uns nicht darauf vor? – so möchte man fragen. Warum müssen wir warten, bis das Schicksal uns unversehens ereilt?

Diese und ähnliche praktische Überlegungen haben in den letzten Jahren bei der jüngeren Frauengeneration zunehmend an Bedeutung gewonnen – selbst wenn die Mehrheit immer noch dazu neigt, eher an den augenblicklichen Nutzen zu denken, als auf lange Sicht zu planen.

Immerhin sind ein paar wichtige neue Faktoren in Erscheinung getreten. Unter diesen stehen an allererster Stelle 1. die Knappheit an hochqualifizierten Fachkräften in allen Industrieländern, vor allem in den Dienstleistungsberufen, und 2. die Tatsache, daß der Erwerb von beruflichen Qualifikationen einen unmittelbaren Nutzen erbringt in Form von höheren Einkommen, gehobenem Sozialstatus und besseren Aufstiegschancen.

Infolgedessen – und weil der Glaube an ›gleiche Bildungschancen‹ allgemein wächst – unterziehen sich immer mehr junge Frauen einer abgeschlossenen Berufs- oder Fachausbildung, gleich ob sie damit den Gedanken an eine Berufsausübung verbinden oder nicht.

Ihre Ausbildung gibt ihnen nicht nur eine bessere Chance, in späteren Jahren, sofern sie wollen, eine angemessene und interessante Stellung zu finden (auch wenn diese Folgen nicht vorbedacht sein mögen), sie drängt auch viele von ihnen, ihre Kenntnisse und Fähigkeiten nicht verkümmern zu lassen.

So ist es charakteristisch für das letzte Jahrzehnt gewesen, daß eine ständig wachsende Zahl verheirateter Frauen von vierzig Jahren und darüber in das Erwerbsleben zurückkehrt, vor allem auch in gehobene Berufe. Diese Entwicklung wird wahrscheinlich weitergehen und noch anwachsen, da immer mehr Generationen beruflich ausgebildeter Frauen ein vorgeschrittenes Alter erreichen und traditionelle Vorurteile – die schon dahinschwinden – am Ende vergehen.

4

Frauen im Erwerbsleben von heute

Faßt man die im 2. Kapitel dargelegten Gedanken in dem einen Satz zusammen »Frauen sind gefragt«, so heißt das entsprechende Motto des 3. Kapitels »Frauen stehen zur Verfügung«. Natürlich arbeiten aber auch viele Frauen bereits und haben schon lange gearbeitet.

Im 19. Jahrhundert war die Beschäftigung von ledigen und verheirateten Frauen in der Industrie weitverbreitet. Bei steigenden Löhnen und wachsendem Lebensstandard brauchen heute weit weniger Arbeiterfrauen nach ihrer Verheiratung arbeiten zu gehen, nur um den nötigen Unterhalt für sich und ihre Familie zu verdienen. Dennoch wächst die Zahl von Frauen in Fachberufen, ebenso wie die verheirateter Frauen, die ihre Tätigkeit beibehalten, ohne dazu aus wirtschaftlichen Gründen gezwungen zu sein. Diese beiden Vorgänge haben gemeinsam bewirkt, daß der gegenwärtige Anteil der Frauen am Erwerbsleben konstanter geblieben ist, als man erwartet hätte. Gleichwohl ist diese Entwicklung jüngeren Datums und kann auf die Richtung hinweisen, in der sich die Beschäftigung von Frauen wahrscheinlich bewegen wird.

Wie sieht die Lage heute im Bereich der weiblichen Erwerbstätigkeit aus? Eine Untersuchung der gesellschaftlichen Entwicklung in einigen westlichen Ländern verrät schon in nüchternen Zahlen bedeutsame nationale Unterschiede, aus denen sich nützliche Lehren ableiten lassen.

Jene Leser, die Statistiken langweilen, überspringen besser dieses Kapitel. Diejenigen jedoch, die sich ein objektives Bild machen möchten, werden es der Mühe wert finden, die Ähnlichkeiten wie auch die Unterschiede in der Entwicklung und Struktur der weiblichen Erwerbstätigkeit in den einzelnen Ländern näher zu betrachten.

SCHWIERIGKEITEN INTERNATIONALER VERGLEICHE

Der Versuch, soziologische Zahlen aus verschiedenen Ländern zu vergleichen, wird durch eine Reihe von Schwierigkeiten gehemmt. Jedes Land hat andere Methoden für statistische Erhebungen, und überdies schwanken die jeweils letzten Termine, von denen Zahlen verfügbar sind, recht erheblich in den einzelnen Ländern. In unserer sich schnell wandelnden Zeit sind Erhebungen, die im Abstand von vier oder fünf Jahren vorgenommen wurden, nicht eigentlich vergleichbar; trotzdem müssen wir solche Zahlen oft aus Mangel an besseren nebeneinanderstellen.

Einige Beispiele mögen dazu dienen, die verschiedenen Schwierigkeiten beim Auffinden eines gemeinsamen Nenners zu erläutern:

Britische und amerikanische Zahlen weisen in der Gruppe »Anteil der weiblichen Erwerbspersonen« nur die Frauen im arbeitsfähigen Alter aus, also von 15–60 bzw. 15–65 Jahren. Französische Zählungen beziehen dagegen meist die Rate der weiblichen Erwerbstätigkeit auf die Gesamtzahl der Frauen jeden Alters von der Geburt bis zum Tode – in welchem Falle der Anteil der erwerbstätigen Frauen unverhältnismäßig niedrig ist (22 vH) –, oder auf die Gesamtzahl aller Frauen von 14 Jahren und darüber, ohne obere Altersgrenze.

Ein richtigeres Bild vom Anteil der Frauen am Erwerbsleben in Frankreich erhält man, wenn man die Zahl der erwerbstätigen Frauen mit der Gesamtzahl der *erwerbstätigen* Bevölkerung, anstatt mit der Gesamtzahl der *weiblichen* Bevölkerung vergleicht. Der Anteil der Frauen liegt dann ganz erheblich höher, nämlich bei 35 vH der erwerbstätigen Bevölkerung.

Die Zahl ist aber wiederum nicht vergleichbar mit ameri-

SCHAUBILD 2
GLIEDERUNG DER WEIBLICHEN ERWERBSPERSONEN NACH DEM FAMILIENSTAND IN VIER LÄNDERN

lle: *U.N. Demographic Yearbook*, 1964.

kanischen, britischen oder schwedischen Zahlen, da sie den relativ hohen Prozentsatz der in der französischen Landwirtschaft arbeitenden Frauen nicht mit einbezieht. Während andere Länder bei ihrer Arbeitskräfte-Statistik im allgemeinen keinen Unterschied zwischen den in der Landwirtschaft und den anderweitig Beschäftigten machen, ist dies in Frankreich notwendig geworden, da alle Ehefrauen von Bauern automatisch in der Gruppe *chefs d'établissements* als beschäftigt gezählt werden. Obwohl natürlich eine große Anzahl dieser Frauen im landwirtschaftlichen Betrieb wirklich arbeitet, hat man es für besser gehalten, sie als eine besondere Gruppe zu behandeln und in der Arbeitskräfte-Statistik nur die Frauen in nicht-landwirtschaftlichen Berufen zu führen, die tatsächlich als beschäftigt gemeldet sind.

Wenn man jedoch alle diese Einschränkungen in Betracht zieht, ist es immerhin möglich, vorsichtige Vergleiche, denen Volkszählungsergebnisse und Arbeitskräfte-Statistiken zugrunde liegen, zwischen der Arbeitsmarktlage in verschiedenen Ländern anzustellen.

UNTERSCHIEDLICHE ENTWICKLUNG

Der gegenwärtige Stand der weiblichen Erwerbstätigkeit ist in den vier Ländern, mit denen sich diese Untersuchung befaßt, nicht sehr verschieden. In allen stellen die Frauen heute mit geringen Abweichungen ungefähr ein Drittel aller Arbeitskräfte. Die geschichtliche Entwicklung und die Tradition sind jedoch in jedem dieser Länder anders. Diese Tatsache geht aus der nachfolgenden grafischen Darstellung hervor, die die langfristige Entwicklungstendenz seit der Jahrhundertwende zeigt:

SCHAUBILD 3
FRAUEN IM ERWERBSLEBEN

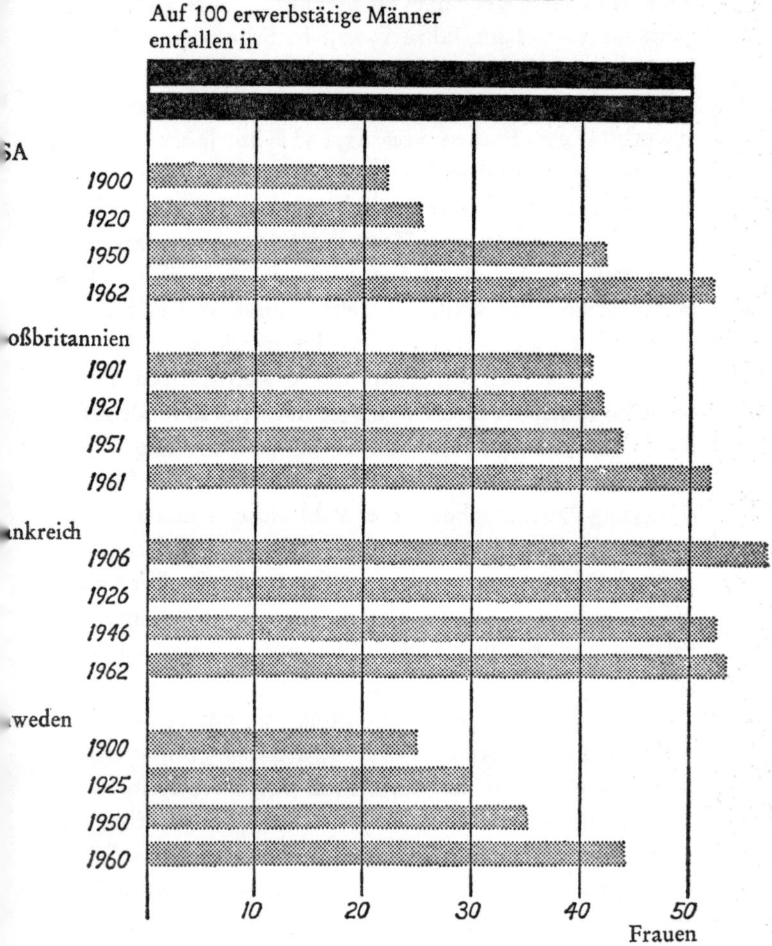

Die beiden Extremfälle sind Frankreich auf der einen und die Vereinigten Staaten auf der anderen Seite. Während in Frankreich die Frauen schon seit der ersten Volkszählung ständig ein gutes Drittel der erwerbstätigen Bevölkerung ausmachten, ist in den USA der Anteil der Frauen an den Arbeitskräften insgesamt stetig gestiegen (ungeachtet zeitweiliger Schwankungen), obgleich der Ausgangspunkt wesentlich niedriger lag (von 15 vH im Jahre 1870 ansteigend bis 32 vH im Jahre 1960). In Schweden verlief die Entwicklung ähnlich; abgesehen von einem Rückgang während und unmittelbar nach dem Kriege, stieg der Anteil erwerbstätiger Frauen von 27,4 vH im Jahre 1930 auf 30,2 vH 1960, und er lag 1965 bei 38 vH.

Die lange Tradition der Erwerbsarbeit unter französischen Frauen ist eine bekannte Tatsache, und man erwartet deshalb, daß der Anteil der Frauen an den französischen Arbeitskräften über viele Jahrzehnte unverändert hoch geblieben ist. Viele werden jedoch überrascht sein, daß auch in Großbritannien die Zahl der erwerbstätigen Frauen ziemlich konstant blieb, wenn sie auch etwas niedriger als in Frankreich liegt. Hier scheint die feste und relativ hohe Quote der erwerbstätigen Frauen auf die frühe Industrialisierung zurückgehen, die zahlreiche Frauen in die Spinnereien und Fabriken zog. Allgemein wird angenommen, daß heutzutage viel mehr Frauen in Großbritannien im Erwerbsleben stehen als früher, weil es die unverheirateten Töchter, die zu Hause herumsitzen und auf einen Mann warten, nicht mehr gibt.

Aber diese auffällige Veränderung gilt nur für den Mittelstand, und obwohl die Mädchen dieser gutbürgerlichen Kreise des 19. Jahrhunderts Stoff für viele Romane abgaben, war ihre Zahl im Vergleich zu der Gesamtbevölkerung doch verhältnismäßig klein. Ihre modernen Schwestern sind erwerbstätig (oft in hochqualifizierten und verantwortlichen Stellungen), und man könnte einen steilen Anstieg des Prozentsatzes der weiblichen Beschäftigten von heute erwarten. Daß dieser Anteil in Wirklichkeit nicht erheblich gestiegen ist, zeigt die vorhergehende grafische Darstellung deutlich. Der täuschende Eindruck entsteht durch die Ausweitung des Mittelstandes, der heute breite Schichten umfaßt, die früher nicht zu ihm gehörten.

Struktur und Zusammensetzung der weiblichen Arbeitskräfte

Wie schon erwähnt, haben die Frauen in Frankreich seit jeher einen beträchtlichen Teil der Arbeitskräfte gestellt. Mit geringen Abweichungen zeigte jede Volkszählung seit 1866, daß die Frauen gut ein Drittel der erwerbstätigen Bevölkerung ausmachen. Für unser Jahrhundert bringt Tabelle 6 die folgenden Zahlen:

TABELLE 6

Anteil der Frauen an den Erwerbstätigen in Frankreich 1906 bis 1962

Jahr	vH
1906	37,1
1926	36,6
1946	37,9
1962	33,4

Der Rückgang zwischen 1946 und 1962 beruht auf einer Abnahme der weiblichen Beschäftigten in der Landwirtschaft. In nichtlandwirtschaftlichen Erwerbszweigen ist der Anteil der Frauen seit 1906 mehr oder weniger konstant geblieben.

Die Struktur und die Zusammensetzung der weiblichen Arbeitskräfte in Frankreich hat sich natürlich während dieser Jahrzehnte verändert, trotz der relativ gleichbleibenden Gesamtzahlen.

Die Erwerbsquote *aller* Frauen (d. i. der Anteil aller erwerbstätigen Frauen) in den nicht-landwirtschaftlichen Erwerbszweigen betrug 22 vH im Jahre 1906, 21,9 vH 1946 und 22,1 vH 1962. (Die vergleichbaren Erwerbsquoten von Frauen über 14 Jahren lauteten jeweils 22,1, 28,4 und 29,3 vH.) Es hat jedoch ein sehr ausgeprägter Rückgang der weiblichen Arbeitskräfte auf dem Lande stattgefunden, sowohl nach ihrer absoluten Zahl, als auch im Verhältnis zu allen in der Landwirtschaft beschäftigten Personen. Dies – zusammen mit den erwähnten Erhebungsschwierigkeiten bei der landwirtschaftlichen Bevölkerung – hat zu einer Abnahme der Erwerbsquote von Frauen über 14 Jahren *insgesamt* geführt, und zwar von 39 vH im Jahre 1906 auf 36,3 vH im Jahre 1962, mit verschiedenen Schwankungen in den dazwischenliegenden Jahren. Da die Landwirtschaft in Frankreich ein Wirtschaftszweig ist, der noch immer eine beträchtliche Anzahl Frauen beschäftigt, die in den vorstehenden Zahlen nicht enthalten sind, ist es klar, daß der Anteil der französischen Frauen am wirtschaftlichen Leben des Landes größer als in jedem anderen westlichen Land ist.

Die in der Landwirtschaft tätigen Frauen werden jedoch nicht in gleicher Weise von den Problemen berührt, die für unsere Industriegesellschaft typisch sind, und die sich aus der Trennung von Heim und Arbeitsplatz ergeben. Daher kann dieser Teil der arbeitenden Frauen bei unserer Untersuchung ruhig unberücksichtigt bleiben, ohne daß dadurch unser Thema in seinen Grundzügen betroffen wird.

Wie in anderen Ländern hat auch in Frankreich die Erwerbstätigkeit verheirateter Frauen seit dem 2. Weltkrieg ständig zugenommen.

TABELLE 7

Gliederung der weiblichen Arbeitskräfte in Frankreich nach dem Familienstand, 1946, 1949 und 1962

Von 100 erwerbstätigen Frauen waren	Alle Berufe 1946	1949	1962
ledig	36,8	35,7	33,2
verheiratet	47,8	49,0	53,2
verwitwet oder geschieden	15,4	15,3	13,6
	100,0	100,0	100,0

Untersucht man dagegen verschiedene Altersgruppen einzeln, dann machen die verheirateten Frauen fast die Hälfte aller erwerbstätigen Frauen zwischen 20 und 29 Jahren

aus, ferner mehr als 60 vH aller erwerbstätigen Frauen zwischen 30 und 39 Jahren, und gut die Hälfte aller erwerbstätigen Frauen zwischen 40 und 49 Jahren.
Sehr interessant ist die Feststellung, daß der Anteil der verheirateten erwerbstätigen Frauen in den verschiedenen sozialen Schichten nur wenig schwankt. Dies zeigt die folgende Tabelle, der Zahlen über die Erwerbstätigkeit vom Dezember 1951 zugrunde liegen, und in der die verheirateten Frauen nach der Stellung ihrer Ehemänner im Beruf und nach der Zahl ihrer Kinder eingeordnet werden.

TABELLE 8

Erwerbstätige Ehefrauen in Frankreich 1951
nach Stellung des Ehemanns im Beruf und Zahl der Kinder

Stellung des Ehemanns im Beruf	keine Kinder vH	1 Kind vH	2 Kinder vH	3 und mehr Kinder vH
Freie Berufe	33	30	20	26
Angestellte	31	29	17	2
Industriearbeiter	38	30	19	12

Quelle: M. Guilbert und V. Isambert-Jamati, *Statut professionnel et rôle traditionnel des femmes, Cahiers Internationaux de Sociologie,* Neue Folge, Band XVII, Paris 1954.

Man kann wohl annehmen, daß erwerbstätige Ehefrauen von Akademikern häufig selbst Akademikerinnen sind, und es ist bemerkenswert, wie wenig sie in der Ausübung ihres Berufes durch die jeweilige Größe ihrer Familie beeinflußt werden.
Es besteht tatsächlich ein Zusammenhang zwischen dem Bildungsniveau und der Erwerbsquote von Frauen, der hier von Bedeutung sein kann. Im Jahre 1954 waren 41,4 vH aller im Alter von 15 bis 65 Jahre stehenden Frauen mit Volksschulbildung erwerbstätig; dagegen lag der Anteil von Frauen mit *baccalauréat* (dem Abitur vergleichbar) bei 64,6 vH. Bei den Universitätsabsolventinnen waren 77,4 vH der Frauen mit geisteswissenschaftlichen und 75 vH derjenigen mit natur- und ingenieurwissenschaftli-

chen Examina erwerbstätig; und unter den Frauen mit einem Abschluß als ärztliche Hilfskräfte oder als Wohlfahrtspfleger erreichte der Anteil der Erwerbstätigen sogar die Höhe von 82,4 vH[2].

Strukturelle Veränderungen

Auf dem weiblichen Arbeitsmarkt (ausgenommen landwirtschaftliche Berufe) haben sehr bemerkenswerte strukturelle Veränderungen stattgefunden. Die Bewegung hat fort von Industriearbeiten und häuslichen Diensten zu einer stärkeren Beschäftigung im Handel und in freien Berufen geführt. Während sich nämlich der Anteil der Frauen in den freien Berufen seit dem Jahre 1906 mehr als verdoppelte und in den kaufmännischen Berufen innerhalb dieser Zeit um fast die Hälfte stieg, verringerte sich der Anteil der in der Industrie beschäftigten Frauen inzwischen um gut ein Viertel, wie aus Tabelle 9 zu ersehen ist.

TABELLE 9

Veränderungen in der Berufszugehörigkeit der erwerbstätigen Frauen in Frankreich, 1906, 1946 und 1954

Von 100 Frauen in nicht-landwirtschaftlichen Berufen entfallen auf:

Berufszweig	1906	1946	1954
Industrie	57,7	42,3	39,4
Handel	17,9	25,8	27,8
Freie Berufe und öffentlicher Dienst	6,7	17,6	21,1
Häusliche Dienste	17,7	14,3	11,7
	100,0	*100,0*	*100,0*

Obwohl sich während dieser Zeit ähnliche Entwicklungstendenzen auch unter den männlichen Erwerbspersonen

2. Zitiert aus Françoise Guelaud-Leridon, *Le Travail des Femmes en France,* Institut national d'études démographiques & Commissariat général du Plan d'équipement et de la productivité, Presses Universitaires de France, 1964. – Vgl. auch die Angaben dieses Buches auf S. 113 f. und S. 127.

bemerkbar machten, war die Umschichtung bei den Frauen viel stärker ausgeprägt. Während beispielsweise 1906 der Anteil der in der Industrie beschäftigten Frauen im Vergleich zu den Männern 1:2 war, betrug er im Jahre 1954 1 : 3,5. Im Handel hat sich dagegen die Beschäftigungsrate der Frauen gegenüber den Männern in der gleichen Zeit von etwa 1:2 auf etwa 1:1 verschoben; schließlich stieg auch in den freien Berufen und im öffentlichen Dienst der Anteil der Frauen von 1:4 auf 1:1,7.

Obschon der Anteil der verheirateten Frauen an der Gesamtzahl der erwerbstätigen Frauen leicht anstieg, war ihre Zunahme in den freien Berufen und im öffentlichen Dienst besonders augenfällig. Von den erwerbstätigen Frauen dieser Berufszweige waren im Jahre 1906 22,5 vH verheiratet; 1936 waren es schon 30,4 vH und 1946 ungefähr 32,5 vH. Tatsächlich hat sich die Zahl der verheirateten Frauen in den freien Berufen und im öffentlichen Dienst seit 1906 verdreifacht.

SCHAUBILD 4
VON 20 ERWERBSTÄTIGEN FRAUEN IN FRANKREICH WAREN:

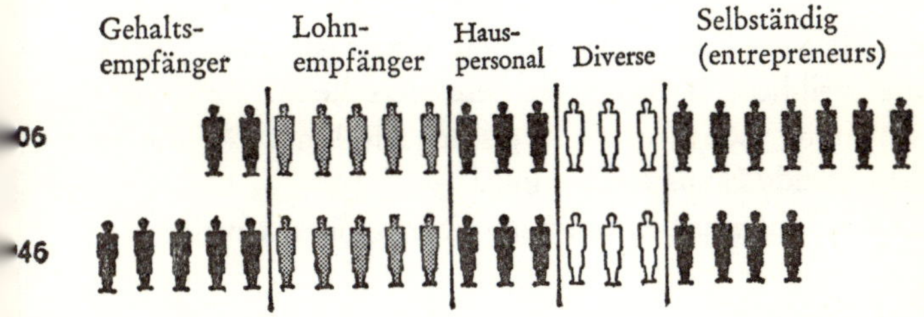

Eine mit dieser graphischen Darstellung zusammenhängende Tatsache wird offenbar, wenn man die Beschäftigungszahlen nicht nach den großen Berufsgruppen, sondern nach der sozialen Stellung innerhalb dieser Gruppen aufgliedert. Die Zahl der weiblichen Lohnempfänger (ouvières) sank zwischen 1906 und 1962 auf die Hälfte (von über 3 Mill. auf 1,5 Mill.)[3], während die Zahl der weiblichen Angestellten von 344 000 auf 1 403 000 anstieg. Der Anteil der ersteren an der Gesamtzahl erwerbstätiger Frauen ging von 35,6 vH im Jahre 1906 auf 23 vH 1962 zurück; dagegen stieg der Anteil der letzteren von 3,7 vH auf 21,3 vH. In den freien Berufen hatte man 1906 keine Zahlen für Frauen erhoben; jetzt beträgt ihr Anteil an den weiblichen Arbeitskräften – ohne Landwirschaft – 14 vH.

Die Zunahme der Angestellten erfolgte hauptsächlich auf Kosten der kleinen selbständigen Unternehmer und in gewissem Maße auch auf Kosten der Hausangestellten. Die Zahl der selbständigen *entrepreneurs* verringerte sich in der Zeit von 1906 bis 1946 von 1 560 000 auf 830 000 (d. h. von 35,9 vH aller erwerbstätigen Frauen auf nur 19 vH), die der Hausangestellten von 759 000 auf 628 000 (d. h. von 17,4 vH auf 14,3 vH aller erwerbstätigen Frauen). Seither ist die Entwicklung in derselben Richtung weitergegangen, aber durch eine neue statistische Methode für die Klassifizierung von Berufsgruppen ist es nicht möglich, vergleichbare Zahlen für die Zeit nach 1946 anzugeben[4]. Der Rückgang in der Zahl der kleinen selbständigen Geschäftsleute und in der Heimindustrie ist natürlich keine die weibliche Berufsarbeit besonders kennzeichnende Erscheinung, sondern ein typisches Merkmal für die fortschreitende Industrialisierung.

Diese Zahlen geben lediglich einen groben Umriß. Sie er-

3. Die Zahlen von 1906 beziehen sich auf Arbeitskräfte in allen Wirtschaftsbereichen; jene für 1962 sind ohne landwirtschaftliche Arbeitskräfte erstellt.

4. Die hier angeführten Zahlen stammen aus *L'activité professionnelle des femmes en France* von Jean Daric (Paris 1947) und aus *Aperçu général de l'évolution du travail féminin en France* vom selben Verfasser, veröffentlicht in *Avenirs* Nr. 35/36, Paris, 1951. Sie wurden mit der freundlichen Unterstützung von M. Daric auf den neuesten Stand gebracht.

hellen hauptsächlich die Tatsache, daß die Erwerbstätigkeit der Frauen, unabhängig von strukturellen Verschiebungen in der Zusammensetzung der weiblichen Arbeitskräfte, in Frankreich eine viel ältere Tradition hat als in den meisten anderen westlichen Ländern, viel älter sogar, als in der ganzen übrigen Welt. Ohne viel beachtet zu werden oder gar Erörterungen auszulösen, hielt die weibliche Erwerbstätigkeit in Frankreich eine Höhe, wie sie in anderen Ländern nur unter dem Druck der Aufrüstung und des Arbeitskräftemangels erreicht wurde, nachdem die Emanzipation der Frau eine feststehende Tatsache geworden war.

Um ein vollständiges, abgerundetes Bild zu erhalten, ein besseres, als eine Anhäufung von Statistiken vermitteln kann, müßte man die obigen Angaben in bezug auf eine Reihe von soziologischen Fakten untersuchen. Man könnte zum Beispiel gut eine Verbindung zwischen der alten Tradition weiblicher Erwerbstätigkeit in Frankreich und der Besonderheit der französischen Wirtschaft sehen, in der das kleine Familienunternehmen bis auf den heutigen Tag eine wichtige Rolle spielt. Eine Frau stellt sich zweifellos leichter auf einen kleinen Geschäftsbetrieb ein, und umgekehrt läßt sich ein Kleinbetrieb den Gegebenheiten des persönlichen Lebens einer Frau viel besser anpassen, als das in den großen, unpersönlichen Unternehmen von Handel oder Industrie möglich wäre.

Ein bedeutender Teil des Handels und der Industrie in Frankreich beschäftigt überdies nicht nur Frauen, sondern arbeitet vorwiegend für sie, oder gründet sich auf typisch weibliche Fertigkeiten. Zweifellos besteht zwischen dieser Tatsache und dem hohen Anteil der Frauen an der französischen Wirtschaft ein ursächlicher Zusammenhang, obwohl man keineswegs klar erkennen kann, was die Ursache und was die Wirkung ist.

Ein Zusammenhang, der auch einer näheren Untersuchung wert wäre, ist der zwischen der hohen Erwerbsquote der

Frauen im gebärfähigen Alter von 20 bis 39 Jahren und den besonders engen Bindungen der französischen Familie. War die Erwerbstätigkeit der jungen Mütter in Frankreich möglich, weil sie es besser als die Frauen anderer Länder verstehen, einen Teil ihrer Hausfrauen- und Mutterpflichten auf ihre Mütter und Schwiegermütter zu übertragen? Die schon erwähnte Untersuchung des *Institut national d'études démographiques* stellte fest, daß dreiviertel der in die Erhebung einbezogenen Familien nur aus Eltern und Kindern bestanden. Das restliche Viertel schloß Schwiegereltern mit ein; und gerade in Familien mit mehreren Kindern oder wo die Mutter außerhäuslich erwerbstätig war, wirkte die Großmutter gewöhnlich als äußerst tatkräftige Haushaltshilfe.

Wenn dies alles für die Stadt mit ihren zwangsläufig beschränkten Wohnverhältnissen gilt, so wird der Anteil der Familien, in denen drei Generationen unter einem Dach leben, in ländlichen Gegenden wesentlich höher sein. Es heißt, daß auch in Sowjetrußland, wo die Erwerbsquote der verheirateten Frauen besonders hoch ist, die Großmutter als Betreuerin des häuslichen Herdes eine außerordentliche Bedeutung erlangt habe. In Frankreich scheint jedoch eine ungebrochene Linie von der einstigen Familie als einer Wirtschaftseinheit zu ihrem heutigen verkleinerten Gegenstück zu verlaufen.

Die Untersuchung dieser und anderer verwandter Fragen, so bedeutsam und interessant sie auch sein mögen, gehört nicht in den Rahmen dieses Buches. Die Probleme können hier nur angedeutet und den an Fragen der Familie interessierten Wissenschaftlern zu genauerer Beobachtung empfohlen werden, falls sie bereit sind, vergleichende Untersuchungen auf diesem Gebiet nicht nur in Primitiv-Gesellschaften, sondern auch in der westlichen Welt durchzuführen.

Kriegserfahrungen

In Großbritannien erreichte die weibliche Erwerbstätigkeit ihren absoluten Höhepunkt während des 2. Weltkrieges. Von insgesamt 17,25 Millionen Frauen im Alter von 14 bis 64 Jahren waren rund 7,3 Millionen erwerbstätig oder zum Militärhilfsdienst eingezogen. Von den auf Grund des Arbeitslosenversicherungsgesetzes pflichtversicherten 4 Millionen Frauen waren 2,2 Millionen verheiratet. Zur Überraschung vieler waren zahlreiche Mütter kleiner Kinder im Kriegseinsatz tätig. 900 000 Frauen mit Haushaltspflichten verrichteten Teilzeitarbeit und eine

TABELLE 10

Verteilung der Arbeitskräfte in Großbritannien während des Krieges

(Männer von 14–64 Jahren, Frauen von 14–59 Jahren, einschl. Arbeitgeber, Selbständige und Arbeitnehmer, aber ohne Hausgehilfinnen. Frauen in Teilzeitarbeit sind einbezogen, wobei zwei Frauen als eine Person gerechnet wurden.)

Zahlen in 1000

		1939	1940	1941	1942	1943	1944	1945
Erwerbs-		19 750	20 676	21 332	22 056	22 285	22 008	21 649
personen	M	14 656	15 104	15 222	15 141	15 032	14 901	14 881
insgesamt	W	5 094	5 572	5 110	6 915	7 253	7 107	6 768
davon:								
Zivile								
Wirtschafts-	M	13 163	12 452	11 844	11 296	10 675	10 347	10 133
bereiche	W	4 837	5 306	5 907	6 582	6 769	6 620	6 283
Wehrmacht u.								
Kriegshilfs-	M	480	2 218	3 278	3 784	4 300	4 500	4 653
dienste	W	–	55	105	307	461	467	437
Registrierte	M	1 013	434	100	61	44	40	68
Arbeitslose	W	257	211	98	26	16	14	35

Quelle: *Statistical Digest of the War,* Central Statistical Office, London 1951.

Million Frauen, die in der obigen Gesamtzahl nicht enthalten sind, leisteten unbezahlte, freiwillige Kriegsarbeit. Die Mobilmachung erfolgte wahrscheinlich in Großbritannien umfassender und durchgreifender als in irgendeinem anderen kriegführenden Lande, die Sowjetunion vielleicht ausgenommen. Vorurteile gegen die Einstellung von Frauen verschwanden nahezu vollständig. 91 vH der ledigen Frauen im Alter von 18 bis 40 Jahren standen entweder im Militärhilfsdienst oder im zivilen Arbeitseinsatz. Bis auf kranke und arbeitsuntaugliche Frauen, sowie solche mit besonderen Familienpflichten waren die ledigen, arbeitsfähigen Frauen praktisch vollzählig im Erwerbsleben. Das ist noch heute so.

Von den verheirateten Frauen ohne kleine Kinder waren 80 vH der Altersgruppen zwischen 18 bis 40 im Kriegseinsatz tätig.

Um diese totale Mobilmachung durchführen zu können, unternahm die Regierung große Anstrengungen, besondere Einrichtungen zu schaffen, Fürsorgedienste zu verbessern und traditionelle Vorurteile zu überwinden. Der Meldezwang für Frauen von 18 bis 50 Jahren und ihre Beschäftigung zumindest in Teilzeitarbeit war nur eine Seite des Programms. Die andere, mehr positive Seite bestand in umfassenden Vorkehrungen, um die Dienstverpflichtung von Ehefrauen auf nationaler Ebene praktisch zu ermöglichen. Kriegswichtige Betriebe wurden in Gebiete verlegt, in denen noch freie Arbeitskräfte verfügbar waren; es wurden Tageskindergärten und Kantinen eingerichtet; man förderte die Schaffung von Teilzeitarbeitsplätzen; die Heiratsbeschränkung für Frauen in nichtindustriellen Berufen, wie z. B. im öffentlichen Dienst, im Lehrberuf (Erziehungsgesetz von 1944), bei der Polizei, beim Londoner Stadtrat, dem Londoner Wasseramt, dem Britischen Rundfunk u. a. m. wurden aufgehoben.

Diese Neugestaltung der Arbeitsbedingungen in Anpassung an die Bedürfnisse weiblicher Arbeitskräfte nahm ein solches Ausmaß an, daß man sie sehr wohl eine soziale Revolution nennen kann – vorausgesetzt, daß dies nicht nur eine vorübergehende Anpassung an einen Notstand war. Damals fragten sich viele Leute, ob es wohl möglich sein würde, das Rad wieder zurückzudrehen, oder ob wir am Beginn einer neuen Sozialordnung ständen. Würde die Einstellung der Feindseligkeiten die Rückkehr zur alten Ordnung bringen, oder würden die in Zeiten nationaler Gefahr getroffenen Maßnahmen den akuten Notstand überdauern? Die Meinungen teilten sich zwischen der Hoffnung, daß man zu den Vorkriegsverhältnissen zurückkehren könne, und dem Wunsch nach sozialem Fortschritt, der in die entgegengesetzte Richtung wies.

Die Entscheidung lag zum großen Teil bei den Frauen selbst. Von Zeit zu Zeit wurden Meinungsbefragungen durchgeführt, um die Nachkriegspläne der Arbeitnehmerinnen zu ermitteln. Der Anteil der Frauen, die berufstätig bleiben wollten, war besonders unter den älteren Jahrgängen erstaunlich hoch. Die Auswertung einer Erhebung, die im Frühjahr 1945 von der *Amalgamated Engineering Union*[5] in 228 Fabriken durchgeführt wurde, ergab, daß etwa zwei Drittel der befragten 2000 Frauen gern weiterarbeiten wollten. Nach Altersgruppen sieht das so aus: 86 vH der 41- bis 50jährigen und 89 vH der über 50jährigen Frauen wollten in der Industrie bleiben, gegenüber 66 vH der 26- bis 35jährigen, 57 vH der 21- bis 25jährigen und 63 vH der 18- bis 20jährigen.

Die meisten verheirateten Frauen kehrten jedoch bei Kriegsende in ihren Haushalt zurück. Der Grund lag nicht allein in der Lockerung und späteren Aufhebung der Arbeitspflicht. Die vielen Frauen, die ihren Arbeitsplatz gern behalten hätten, wären trotzdem geblieben. Aber als die Feindseligkeiten aufhörten und die Männer aus dem Kriege zurückkehrten, war man allgemein der Meinung, daß die Arbeitsstellen für die Männer offen sein und die Frau-

5. dem englischen Metallarbeiterverband.

en Platz machen sollten. Die Betriebe zeigten sich jetzt weniger bereit als im Krieg, Teilzeitschichten einzulegen. Viele Kindergärten aus der Kriegszeit wurden geschlossen. Kurz, es herrschte die ausgeprägte Tendenz »zurück zum Normalzustand«.

Im Jahre 1947 war die Zahl der erwerbstätigen verheirateten Frauen auf 18 vH aller mit ihren Ehemännern zusammenlebenden verheirateten Frauen gesunken. Der Anteil der erwerbstätigen ledigen Frauen blieb mit 92 vH unverändert, obwohl ihre absolute Zahl sank – teils wegen des von 14 auf 15 Jahre heraufgesetzten Schulentlassungsalters, teils infolge der mit Kriegsende ansteigenden Heiratsrate, und schließlich, weil ganz allgemein die Zahl der Frauen im arbeitsfähigen Alter abnahm.

Die Entspannung der Nachkriegszeit war jedoch nur von kurzer Dauer. Der Mangel an Arbeitskräften, die staatlich begünstigte Exportbelebung, der Ausbruch des Korea-Krieges und die Wiederaufrüstung, das alles trug dazu bei, mehr und mehr Frauen in die Industrie zurückzuführen, diesmal aber ohne Zwangsverpflichtung.

Die Zahl der erwerbstätigen Frauen stieg von 6 620 000 im Jahre 1947 auf 7 650 000 im Jahr 1957 und erreichte 8 400 000 im Jahr 1965. Diese Zunahme bei den weiblichen Arbeitskräften ist weitgehend auf das wachsende Streben verheirateter Frauen nach einer Berufstätigkeit zurückzuführen. Zwischen den beiden Volkszählungen von 1951 und 1961 stieg der Anteil der außerhäuslich erwerbstätigen Frauen von 1 zu 4 auf 1 zu 3. Während 1950 die Zahl der verheirateten Frauen unter den weiblichen Arbeitskräften 41 vH ausmachte, betrug ihr Anteil 54 vH im Jahre 1965.

Von 1950 bis 1965 übertraf die jährlich steigende Zahl von erwerbstätigen Frauen durchweg den Zuwachs bei den männlichen Arbeitskräften. Mehr als ein Drittel der britischen Arbeitskräfte (34,6 vH im Jahre 1965) waren Frauen.

Die Verteilung dieser Arbeitskräfte auf die verschiedenen Wirtschaftszweige ist aus Tabelle 11 ersichtlich.

TABELLE II

*Weibliche Beschäftigte in Großbritannien, Juni 1964**

Wirtschaftsgruppe oder -zweig	Zahl der Frauen	vH aller Beschäftigten
Land-, Forstwirtschaft, Fischerei	88 000	16,5
Bergbau, Steine	23 000	3,6
Nahrungsmittel-, Getränke-, Tabakindustrie	347 000	42,7
Chemische Industrie u. verwandte Zweige	142 000	27,7
Metallverarbeitung	76 000	12,1
Maschinenbau u. elektrotechnische Industrie	604 000	27,5
Schiffbau u. Schiffsmaschinen	11 000	5,1
Fahrzeugbau	118 000	13,5
Metallwarenindustrie	198 000	34,6
Textilgewerbe	415 000	52,8
Ledergewerbe, Rauchwaren	26 000	41,3
Bekleidungs- u. Schuhindustrie	397 000	73,4
Ziegel, Steingut, Glas, Zement u ä.	79 000	22,3
Holz- u. Möbelindustrie u. ä.	58 000	19,9
Papierfabrikation, Druck- u. Verlagsgewerbe	215 000	34,4
Andere verarbeitende Gewerbe	126 000	38,9
Baugewerbe	81 000	4,9
Verkehrs- u. Nachrichtenwesen	251 000	15,1
Einzelhandel	1 559 000	52,6
Versicherungs-, Bank- u. Finanzwesen	281 000	44,8
Fach- u. akademische Berufe	1 530 000	66,2
Verschiedene Dienste	1 243 000	56,9
Öffentlicher Dienst	369 000	28,6

Quelle: Ministry of Labour
* Zahlen geschätzt

Die verarbeitende Industrie insgesamt beschäftigt mehr als ein Drittel aller erwerbstätigen Frauen, und fast je ein Fünftel arbeiten im Einzelhandel sowie in den Fach- und akademischen Berufen.

Die berufliche Gliederung der männlichen und weiblichen Arbeitskräfte weist eine Reihe von scharfen Unterschieden auf, wie aus Tabelle 12 zu ersehen ist: In der verarbeitenden Industrie und in anderen Industriezweigen ist ein geringerer Prozentsatz Frauen als Männer beschäftigt, während ihr Anteil im Einzelhandel, in Fach- und akademischen Berufen sowie in der Gruppe Verschiedene Dienste bedeutend über dem der Männer liegt.

TABELLE 12

Gliederung der männlichen und weiblichen Arbeitskräfte in Britannien

Berufsgruppe	Männer	Frauen
	vH	
Land-, Forstwirtschaft, Fischerei, Bergbau, Steine	7,5	1,3
Verarbeitende Industrie	41,3	34,1
Baugewerbe	10,9	1,0
Verkehrs- u. Nachrichtenwesen	9,9	3,1
Einzelhandel	9,7	18,9
Versicherungs-, Bank- u. Finanzwesen	2,4	3,4
Fach- u. akademische Berufe	5,4	18,6
Verschiedene Dienste	6,5	15,1
Öffentlicher Dienst	6,4	4,5
	100,0	*100,0*

Nach Zahlen des *Ministry of Labour* für Juni 1964.

Wenn diese Zahlen auf den ersten Blick scheinbar ausweisen, daß ein sehr hoher Prozentsatz von Frauen in »Mittelstandsberufen« arbeiten, dann muß man sich vor Augen führen, daß die vom Arbeitsministerium veröffentlichten Zahlen nach Wirtschaftsgruppen gegliedert sind, wobei nicht zwischen Arbeitskräften in leitender, in Büro- oder anderer Tätigkeit unterschieden wird. Auf diese Art sind von insgesamt 8¼ Mill. weiblichen Erwerbstätigen mehr als 1½ Mill. Frauen in der Gruppe Fach- und akademische Berufe erfaßt, so als gehörten sie dazu. Aber diese Zahl enthält nicht nur die Angehörigen gehobener Berufe (Lehrer, Juristen, Wirtschaftsprüfer usw.), sondern auch die dazugehörigen Hilfskräfte. Das will sagen, ärztliche Berufe umfassen beispielsweise Sprechstundenhilfen und Kranken-

hauspersonal – zu letzterem zählen auch Hausarbeits- und Bürokräfte –, ebenso wie Ärzte und Zahnärzte.
Die Berufsstatistik der Volkszählung 1961 (die auf einer Stichprobenerhebung von 10 vH beruhte), wendet eine andere Methode der Klassifizierung an und zeigt, daß Frauen in England und Wales als Buchhalterinnen, Schreibkräfte, Stenotypistinnen, Sekretärinnen usw. – einschließlich der unteren Ebene von Staats- und Gemeindeverwaltungen – ein Berufsheer von 1,796 Millionen bildeten; das ist mehr als ein Viertel aller erwerbstätigen Frauen[6] (im Jahre 1951 betrug ihr Anteil gerade nur ein Fünftel). Fast zwei Drittel aller Büroangestellten sind Frauen.
Eine etwas kleinere Zahl Frauen (1 512 720) waren im Dienstleistungsgewerbe tätig, eingerechnet häusliche Dienste, Hotel- und Gaststättengewerbe, Friseurgewerbe, Wäschereien, Chemische Reinigungen usw. Diese Gewerbegruppen beschäftigen insgesamt mehr als ein Fünftel aller erwerbstätigen Frauen.
Im Jahre 1961 war eine von acht weiblichen Arbeitskräften als Verkaufspersonal tätig, und eine von zehn gehörte zu jener Gruppe, die die Volkszählung als »Fach-, technische und künstlerische Berufe« zusammenfaßt. Diese sind aus Tabelle 13 ersichtlich.

6. Die Volkszählungsergebnisse weichen von den bereits angeführten Zahlen des Ministry of Labour insofern ab, als sie eine verschiedene Klassifizierung zugrundelegen und von unterschiedlichen Erhebungsjahren ausgehen; außerdem beziehen sie sich nur auf England und Wales, während die Zahlen des Ministry of Labour für ganz Großbritannien gelten.

TABELLE 13

Frauen in Fach-, technischen und künstlerischen Berufen in England und Wales, 1961

Berufsgruppe oder Beruf	Zahl der Frauen	Anteil der Frauen an der jeweiligen Berufsgruppe vH
Approbierte Ärzte	8 340	15,9
Zahnärzte	880	6,8
Krankenpflege	262 740	90,2
Apotheker, Drogisten	8 650	31,1
Röntgenassistenten	4 590	72,6
Andere gesundheitssichernde Berufe	15 950	46,6
Hochschullehrer	1 430	12,5
Lehrer	261 660	58,8
Bauingenieure u. Statiker	20	}
Maschinenbauingenieure	110	} 2,3
Elektroingenieure	140	}
Andere technische Berufe	860	10,3
Chemiker, Physiker u. Biologen	3 320	6,8
Schriftsteller, Journalisten u. verwandte Berufe	7 600	20,3
Regisseure, Schauspieler, Musiker u. a.	8 890	33,9
Maler, Bildhauer u. a. schaffende Künstler	12 560	35,7
Wirtschaftsprüfer, Geschäftsführer, Registratoren	13 320	13,8
Architekten, Landmesser	1 580	2,3
Geistliche u. Ordensmitglieder	13 600	25,0
Richter, Anwälte, Notare	1 030	3,5
Wohlfahrtspfleger u. verwandte Berufe	18 100	47,5
Andere Fachberufe	13 640	36,7
Technische Zeichner	16 710	10,0
Laborassistenten u. -techniker	28 360	32,2
Andere technische u. verwandte Berufe	3 240	4,5
Insgesamt	*707 320*	*37,6*

Quelle: Volkszählung 1961, Berufsstatistik, 10 vH Stichprobe.

Tabelle 13 vermittelt ein ungefähres Bild von der Anzahl der Frauen in gehobenen Berufen und ihrem Anteil an den Gesamtarbeitskräften einer jeden Berufsgruppe. Die letztere Zahl soll zeigen, wie »geschlechtsbetont« manche Fachberufe sind: Krankenpflege und Röntgenphotographie sind beispielsweise überwiegend Frauenberufe, während alle Zweige des Ingenieurwesens, der Landvermessung und Architektur, des Rechtes und der Naturwissenschaften fast ausschließlich die Domäne von Männern sind. Höhere Beamte, leitende Kommunalbeamte sowie vergleichbare Verwaltungs- und Führungskräfte (zusammen 0,5 vH der erwerbstätigen Frauen) werden bei der Volkszählung in einer besonderen Gruppe zusammengefaßt und sind daher nicht in Tabelle 13 einbegriffen.

Vergleiche zwischen dieser und einer ähnlichen Tabelle, die in einer früheren Auflage dieses Buches erschienen ist, sind leider nicht möglich, da verschiedene Berufsarten zwischen den beiden Volkszählungen umgruppiert wurden. So sind einige der 1951 aufgeführten Berufsgruppen 1961 in einer erweiterten Rubrik verschwunden, und andere wurden neu definiert. Bibliothekare sind beispielsweise nicht mehr als solche auffindbar; hingegen werden die Wohlfahrtspfleger der Zählung 1951 in 1961 als »Wohlfahrtspfleger und verwandte Berufe« ausgewiesen – eine Änderung, die das Geschlechterverhältnis in dieser Gruppe verschoben hat. Daher ist es zwecklos zu versuchen, bei den gehobenen Berufen Entwicklungslinien für diese zehnjährige Periode aufzuzeigen.

Die Volkszählung von 1961 erlaubt jedoch andererseits eine Aufgliederung der Berufsarten nach dem Familienstand, wobei sich zeigt, daß die Berufe mit dem höchsten Anteil verheirateter Frauen in ihren Reihen Ärztin, Zahnärztin und Sekretärin in einer großen Firma sind; unter den relativ wenigen Juristinnen ist dagegen nur eine kleine

Minderheit (29 vH) verheiratet. Die Tatsache, daß 35 vH der berufstätigen Krankenpflegerinnen verheiratet sind, kennzeichnet einen größeren Durchbruch in einem Beruf, der früher nur ledigen Frauen vorbehalten war.

In ähnlicher Weise hat eine bedeutsame Anpassung im Lehrberuf stattgefunden, den verheiratete und ledige Frauen auf den ersten Blick fast zu gleichen Teilen ausüben. Diese Zahlen unterscheiden aber nicht zwischen Ganztags- und Teilarbeitszeit; da diese jedoch fast ausschließlich von verheirateten Frauen geleistet wird, tragen die ledigen Lehrerinnen noch immer die Hauptlast der von Frauen erteilten Unterrichtsstunden.

Gliederung nach Altersgruppen

Da neuerdings verheiratete Frauen, die ihre Kinder großgezogen haben, zunehmend auf den Arbeitsmarkt zurückkehren, ist das Durchschnittsalter erwerbstätiger Frauen angestiegen. Der größte Teil weiblicher Arbeitskräfte ist nicht mehr wie 1951 in der sogenannten Familienphase (d. h. zwischen 20 und 39 Jahren), sondern steht im Alter von 40–59 Jahren. Die Altersgliederung der weiblichen erwerbstätigen Bevölkerung ist jetzt die folgende:

17 vH unter 20 Jahre
36 vH 20–39 Jahre
40 vH 40–59 Jahre
9 vH 60 Jahre und darüber.

Die Zahl der beschäftigten Frauen, die in der Altersgruppe 20–34 Jahre ziemlich steil absinkt, geht vom 35. Lebensjahr an erneut aufwärts. In Großbritannien, wie in den anderen drei Ländern, zeigt die charakteristische weibliche Beschäftigungskurve nach Lebensjahren zwei Krümmungen, mit einem ersten Höhepunkt um die 19 und einem zweiten, etwas tieferen und flacheren Höhepunkt zwischen 40–44 Jahren.

SCHAUBILD 5
VON 20 ERWERBSTÄTIGEN FRAUEN IN GROSSBRITANNIEN WAREN 1951 — 1964:*

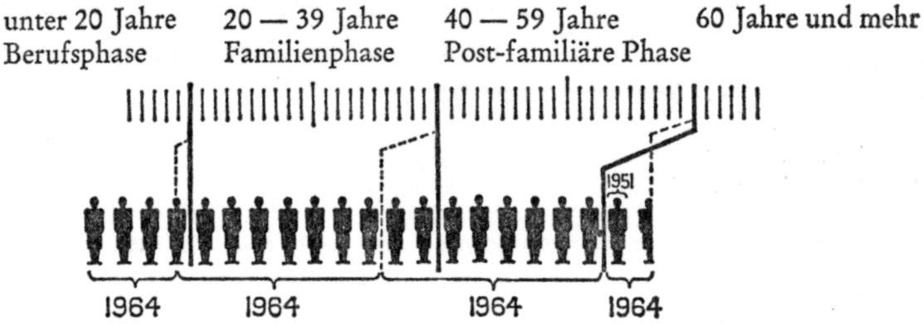

*—— Verteilung 1951 ---- Verteilung 1964

DIE VEREINIGTEN STAATEN

Die Zahl der erwerbstätigen Frauen in den USA ist von einer Volkszählung zur anderen beständig gestiegen. Von März 1940 bis April 1950 nahmen die weiblichen Erwerbspersonen um über 5,25 Millionen zu; im folgenden Jahr ist ein weiterer jäher Zuwachs von 615 000 oder 3,3 vH auf Grund des Korea-Krieges zu verzeichnen, so daß sich 1951 die Gesamtzahl der im Erwerbsleben tätigen Frauen auf fast 20 Millionen erhöhte. Im Jahre 1962 betrug die Zahl erwerbstätiger Frauen etwa 23 Millionen, und es wurde erwartet, daß sie bis 1970 auf 30 Millionen ansteigen werde. Wie in Großbritannien und Frankreich bilden Frauen rund ein Drittel aller Erwerbspersonen (1963: 34 vH).

Hohe Erwerbsquote der verheirateten Frauen

Das auffallendste Merkmal bei dieser Entwicklung ist die wachsende Zahl verheirateter Frauen, die außerhäuslich arbeiten. Während im Jahre 1930 11,5 vH der verheirateten Frauen erwerbstätig waren, betrug dieser Anteil 1940

17 vH, 1950 waren es 24 vH, und 1962 standen ein Drittel aller weißen verheirateten Frauen – und fast die Hälfte der nicht-weißen verheirateten Frauen – im Erwerbsleben. Mehr als die Hälfte aller weiblichen Arbeitskräfte waren im Jahre 1950, und über 60 vH im Jahre 1962 verheiratet.

TABELLE 14

Frauen im Erwerbsleben der USA, 1940 bis 1960 nach dem Familienstand

Familienstand	vH der weiblichen Erwerbspersonen		
	1940	1950*	1960
ledig	48,5	32	23,6
verheiratet	36,5	52	60,7
verwitwet oder geschieden	15	15	15,7

* Durch Abrundung ergibt die Summe nicht 100 %.

Die starke Zunahme des Anteils verheirateter erwerbstätiger Frauen ergibt sich teilweise aus der steigenden Heiratsrate und dem stetigen Rückgang des Heiratsalters der Frauen seit dem 2. Weltkrieg. Sie ist ferner in gewissem Grade das Ergebnis der relativ niedrigen Erwerbsquote lediger Frauen, verglichen mit anderen Ländern (vgl. Tabelle 15); in der Hauptsache ist sie jedoch auf die erhöhte Berufstätigkeit älterer Frauen zurückzuführen (vgl. Tabelle 16).

Die unverhältnismäßig niedrige Erwerbsquote lediger Frauen in den Vereinigten Staaten geht auf zwei Faktoren zurück, nämlich auf das frühe Heiratsalter und die weitverbreitete höhere Schulbildung. Mehr als zwei Drittel der amerikanischen Mädchen zwischen 15 und 19 Jahren besuchen die Schule; über ein Drittel amerikanischer Bräute sind am Hochzeitstage nicht älter als 19 Jahre.

Vor diesem Hintergrund ist es leicht zu verstehen, daß erwerbstätige Ehefrauen die überwiegende Mehrheit der weiblichen Arbeitskräfte stellen (9,2 Mill. verheiratete

TABELLE 15

*Erwerbstätigkeit von Frauen in vier Ländern**
nach dem Familienstand (in vH)

Familienstand	England u. Wales 1961	USA 1960	Frankreich 1962	Schweden 1960
ledig	69,4	44,1	54,6	60,3
verheiratet	31,5 (37,7)**	30,5	32,4	26,3 (31,5)**
verwitwet/geschieden	22,8	40,0	26,9	57,5
insgesamt	37,7	34,8	36,2	37,9

Quelle: Volkszählungsergebnisse der vier Länder.

* Die Zahlen für die USA beziehen sich auf Frauen im Alter von 14 Jahren und darüber; für England und Wales sowie für Frankreich auf Frauen von 15 Jahren und darüber; für Schweden auf die Altersgruppen 15–64 Jahre.

** In England und Wales wie in Schweden scheinen die Volkszählungsergebnisse die Erwerbstätigkeit von verheirateten Frauen zu niedrig anzugeben, verglichen mit den in der amtlichen Arbeitsmarktstatistik enthaltenen Zahlen. Die auf diesen Unterlagen beruhenden Prozentzahlen stehen daher in Klammern.

SCHAUBILD 6
VON 20 ERWERBSTÄTIGEN FRAUEN IN DEN USA WAREN 1900 — 1960:

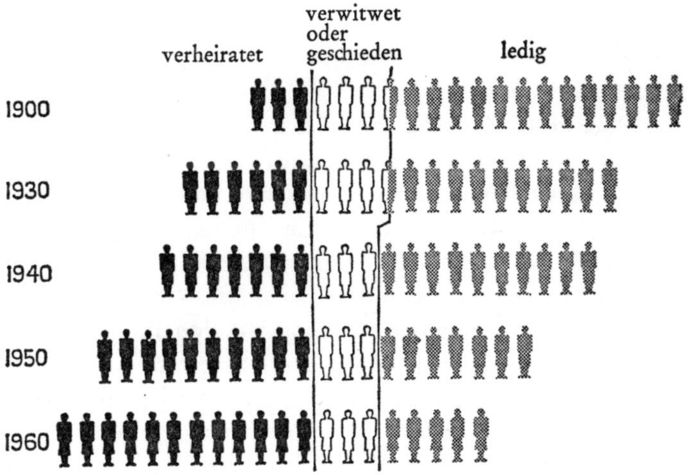

: 5,5 Mill. ledige Frauen im Jahre 1952, und 12,3 Mill. verheiratete : 5,4 Mill. ledige Frauen im Jahre 1962), selbst wenn die Quote der Erwerbstätigkeit von verheirateten Frauen niedriger liegt als die von irgendeiner der anderen Gruppen (vgl. Tabelle 15).

Natürlich besteht ein sehr deutlicher Unterschied zwischen städtischen und ländlichen Gebieten, der bei der Angabe von Durchschnittszahlen für ein Land von der Weite und Vielfältigkeit der Vereinigten Staaten nicht übersehen werden darf. Der relative Mangel an geeigneten Arbeitsplätzen in ländlichen Gegenden berührt natürlich gleichermaßen ledige und verheiratete Frauen, aber vor allem wirkt sich der Unterschied von Stadt und Land auf die Ledigen aus. Nur etwa 25 vH der ledigen Frauen, die im Jahre 1950 auf Farmen lebten, waren erwerbstätig, gegenüber 58 vH der ledigen Frauen in städtischen Gebieten. Bei verheirateten Frauen ist das Verhältnis 17:26. Dies heißt natürlich nicht, daß sich die Frauen auf dem Lande mehr dem Müßiggang hingeben als Stadtfrauen, sondern daß ein erheblicher Teil der in Familienbetrieben wie auf Farmen geleisteten Arbeit nicht als »Erwerbsarbeit« zählt, weil dafür kein Entgelt gezahlt wird.

Altersgliederung

Der große Zuwachs an weiblichen Arbeitskräften zwischen 1940 und 1960 ist hauptsächlich auf die steigende Erwerbstätigkeit von Frauen der mittleren und älteren Jahrgänge zurückzuführen. Wie auch in anderen Ländern, ist eine stetig wachsende Erwerbstätigkeit bei den Frauen über 35 Jahren, und besonders bei denen von 45 Jahren und darüber festzustellen. Knapp zwei von fünf erwerbstätigen Frauen in den USA gehören zu diesen Altersgruppen. Im Jahre 1960 war das Durchschnittsalter der erwerbstätigen Amerikanerin 41, gegenüber 26 Jahre um die Jahrhundertwende und 37 im Jahre 1950.

TABELLE 16

Altersgliederung der erwerbstätigen Frauen in den USA (in vH)

Lebensjahre	1940	1950	1960
unter 25	30	23	19
25–44	48	46	42
45 und darüber	22	31	39

Quelle: *U. S. Bureau of the Census.*

In den fünfziger Jahren wurde offenbar, daß die schnell steigende Zahl der berufstätigen Frauen, insbesondere in den höheren Altersgruppen, einen langfristigen sozialen Wandel von beträchtlicher Wichtigkeit darstellte. Diese Erkenntnis führte zu einer großen Reihe von Untersuchungen, die eine reiche Literatur über die amerikanische Frau zur Folge hatten[7]. Sie veranlaßte ferner Präsident Kennedy im Jahre 1961, eine Präsidial-Kommission zur Untersuchung des Status der amerikanischen Frau unter dem Vorsitz der inzwischen verstorbenen Eleanor Roosevelt einzusetzen. Die Kommission mit ihren sieben Unterausschüssen (Bürgerliche und Politische Rechte; Erziehung; Beschäftigung im Bundesdienst; Familie und Gemeinde; Beschäftigung in der Wirtschaft; Arbeitsschutz; Sozialversicherung und Steuern) erstattete 1963 Bericht[8] und unterbreitete eine große Reihe von Empfehlungen, von denen einige inzwischen in die Bundesgesetzgebung eingegangen sind. Vielleicht ist es bezeichnend für die gegenwärtige Situation, daß der Bericht des Unterausschusses für Erziehung mit einem Kapitel über »Die reifen Jahre« beginnt, das der folgende Satz einleitet: »Vitalität und relative Freiheit von den konzentrierten Ansprüchen der Familie kennzeichnen die reife Frau von heute.«

7. Einige dieser Titel finden sich in der Bibliographie am Ende des Buches.

8. *American Women,* Report of the President's Commission on the Status of Women, U. S. Government Printing Office, 1963.

Die verschiedenen Berufe

In den Vereinigten Staaten, wie auch anderswo, nahm die Zahl der erwerbstätigen Frauen am auffälligsten von allen Berufsgruppen unter Büroangestellten und verwandten Berufen zu. Diese machen fast ein Drittel aller erwerbstätigen Frauen aus. Zwischen den beiden Volkszählungen von 1940 und 1950 stieg ihre Zahl von 2,5 Millionen auf 4,5 Millionen; im Jahre 1962 war sie auf fast 7 Millionen angewachsen.

TABELLE 17

Erwerbstätige Frauen in den USA nach einzelnen Berufsgruppen in den Jahren 1940, 1950 und 1962

Berufsgruppe	in 1000 April 1962	in vH jeder Berufsgruppe 1962	1950	1940
Fachberufe	2 941	13	11	13
Büroberufe	6 948	31	26	21
Verkaufsberufe	1 685	7	9	7
Dienstleistungsberufe (ohne Haushalt)	3 364	15	13	11
Häusliche Dienste	2 275	10	10	18
Ungelernte Arbeiter	3 290	15	19	18
Verschiedene andere Berufe	2 138	9	12	12
insgesamt	22 641	100	100	100

Quelle: *1962 Handbook for Women Workers*, U. S. A. Department of Labor, Women's Bureau, Bulletin 285 (1963).

Beinahe ebenso auffallend wie die Zunahme der Bürokräfte ist der Rückgang (nach absoluten Zahlen sowie relativ) bei den Fabrikarbeitern. Diese Erscheinung ist ein Ergebnis der zunehmenden Automation und nicht auf Frauen beschränkt, sondern für die amerikanische Wirtschaft als Ganzes charakteristisch. Es besteht ein wachsender Bedarf an Büro-, Fach- und technischen Kräften sowie eine Ausweitung des Dienstleistungssektors auf Kosten von ungelernten und angelernten Tätigkeiten.

Teilzeitarbeit

Ein verhältnismäßig neues Phänomen ist die Ausbreitung der Teilzeitbeschäftigung gewesen. 1960 arbeiteten mehr als ein Drittel aller erwerbstätigen Frauen weniger als 35 Wochenstunden (verglichen mit ein Viertel im Jahr 1950), überwiegend im Handel und in Dienstleistungsgewerben. Gut ein Fünftel der Teilzeitbeschäftigten sind Jugendliche, die sich ihre Schul- oder Collegebildung verdienen; bei mehr als der Hälfte handelt es sich um Frauen im Alter von 25 bis 54 Jahren.

Erwerbstätigkeit und Bildungsstand

Es wurde bereits auf den Zusammenhang zwischen Erwerbsquote und Bildungsniveau von Frauen in Frankreich hingewiesen (vgl. S. 91 f.), und Gleiches gilt auch für die Vereinigten Staaten. Die Tabelle 18 zeigt, daß eine Frau sich um so wahrscheinlicher im Erwerbsleben betätigen wird, je höher ihre Schulbildung war.

TABELLE 18

Erwerbstätigkeit amerikanischer Frauen von 18 Jahren und darüber nach dem Bildungsstand, März 1962

College-bildung	Erwerbstätig 1000	vH	Nicht erwerbstätig 1000	vH	Alle Frauen 1000	vH
1–3 Jahre	2 573	41,8	3 584	58,2	6 157	100
4 Jahre	1 585	53,4	1 381	46,6	2 966	100
5 Jahre	597	69,6	261	30,4	858	100
0 Jahre	18 222	36,2	32 110	63,8	50 332	100
Insgesamt	22 977	38,1	37 336	61,9	60 313	100

Nach Zahlen von Dennis F. Johnston, *Educational Attainment of Workers*, März 1962, U. S. Departement of Labor, Bureau of Labor Statistics, Special Labor Force Report No. 30.

Wenn schon das Gesamtbild dies bestätigt, dann zeigt eine Aufgliederung nach Altersgruppen, daß der Unterschied in der Erwerbsquote von Frauen mit bzw. ohne höhere Schulbildung zunehmend mit steigendem Lebensalter hervortritt; zugleich wird deutlich (vgl. Tabelle 19), daß diese Regel nicht in jedem Falle gilt: Frauen von 35 bis 44 Jahren mit einer Collegebildung von 1 bis 3 Jahren machen hier eine Ausnahme. Ihre Erwerbsquote ist niedriger als die aller anderen Jahrgangsgruppen, jene ohne jede Collegebildung einbegriffen.

TABELLE 19

Anteil amerikanischer Frauen am Arbeitsmarkt nach dem Bildungsstand für einzelne Altersgruppen, März 1962

Bildungsstand Dauer der Collegebildung	Erwerbstätige nach Altersgruppen 25–34 1000	vH	35–44 1000	vH	45–54 1000	vH	Alle erwerbstätigen Frauen 1000	vH
1–3 Jahre	481	38,6	552	42,0	541	54,7	1 575	44,3
4 Jahre	382	46,6	361	52,5	371	67,8	1 114	54,3
5 Jahre	116	59,5	159	74,3	170	79,8	445	71,6
0 Jahre	3 171	35,0	4 397	43,2	4 225	47,4	11 790	42,0
erwerbstätig	4 150	36,7	5 466	44,1	5 307	49,9	14 923	43,5
nicht "	7 160	63,3	6 927	55,9	5 328	50,1	19 415	56,5
Insgesamt	11 310	100,0	12 393	100,0	10 635	100,0	34 338	100,0

Quelle: Siehe Tabelle 18.

Ohne eine größere Zahl von detaillierten Unterlagen, die nicht verfügbar sind – beispielsweise über die Familiengröße von Frauen mit verschiedenem Bildungsniveau und unterschiedlichem sozialen Hintergrund – wäre es freilich voreilig, Erklärungen zu unterbreiten, warum Frauen mit höherer Schulbildung sehr häufig erwerbstätig sind oder warum Frauen mit Collegbildung in ihren späten dreißiger und frühen vierziger Jahren eine relativ niedrige Erwerbsquote aufweisen.

In den Vereinigten Staaten sind zwei Drittel aller Frauen mit Fachausbildung Lehrerinnen oder Krankenpflegerinnen (43 vH bzw. 23 vH). In einigen anderen gehobenen Berufen bilden Frauen die Mehrheit der darin Tätigen, beispielsweise als Bibliothekarin, Wohlfahrtspflegerin, Diätassistentin, medizinisch- und zahnmedizinisch-technische Assistentin. Sie stellen einen ansehnlichen Teil der Journalisten, Schriftsteller und Herausgeber (35 vH); aber sie haben bemerkenswert wenig Einfluß auf die älteren Fachberufe erlangt. Nicht mehr als 6 vH der zugelassenen Ärzte, 4 vH der Juristen und 8 vH der Apotheker sind Frauen. Wie John P. Parrish in einer Reihe von Aufsätzen[9] nachweisen konnte, ist tatsächlich ein relativer Rückgang bei allen hochqualifizierten Berufen zu verzeichnen, die eine lange Ausbildung verlangen. Nicht nur ging die Verleihung eines Doktors der Philosophie (Ph. D.) an Frauen anteilig von 17 vH aller zuerkannten Doktorate im Jahre 1932 auf 10 vH in den Jahren 1955–60 zurück; auch der Anteil von Frauen an dem ersten juristischen Abschlußgrad sank von 6 vH Anfang der dreißiger Jahre auf 3 vH im Jahr 1959. Der Prozentsatz von Frauen, die das ärztliche Abschlußexamen ablegen, liegt seit den zwanziger Jahren unverändert bei 5 vH. Einen entsprechenden Rückgang hat es im akademischen Lehrberuf und der Forschung gegeben: 1930 stellten Frauen 30 vH des Universitätslehrkörpers und 22 vH im Jahr 1960. Verglichen mit den meisten anderen Ländern ist das noch immer ein ansehn-

9. »Professional Womanpower as a National Resource«, *The Quarterly Review of Economics and Business,* Bd. 1, Febr. 1961, University of Illinois; »Top Level Training of Women in the United States, 1900–1960«, *Jrl. of the National Association of Women Deans and Counselors,* Bd. XXV, Januar 1962; »Women in Top Level Teaching and Research«, *Jrl. of the Amer. Association of University Women,* Januar 1962.

liches Verhältnis, nach früheren amerikanischen Maßstäben jedoch ein Niedergang. Ein anderes Beispiel: 1902 nannte *Who is Who in America* 8,5 vH Frauen; nach der Ausgabe, die 1958 erschien, betrug der weibliche Anteil an den aufgeführten Personen 4 vH. Die Erklärung scheint laut Professor Parrish darin zu liegen, daß Frauen ihre Wertmaßstäbe freiwillig geändert haben. Hochqualifizierte intellektuelle Tätigkeit hat unter dem Einfluß früherer Heirat, einer steigenden Heiratsquote und frühzeitiger Familienbildung gelitten. Die ständig wachsende Teilnahme der Frau am Erwerbsleben wird anscheinend durch ihre Bereitschaft erreicht, ungelernte und angelernte Arbeit anzunehmen – teils nur vorübergehend oder für längere Zeit. Solcher Tätigkeit wird der Vorzug vor ehrgeizigen Berufsplänen gegeben, die auf lange Sicht mit der Familienrolle in Konflikt geraten könnten.

SCHWEDEN

In vieler Hinsicht gleicht die schwedische Situation derjenigen in den größeren Industrieländern. Es gibt jedoch einige Merkmale von besonderem Interesse. So ist Schweden viel später, aber auch in viel schnellerem Tempo als die anderen Länder, mit denen wir uns befaßt haben, industrialisiert worden. Lebensform und öffentliche Meinung haben sich ungewöhnlich rasch verändert. Die wesentliche Steigerung der weiblichen Erwerbstätigkeit hat sich im letzten Jahrzehnt vollzogen, und in der Debatte über die beiderseitigen »Rollen« von Mann und Frau in der Gegenwart sind in Schweden die markantesten »radikalen« Ansichten vertreten worden.

Landwirtschaft

Schweden blieb lange ein Agrarstaat. Die Landbevölkerung, die niemals dem Lehnswesen unterworfen war, verteilte sich auf eine große Zahl von kleinen oder mittleren selbständigen Bauernhöfen, deren Hofstelle weit häufiger isoliert als im Bereich eines Dorfes lag. Dies hatte einen beträchtlichen Einfluß auf die Stellung der Frau. Das Leben der meisten verheirateten Frauen war durch schwere Arbeit geprägt, aber zugleich durch eine geachtete und einflußreiche Stellung gekennzeichnet.

Diese Bevölkerung von arbeitsamen Bauern, die im Jahre 1870 gut 75 vH, 1900 etwa 55 vH, 1925 40 vH und im Jahre 1950 rund 25 vH ausmachte, hat die Lebensform des gesamten Landes weitgehend beeinflußt. Dabei blieb zwar weniger Raum für die untätig dahinlebende Dame der aristokratischen Gesellschaft oder des viktorianischen Mittelstandes als in den hier behandelten anderen Ländern, aber ebensowenig gab es Platz für ein weibliches Industrieproletariat.

Wie es unter solchen Umständen zu erwarten war, begann die Erwerbstätigkeit von Frauen spät. Der steile Rückgang der landwirtschaftlichen Bevölkerung nach dem 2. Weltkrieg (1960 betrug ihr Anteil nur 16 vH der Erwerbstätigen, und 1965 etwa 10 vH) ging mit zunehmender weiblicher Erwerbstätigkeit Hand in Hand. Das gemeinsame Merkmal ist die generelle Verlagerung zu nichtlandwirtschaftlicher, überwiegend städtischer Arbeit.

Wie in Frankreich, ist es für einen historischen Vergleich auch in Schweden schwer, den Begriff »Erwerbstätigkeit« in bezug auf Frauen klar zu definieren; das liegt in der Eigenart und Sozialstruktur der Arbeit in einer großen landwirtschaftlichen Bevölkerung begründet. Im Jahre 1890, als der Anteil der »Einkommensbezieher« nach den Volkszählungsergebnissen nur 6 vH der Frauen über 15 Jahre ausmachte, betrug der entsprechende Anteil der Männer 59 vH. Hierzu müssen 11 vH der erwachsenen Frauen und 5 vH der Männer hinzugerechnet werden, die als Dienstpersonal ausgewiesen wurden. Im Jahre 1930 war diese Gruppe bereits auf 9 vH der Frauen und 2 vH der Männer zusammengeschrumpft; noch später sind Män-

ner praktisch ganz aus der Gruppe Dienstpersonal verschwunden, und nur ein Bruchteil von 1 vH der erwachsenen Frauen bleiben als Hausarbeitskräfte eingestuft.
Seit 1930 liegt die Erwerbsquote der 15- bis 64jährigen Personen bei gut 90 vH für Männer und 40 bis 50 vH für Frauen. (Sie betrug 1930: für Männer 94 vH, für Frauen 49 vH; 1940: für Männer 93 vH, für Frauen 45 vH; im Jahre 1950: für Männer 93 vH, für Frauen 41 vH.) Das Jahr 1960 brachte ein erhebliches Absinken der männlichen Erwerbsquote auf 87 vH, während die weibliche gleichzeitig leicht anstieg, und zwar auf 42 vH. Der Rückgang der Erwerbsquote bei den Männern ist weitgehend auf die verlängerte Ausbildung zurückzuführen; ein entsprechender Rückgang findet sich bei den jungen Frauen, wird aber mehr als ausgeglichen durch den größeren Einsatz älterer, meist verheirateter Frauen.
Nach den Volkszählungsergebnissen bildeten Frauen im Jahr 1930 35 vH der Arbeitskräfte, 1940 32 vH, 1950 31 vH und 1960 32 vH. Die Arbeitsmarktstatistik zeigt etwas höhere Ergebnisse, da sie jeden mitzählt, der während der Erhebungswoche wenigstens eine Stunde gearbeitet hat. (Die Volkszählung registriert dagegen als »Erwerbspersonen« alle jene, die zumindest die Hälfte der normalen Arbeitszeit während der Erhebungswoche gearbeitet haben[10].) Nach der Arbeitsmarktstatistik betrug der Anteil von Frauen an den Arbeitskräften im Jahre 1960 fast 36 vH (verglichen mit den 32 vH der Volkszählung); seither stieg dieser Anteil auf 36,5 vH (1962), und 37,5 vH (1965).

10. Zählungsergebnisse werden jährlich in *Statistisk Arsbok* mit Erläuterungen und zusammenfassenden Tabellen in englischer Sprache veröffentlicht. Arbeitsmarktstatistiken, auf Grund von Stichprobenerhebungen, sind in den *Manpower Statistics* der O. E. C. D. enthalten. – Im obigen Text wurden zwecks Vergleichbarkeit die Volkszählungszahlen durch Einschluß der Männer im Militärdienst und der in Arbeitgeber-Haushalten arbeitenden Frauen ergänzt.

Es wird allgemein angenommen, daß die Zahl der verheirateten erwerbstätigen Frauen nach beiden Zählungen zu niedrig liegt, insbesondere im Hinblick auf die in der Landwirtschaft Tätigen. Das Nationale Statistische Amt schätzte diese Zählungsdifferenz auf Grund einer Kontrollzählung im Anschluß an die Volkszählung von 1960 auf 31,4 vH. (Die obigen Zahlen sind zum Ausgleich dieser Unterschätzung berichtigt[11].)

Die allgemeine Entwicklung

In Schweden wie in den anderen untersuchten Ländern bestehen die bemerkenswertesten Veränderungen in der stark angestiegenen Heiratsquote und dem niedrigeren Heiratsalter. Selbst wenn es »genau dieselben Frauen« wären, die arbeiteten, so bedeutete dies, daß auf dem Arbeitsmarkt ein Rückgang der ledigen und eine entsprechende Zunahme der verheirateten Frauen festzustellen wäre. Tatsächlich jedoch ist die Erwerbsquote der verheirateten Frauen weit darüber hinaus gestiegen.

Diesen Wandel veranschaulichen folgende Zahlen: 1930 war das Verhältnis der 15–64jährigen ledigen und verheirateten Frauen in der weiblichen Bevölkerung nahezu gleich (45,9 vH ledige, 48,5 vH verheiratete und 5,6 vH früher verheiratete Frauen). Die entsprechenden Anteile 1960: 27,7 vH ledige, 65,2 vH verheiratete und 7,1 vH verwitwete und geschiedene Frauen. Die weibliche *erwerbstätige* Bevölkerung umfaßte 1930 79,4 vH ledige, 12,8 vH verheiratete und 7,8 vH früher verheiratete Frauen; 1960 beliefen sich die drei Gruppen jeweils auf 44,0 vH, 45,2 vH und 10,8 vH.

11. Die statistischen Angaben dieses Abschnitts stammen aus *The Women in the Labor Force I,* Statistiska Centralbyran, Stockholm 1965 / 5. (Zusammenfassungen in Englisch.)

In den letztgenannten zwei Gruppen zeigt die Erwerbsquote eine entsprechende Zunahme. Während die Volkszählung 1930 nur 8,8 vH und 1940 nur 10,1 vH der verheirateten Frauen als erwerbstätig ausweist, stieg der Prozentsatz 1950 auf 15,6 vH und 1960 steil auf 26,3 an[12]. Die Erwerbsquote der ledigen Frauen zeigte keine derart kräftige Entwicklung. Von 59,1 vH im Jahr 1930 stieg sie allmählich auf 67,0 vH (1950), fiel aber 1960 auf 60,3 vH[13], was zweifellos widerspiegelt, daß sich unter den ledigen Frauen mehr Studentinnen befinden, die als Gruppe jetzt viel jünger sind als in früheren Jahrzehnten.

Wie wir gesehen haben, ist die hohe, wachsende Erwerbsquote verheirateter Frauen, insbesondere zwischen 1950 und 1960, eine nicht auf Schweden beschränkte Erscheinung. Wie in Großbritannien und den Vereinigten Staaten, stieg in diesem Jahrzehnt die Quote der verheirateten erwerbstätigen Frauen in Schweden von 1:4 auf 1:3 an. Diese Veränderung ist bei den höheren Altersgruppen besonders eindrucksvoll, da sie zeigt, daß die schwedischen Frauen begonnen haben, ihre ‚Doppelrolle' zu akzeptieren, und nach einigen, in der Familie verbrachten Jahren ins Erwerbsleben zurückkehren. Diese, dem Thema des vorliegenden Buches so gemäße Erscheinung wird in dem folgenden Schaubild dargestellt.

12. Nach Berichtigung der unterschätzten Zahlen erwerbstätiger Frauen in Arbeitgeber-Haushalten lautet diese Reihe: 24,5 vH (1930); 23,0 vH (1940); 25,4 vH (1950) und 31,5 vH (1960).

13. Nach Berichtigung der unterschätzten Zahlen lautet diese Reihe: 76 vH (1930); 74,6 vH (1940); 72,5 vH (1950) und 63,1 vH (1960).

SCHAUBILD 7

ERWERBSQUOTEN VERHEIRATETER FRAUEN IN SCHWEDEN NACH ALTERSGRUPPEN AUF GRUND DER VOLKSZÄHLUNGEN VON 1930, 1940, 1950 UND 1960

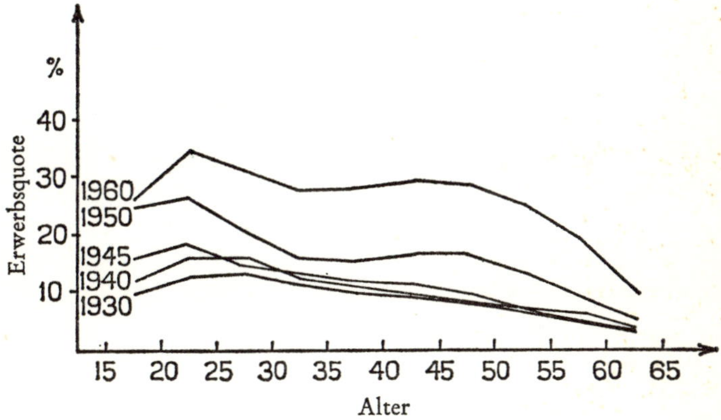

(Anm.: Die Erwerbsquoten aus den verschiedenen Volkszählungen sind nicht streng vergleichbar wegen der wechselnden Unterschätzung der weiblichen Erwerbstätigkeit in Arbeitgeber-Haushalten, zumindest in der Nachkriegszeit. Im großen Ganzen gibt das Schaubild aber einen guten Eindruck von den vorherrschenden Entwicklungslinien.)

Eine Zunahme der Erwerbstätigkeit tritt nicht nur bei verheirateten Frauen ein, die die Lebensphase der Kindererziehung hinter sich haben, sondern auch bei Müttern von kleinen Kindern. Wie Tabelle 20 zeigt, ist es für eine Mehrheit von verheirateten berufstätigen Frauen charakteristisch, daß sie Kinder zu Hause haben.

TABELLE 20

Erwerbsquote verheirateter Frauen von 15–64 Jahren in Schweden nach Altersgruppen und Zahl der Kinder unter 16 Jahren, 1960

Altersgruppe	Erwerbstätige Frauen mit ... Kindern (Anteil in vH) 0	1	2	3 und mehr	Erwerbsquote in vH für alle Frauen m. Kindern unter 16	alle verheirateten Frauen
15–19	54,3	16,4	–	–	14,3	23,9
20–24	71,4	21,4	8,8	–	17,1	34,2
25–29	73,4	27,1	11,9	6,5	18,0	29,0
30–34	64,7	32,8	17,8	11,1	21,1	26,6
35–39	53,3	32,5	21,3	13,3	23,0	27,1
40–44	45,1	28,0	19,4	13,9	22,4	28,2
45–49	34,8	23,2	17,9	12,8	20,8	27,1
50–54	27,0	18,6	14,8	–	17,8	24,0
55–59	19,8	10,9	–	–	10,3	18,7
60–64	9,8	–	–	–	–	9,9
Insgesamt	32,0	25,2	17,3	11,9	20,5	25,2

Quelle: *The Women in the Labor Force I*, Statistiska Centralbyran, Stockholm 1965/7 (Zusammenfassungen in Englisch.)

Während kinderlose Frauen in den Altersgruppen von 25 bis 29 Jahren am häufigsten berufstätig sind, ist es bei Frauen mit einem Kind die Gruppe von 30 bis 34 Jahren; für Frauen mit zwei Kindern sind es die Jahre 35 bis 39, und für Frauen mit drei Kindern die von 40 bis 44. Das heißt, mit dem Heranwachsen der Kinder reagieren viele Frauen auf die Verminderung ihrer Familienpflichten mit der Rückkehr in einen Erwerbsberuf, und ihre Möglichkeiten hierzu stehen in einem direkten Verhältnis zu dem Alter des jüngsten Kindes.

Die Reserve an weiblichen Arbeitskräften ist jedoch noch keineswegs erschöpft. Zu der für die obige Statistik gültigen Zeit gab es in Schweden eine halbe Million verheirateter Frauen ohne Kinder unter 16 Jahren, die nicht erwerbstätig waren.

Während die Frauen noch im letzten Jahrhundert von der Beschäftigung im Handwerk und auch weitgehend im Handel durch die überlieferten, von den Zünften übernommenen Vorschriften praktisch ausgeschlossen waren, wurden sie frühzeitig in der verarbeitenden Industrie zugelassen, die gering an Zahl, aber frei von Beschränkungen war. Zwischen 1800 und 1850 bildeten Frauen nahezu 10 vH der industriellen Arbeitskräfte, und dieser Anteil stieg bis zum Ende des Jahrhunderts auf etwa 20 vH. Mit Ausnahme der dreißiger und vierziger Jahre nahm dieser Anteil weiter zu und beträgt jetzt rund 26 vH aller in der verarbeitenden Industrie beschäftigten Personen. Wie in anderen Ländern sind die Frauen sehr ungleichmäßig auf die verschiedenen Industriezweige verteilt, wobei die Zahlen zwischen 7 vH in der Holzindustrie und 68 vH in der Bekleidungsindustrie schwanken.
Nichts ist typischer für die Umstellung eines Landes von der Naturalwirtschaft auf eine entwickelte Geldwirtschaft als die steigende Zahl von Menschen, die mit der Warenverteilung zu tun haben. Schweden durchlief diese Entwicklung innerhalb unseres Jahrhunderts, und da zu jener Zeit neue Gruppen von Frauen bereit waren, außerhalb ihres Heims erwerbstätig zu sein – während die Männer weit mehr an den traditionellen Berufen festhielten –, ist es nicht überraschend, daß dieses Gebiet einen beträchtlichen Anteil der Frauen aufgenommen hat. Von den wichtigsten Berufsgruppen, die sich mit der Warenverteilung befassen, nämlich Handel, Gaststättengewerbe und Transport, beschäftigen die ersten beiden die meisten Frauen. Im Jahre 1965 betrug der Anteil der Frauen an der Zahl aller Beschäftigten im Handel 52 vH, im Gaststättengewerbe 77 vH und im Transportgewerbe 18 vH; unter den leitenden Angestellten in Hotels und Restaurants waren Frauen mit rund 65 vH vertreten.

Der Staatsdienst hat sich in Schweden nicht derart ausgedehnt, daß es Konservative erschrecken oder Planer ermutigen könnte, denn seit etwa zwei Jahrhunderten hat er nicht mehr als 5–10 vH aller Erwerbstätigen in Anspruch genommen. Während die Zahl der Frauen im Staatsdienst bis 1870 gleich Null war, stieg ihr Anteil dann von Jahrzehnt zu Jahrzehnt; er betrug 4 vH um die Jahrhundertwende, 8 vH im Jahre 1910, 22 vH 1920, 25 vH 1930, 49 vH 1940, 57 vH 1950 und 64 vH 1960. Eine Aufteilung dieser Gesamtzahlen würde jedoch das übliche Bild zeigen, daß Frauen sehr selten auf der obersten Stufe der Leiter von Einfluß und Einkommen stehen.

Viel ausgeprägter war das Vordringen der Frauen auf dem Gebiet der Erziehung, wo sie schon im Jahre 1890 die Männer an Zahl übertrafen. Sie beherrschen zwar das Feld des Schulunterrichts nicht so stark wie beispielsweise in den Vereinigten Staaten, aber sie haben praktisch ein Monopol hinsichtlich der Kinder bis zum Alter von neun Jahren. Die vom schwedischen Erziehungsministerium veröffentlichten Zahlen zeigen, daß im Jahre 1930 auf je 100 männliche Lehrer der Volks- wie auch der höheren Schulen 188 Lehrerinnen entfielen, im Jahre 1940 waren es 160, dann 156 im Jahr 1950 und 142 im Jahr 1960. Dieser allmähliche Rückgang des Anteils der Frauen am Lehrberuf ist dadurch bedingt, daß der Staat die Aufnahme von männlichen und weiblichen Kandidaten in die Lehrerbildungsanstalten derart regelt, daß sich 55 vH männliche und 45 vH weibliche Lehrkräfte für die jüngeren Jahrgänge der Jugendlichen ergeben, welche in Schweden überwiegend die Volksschule besuchen. Dieser Beruf bleibt als einer der wenigen übrig, in denen kein gleiches Recht auf freien Wettbewerb besteht. Es ist allgemein bekannt, daß die Frauen beträchtlich an Boden gewinnen würden, wenn dieser Beruf ohne Kontingentierung offenstünde, denn von Jahr zu Jahr melden sich mehr hochqualifizierte weibliche Anwärter zur Aufnahmeprüfung bei den Lehrerbildungsanstalten. An höheren Schulen oder auf den Universitäten, wo keine Kontingentierung besteht, ist die Zahl der Frauen erheblich gestiegen. Sie neigen jedoch dazu, sich auf Sprachen und philologische Fächer zu spezialisieren, während die Naturwissenschaften unter Lehrermangel leiden, weil qualifizierte Fachkräfte – in Schweden nicht weniger als in anderen Ländern – gewöhnlich stark von den weit einträglicheren Aussichten für technische Berufe in der Industrie angezogen werden.

Es ist in Schweden bereits zur Tradition geworden, daß die aufgeweckteren und ehrgeizigen Mädchen in die gehobenen Berufe gehen. Zum Vergleich mit entsprechenden Zahlen aus England und den Vereinigten Staaten bringen wir die folgende Tabelle, die auf den Ergebnissen der Volkszählungen von 1945 und 1960 beruht.

TABELLE 21

Frauen in gehobenen Berufen in Schweden 1945 und 1960

	Anteil der Frauen an der Gesamtzahl der Beschäftigten in jeder Gruppe in vH	
	1945	1960
Lehrer	60	55
Krankenschwestern	99	100
Sozial- und Wohlfahrtspfleger	80	67
Bibliothekare und Museumsleiter	42	54
Musiker	23	11
Schriftsteller	27	20
Journalisten und Berichterstatter, Schriftleiter	12	19
Ärzte und Chirurgen	7	13
Zahnärzte	23	24
Apotheker	30	67
Rechtsanwälte	4	5
Darstellende Künstler	37	51
Prediger	17	17

Wie aus dieser Tabelle hervorgeht, haben die Frauen sich in manchen Berufen durchgesetzt, insbesondere auf dem Gebiet der Sozialarbeit (im weiteren Sinne des Wortes), und man kann sich schwer vorstellen, wie die hochentwikkelten Sozialleistungen in Schweden ohne die äußerst aktive Teilnahme der Frauen möglich wären.

Weiter sieht man, daß einige deutliche Veränderungen seit 1945 eingetreten sind: der Mangel an Lehrern und Sozialarbeitern hat – ebenso wie in den anderen Ländern – zu einem stärkeren Eindringen von Männern in diese früher weiblichen Bereiche geführt, so daß selbst dann, wenn die absolute Zahl der Frauen in diesen Berufen angestiegen ist, ihr relativer Anteil abgenommen hat. Gleichzeitig haben Frauen in einigen anderen Berufen beträchtlich an Boden gewonnen, beispielsweise als Ärztinnen, Apothekerinnen und Bibliothekarinnen.

Von großer sozialer Bedeutung ist es zu fragen, in welchem Ausmaß Frauen ihre qualifizierte Ausbildung ›vergeuden‹ – oder, anders ausgedrückt, welche potentielle Reserve es unter den Frauen geben könnte, um die Lücken in Schulen, Krankenhäusern, Apotheken usw. aufzufüllen.

Um Licht in dieses Problem zu bringen, hat das Nationale Statistische Zentralamt[14] eine besondere Untersuchung durchgeführt. Unter den Ergebnissen ist am bemerkenswertesten, daß Frauen mit Hochschulabschluß und einer langen Ausbildung wahrscheinlich auch sehr hohe Erwerbsquoten beibehalten werden. Im Jahre 1960 waren von den verheirateten Frauen mit ärztlicher Ausbildung 78,7 vH in der Altersgruppe von 25 bis 29, 82,0 vH in der Altersgruppe von 30 bis 39 und 90,1 vH in der Altersgruppe von 40 bis 59 Jahren beruflich tätig. Die entsprechenden Zahlen für Zahnärztinnen waren jeweils 83,7, 91,1 und 85,5 vH. Bei Apothekerinnen, Sozialpflegerinnen, Krankenschwestern und Ingenieurinnen waren die Erwerbsquoten erheblich niedriger[15].

14. Statistiska Centralbyran, *The Women in the Labor Force II*, Stockholm 1965/7 (Zusammenfassungen in Englisch.)

15. Vgl. die entsprechenden Zahlen für Frankreich (S. 92) und für USA (S. 113 f.).

Die Tatsache, daß nicht nur die Ausbildungsdauer, sondern auch eine mehr oder weniger zusagende Arbeitszeit von Bedeutung ist, um verheirateten Frauen die Berufsarbeit zu ermöglichen, wird durch die hohe Erwerbsquote von Lehrerinnen beleuchtet, die zwischen 82,6 vH in der Altersgruppe 25 bis 29 Jahre, 75,1 vH in der Altersgruppe 30 bis 39 und 84,4 vH in der Altersgruppe 40 bis 59 Jahre wechselt. Bis zu einem gewissen Grade sind diese hohen Erwerbsquoten aber auch das Ergebnis von weit verbreiteten Aufrufen seitens der Behörden, die der Allgemeinheit den Personalmangel in Schulen, Krankenhäusern usw. vor Augen führen. Krankenschwestern zeigen in fortgeschrittenem Alter die bemerkenswerteteste Zunahme der Berufstätigkeit; ihre Erwerbsquote steigt von 44,2 vH in der Altersgruppe 30 bis 39 Jahre auf 77,1 vH in der Altersgruppe von 40–59 Jahre. Der Öffentlichkeit und den verheirateten Frauen selbst wird zunehmend ihre soziale Verpflichtung ins Bewußtsein gerufen, für die in sie investierte Ausbildung eine Gegenleistung zu erbringen.
Mit dieser Tatsache soll jedoch nicht behauptet werden, daß den hohen Erwerbsquoten von Frauen mit Fachausbildung allein oder überwiegend weibliches Pflichtgefühl zugrunde liegt. Es kommen andere Faktoren hinzu, so etwa ein psychologisches Leistungsbedürfnis, der finanzielle Nutzen aus einer Berufsarbeit und die relative Langweiligkeit der üblichen Hausarbeit[16]. Dies alles zusammen hat in Schweden wie anderswo zu der Entwicklung einer ziemlich neuen Erscheinung geführt, nämlich der Frau mit einem Beruf und Familienpflichten.

16. Das schwedische Nationale Statistische Zentralamt hat in einer interessanten Berechnung festgestellt, daß eine Zunahme der Ausbildungsdauer um ein Jahr die Erwerbsquote um 7 vH erhöhte, und daß eine Erhöhung des Einkommens um 1000 Schwedenkronen jährlich die Erwerbsquote um 1,7 vH ansteigen ließ.

Die vorstehenden Angaben werden ausreichen um zu zeigen, daß die Erwerbstätigkeit von Frauen ein wichtiges Merkmal der Sozialstruktur in Industrieländern geworden ist, und daß ferner eine große, wachsende Zahl verheirateter Frauen einen Teil der Arbeitskräfte in ihnen bildet. Diese Erscheinung hat während der letzten Jahre unabhängig von dem steigenden Lebensstandard an Bedeutung gewonnen. Wirtschaftliche Schwankungen haben tatsächlich nur wenig daran geändert. Erwerbstätigkeit von Frauen ist jetzt ein wesentlicher Bestandteil der westlichen Zivilisation, ungeachtet nationaler und regionaler Unterschiede, die aus den verschiedenen sozialen Traditionen und historischen Entwicklungen entspringen.

Die gemeinsamen Faktoren können wie folgt zusammengefaßt werden.

In allen hier behandelten Ländern bilden die Frauen rund ein Drittel der Arbeitskräfte. Überall wird die Entwicklung der jüngsten Zeit gekennzeichnet durch einen Rückgang der Zahl der Frauen in den häuslichen Diensten, eine relative Abnahme ihrer Zahl auch in der industriellen Arbeit (relativ gegenüber der Gesamtzahl der erwerbstätigen Frauen), und eine Zunahme der Zahl der Frauen im Bürodienst, im Handel und in den gehobenen Berufen. Der Anteil der weiblichen Erwerbspersonen stieg bei den Angestellten deutlicher als bei den Handarbeitern an, und es kann eine allgemeine Tendenz zu »Arbeit mit weißem Kragen« und sitzender Beschäftigung beobachtet werden.

Es ist ferner erwähnenswert, daß eine Wechselbeziehung zwischen der Entwicklung der Sozialarbeit in modernen Ländern und der Mitarbeit der Frauen besteht. Während die wachsende Sozialarbeit eine große Zahl gelernter Arbeitskräfte erfordert und für diesen Zweck in beträchtlichem Umfange Frauen eingesetzt werden, haben die Frauen selber politisch wie auch beruflich ihren angemessenen Teil an Verantwortung dafür getragen, diese Arbeit zu verwirklichen[17].

Die zweite äußerst wichtige Erscheinung ist die allgemeine Tendenz zu verstärkter Erwerbstätigkeit verheirateter Frauen in allen Gesellschaftsschichten.

Der gleichzeitige Mangel an Hausarbeitskräften hat eine Unzahl von neuen Problemen geschaffen. Einerseits hindert das Fehlen zuverlässiger häuslicher Hilfen viele tüchtige Frauen daran, Erwerbsarbeit anzunehmen; andererseits schafft die wachsende Zahl verheirateter Frauen, die eine außerhäusliche Beschäftigung aufnehmen möchten, eine steigende Nachfrage nach häuslichen Diensten aller Art, sei es in Gestalt von organisierter Haushaltshilfe, gewerblichen Dienstleistungsbetrieben oder der Reorganisation bestehender Wohnungs-, Einkaufs-, Krippen-Einrichtungen usw. Es wird immer schwerer, diese Nachfrage in dem herkömmlichen Rahmen zu befriedigen; soziale Neuordnungen, die es ermöglichten, auf häusliche Dienstleistungen alten Stils zu verzichten, und die dennoch verheiratete Frauen von einem großen Teil der häuslichen Plackerei befreien, haben nirgends mit dem zunehmenden Bedürfnis Schritt gehalten.

Die Abwendung der Frauen von den häuslichen Diensten und in geringerem Maße auch von der Industrie könnte einen Trend fort von der ungelernten Arbeit vermuten lassen. Aber eine genauere Untersuchung der Arbeitsarten, die von Männern und Frauen in jedem Erwerbszweig ausgeübt werden, zeigt, daß die Frauen weiterhin in den Stellen beschäftigt sind, die weniger Fertigkeit, Ausbildung und Verantwortung erfordern. Das ist der Preis, den die Frauen für ihre Unsicherheit hinsichtlich ihrer beruflichen Zukunft zahlen. Zweifellos hat diese Situation nichts mit ihren angeborenen Fähigkeiten oder den psychologischen Merkmalen ihres Geschlechts zu tun, sondern mit der Tat-

17. Maurice Duverger: *The Political Role of Women,* UNESCO 1955.

sache, daß ihr Schicksal so eng mit ihrer Familienaufgabe verbunden ist.

Ein drittes bemerkenswertes Kennzeichen der hier betrachteten Lage ist es, daß das Durchschnittsalter der erwerbstätigen Frauen gestiegen ist. Dies steht im Zusammenhang damit, daß die neu hinzukommenden weiblichen Arbeitskräfte in der großen Mehrzahl verheiratete Frauen sind. Die Tatsachen und Zahlen beweisen beredter als alle Meinungsäußerungen, daß immer mehr Frauen es ablehnen, sich vollkommen auf die Häuslichkeit zurückzuziehen. Immer mehr von ihnen nutzen ihre Kräfte so oder so für Aufgaben, die über den Umkreis ihrer Familie hinausgehen, und das oft in einem Alter, in dem sie nicht durch gesellschaftliches Herkommen dazu ermutigt werden.

Eine weitere Beobachtung, die sich aus dem Vergleich von Arbeitsstatistiken verschiedener Länder ergibt, mag recht unerwartet scheinen. Bei den gelernten sowie den höheren Berufen hat sich offenbar eine gewisse Arbeitsteilung zwischen den Geschlechtern entwickelt, die weitgehend in den traditionellen Gleisen verläuft. Zu Beginn der Frauenemanzipation wurden viele Männer von der Furcht verfolgt, daß sie mit den Frauen um jeden Arbeitsplatz würden kämpfen müssen, oder daß sie durch Frauen auf jenen Arbeitsgebieten ersetzt werden würden, die als männliches Vorrecht galten. In Wirklichkeit zeigt es sich jedoch, daß die »Emanzipation« das herkömmliche Verhältnis bisher nicht wesentlich verändert hat. Die Statistiken erweisen, daß die Frauen immer noch hauptsächlich in eine begrenzte Anzahl »weiblicher« Beschäftigungen, wie Lehrberufe und medizinische Hilfsdienste einströmen, abgesehen von dem großen Heer der Stenotypistinnen und Sekretärinnen, die den Mann nicht auf einem traditionellen Gebiet ersetzen, sondern ihm Dienste leisten in einem Berufsfeld, das durch die moderne Geschäfts- und Verwaltungsmethoden entstanden ist. Das Ergebnis der Emanzipation war eher, scheint es, daß in den »weiblichen« Berufen die Amateure durch Fachkräfte und nicht etwa die Männer durch Frauen in den »männlichen« Arbeitsbereichen ersetzt wurden, obwohl in diesen heutzutage auch einige Frauen tätig sind.

Wenn wir diese Tatsache verzeichnen, so soll damit nicht die Bedeutung des Ersatzes von Amateuren durch gelernte, gut ausgebildete und bezahlte Arbeitskräfte verringert werden. Gewaltige Wandlungen, vor allem in der geistigen Einstellung und Haltung, haben sich aus dieser neuen Entwicklung ergeben.

Welch ein Unterschied besteht sowohl in dem Persönlichkeitsbild als auch in der sozialen Stellung zwischen einer Krankenschwester, die hinter dem Schlachtfeld mit einem Fallschirm abspringt, und einer unausgebildeten Frau, die überlieferte Hausmittel bei ihren kranken Familienmitgliedern anwendet! Der Ersatz von abergläubischen Vorstellungen durch wissenschaftliche Kenntnisse, von laienhaftem Herumlaborieren durch rationelle Methoden hat eine neue Frau hervorgebracht, so wie auch eine neue Gesellschaft entstanden ist, obwohl der Beruf an sich – in unserem Beispiel die Pflege von Kranken und Verwundeten – im Grunde der gleiche geblieben ist. Ähnlich ist es mit den Lehrberufen, den pflegerischen und einer großen Zahl von anderen Berufen, in denen Frauen eine wichtige Rolle spielen.

Die Tatsache, daß nach mehreren Jahrzehnten der Emanzipation und der erklärten Gleichheit in Erziehung und Berufschancen die traditionelle Arbeitsteilung zwischen den Geschlechtern noch immer besteht – wenn auch in abgewandelter Form – mag überraschend erscheinen, insbesondere für die Radikalen auf beiden Seiten der Auseinandersetzung über die Frauenemanzipation. Die Furcht der Männer, durch ehrgeizige Frauen aus ihren Arbeitsplätzen verdrängt zu werden, hat sich als unbegründet erwiesen, und eines der Argumente gegen die Erwerbstätigkeit von Frauen hat hierdurch viel von seiner Kraft verloren.

Auf der anderen Seite muß der Gang der Entwicklung auch für die Hoffnung der Feministen enttäuschend sein, obwohl er die frauenfeindlichen Argumente widerlegt. Denn wenn sich die Frauen nicht die höheren Berufe erringen – und auch die höchsten Stellen –, werden sie nicht genug Führungskräfte aus ihren eigenen Reihen heranbilden und nicht genügend auf die Politik einwirken; sie werden weder ein anspornendes Beispiel geben noch einen Wandel der öffentlichen Meinung anbahnen – kurz, sie werden nicht vollkommene Gleichberechtigung erlangen.

Es bleibt die Frage offen, ob diese neue Spezialisierung nach Geschlechtern nur für unsere Übergangsperiode kennzeichnend ist, oder ob sie andauern wird. Aber selbst wenn sie offenkundig das Ergebnis eines Übergangs von der althergebrachten zu einer neuen Rolle der Frau in der Gesellschaft ist, besteht zweifellos die Gefahr, daß die heutige Arbeitsteilung zwischen den Geschlechtern ein Schema einführt, durch das die Frau in Berufen isoliert wird, in denen sie nur geringe Aussichten auf Unabhängigkeit und Verantwortung hat. Die Tatsache, daß heute so viele ausgebildete, begabte Frauen mit Führungsqualitäten nur untergeordnete Stellen innehaben, scheint ein Zeichen dieser Entwicklung zu sein.

Auf Grund der in diesem Kapitel dargelegten Zahlen kann man sagen, daß die Aufteilung der gehobenen Berufe nach den Geschlechtern – abgesehen von den Lehr- und Pflegeberufen, die anscheinend überall eine weibliche Domäne sind – in den behandelten Ländern sich in mehrerer Hinsicht voneinander unterscheidet. In Frankreich und Schweden wurden beispielsweise die Arzneimittel- und die Zahnheilkunde zu weiblichen Arbeitsgebieten. Während in den Vereinigten Staaten verhältnismäßig viele Frauen im Geld- und Versicherungswesen sowie im Immobiliengeschäft tätig sind, haben sie in Großbritannien so gut wie keinen Vorstoß in diese Gebiete gemacht.

Daraus geht deutlich hervor, daß die Arbeitsteilung zwischen den Geschlechtern eher das Ergebnis von bestehenden örtlichen Verhältnissen und Überlieferungen als von psychologischen Geschlechtsunterschieden ist. Als Neulinge werden die Frauen natürlich in die Gebiete des geringsten Widerstandes hineingezogen. Diese können in den einzelnen Ländern unterschiedlich sein, je nach der gegebenen Ordnung der Sozialverfassung. Aber angesichts der deutlichen nationalen Unterschiede kann man schwerlich daran festhalten, daß die Berufswahl der Frauen die Folge irgendwelcher angeborener Geschlechtsmerkmale ist. Es wäre anderenfalls schwer verständlich, warum zum Beispiel britische Frauen weniger am Geldwesen interessiert sein sollten als ihre amerikanischen Schwestern, oder warum der Arztberuf auf britische Frauen soviel anziehender als auf amerikanische wirkt.

Die Berufswahl ist offensichtlich das Gesamtergebnis aus vielen Faktoren. Unter diesen sind günstige Gelegenheiten und allgemein geltende gesellschaftliche Sitten zweifellos wichtige Elemente. Was die Frau anbetrifft, so wird diese Wahl auch stark durch die Rolle beeinflußt, die sie in der Familie zu spielen hofft. Das ist schließlich mehr als verständlich.

5

Warum suchen verheiratete Frauen Erwerbsarbeit?

Die Bewegung, die eine ständig wachsende Zahl verheirateter Frauen aller sozialen Schichten auf den Arbeitsmarkt gebracht hat, hat sich in den letzten Jahren beschleunigt. Sie ist in allen Industrieländern im Vordringen und kommt durch ihre Ausdehnung einer stillen Revolution gleich.

Diese Entwicklung hat drei Hauptursachen: Erstens ist die überwiegende Mehrzahl der unverheirateten Frauen erwerbstätig, es sei denn, sie studieren noch oder sie unterziehen sich einer anderen Ausbildung.

Zweitens ist die Zahl der Eheschließungen gestiegen, und das durchschnittliche Heiratsalter hat sich seit dem Kriege ständig verringert. Dies bedeutet, daß viel mehr Frauen im Alter von 20 bis 25 Jahren als je zuvor verheiratet sind, und viele von ihnen setzen ihren Beruf fort bis zum ersten und manchmal bis zum zweiten Kind.

Drittens haben die Vollbeschäftigung und die Erfordernisse der allgemeinen Wiederaufrüstung nach dem 2. Weltkrieg den Bedarf an Arbeitskräften erhöht. Eine Ausweitung des vorhandenen Arbeitsmarktes ist daher nur zu erreichen, wenn mehr verheiratete Frauen für Voll- oder Teilzeitarbeit gewonnen werden.

Man mag sich schon vor einigen Jahren darüber klargeworden sein, aber die Schnelligkeit und die Bereitwilligkeit, mit der die verheirateten Frauen bereit waren, die freien Stellen einzunehmen, war völlig unvorhergesehen. So schätzte beispielsweise erst 1947 die Sozialerhebung des Hauptinformationsamtes *(Social Survey of the Central Office of Information)* auf Grund einer Stichprobenbefragung, daß in Friedenszeiten die Zahl der für eine volle Erwerbstätigkeit wahrscheinlich zusätzlich verfügbaren Frauen in Großbritannien 200 000 nicht überschreiten würde. Dazu kämen möglicherweise weitere 250 000 bis 500 000 für Teilzeitarbeit. Man glaubte aber, daß nur außergewöhnlich scharfe Maßnahmen eine derartige Erhöhung der damals vorhandenen Arbeitskräfte gewährleisten könnten. Seitdem hat sich die ganze Situation in einem solchen Tempo verändert, daß die Wirklichkeit alle Voraussagen übertroffen hat. Zwischen dem 31. Dezember 1947 und Juni 1951 stieg die Zahl der weiblichen Erwerbspersonen in Großbritannien um 710 000, obgleich in der Zwischenzeit das Schulentlassungsalter von 14 auf 15 Jahre heraufgesetzt worden war, und sie stieg um gut eine weitere Million zwischen 1951 und 1965. Dieser Zuwachs an weiblichen Arbeitskräften ist einzig und allein die Folge des erhöhten Anteils an verheirateten Frauen, die außerhäuslich erwerbstätig sind.

In Schweden stieg die Gesamtzahl der weiblichen Arbeitskräfte zwischen 1945 und 1960 um 224 000. In der gleichen Zeit nahm die Zahl der verheirateten erwerbstätigen Frauen um 273 000 zu (was den Anteil der verheirateten Frauen von 21 auf 45 vH erhöhte).

Vergleichbare Zahlen für die Vereinigten Staaten ergeben das gleiche. Zwischen 1940 und 1960 erhöhte sich die Zahl der Frauen unter den amerikanischen Arbeitskräften um rund 10 Millionen. In der gleichen Zeit (vgl. Tabelle 14) sank der Anteil lediger Frauen an der Gesamtzahl erwerbstätiger Frauen von ungefähr 1 : 2 auf 1 : 4.

Die neuen politischen und wirtschaftlichen Entwicklungen haben zwar vorhandene Neigungen verstärkt und einen schon bestehenden Trend beschleunigt, aber die Verhältnisse, soweit sie die Erwerbstätigkeit von Frauen betreffen, können nur insofern »künstlich« genannt werden, als sie innerhalb einer relativ kurzen Zeit Möglichkeiten geschaffen haben, die sonst wahrscheinlich eine sehr viel längere Entwicklungszeit gebraucht hätten. Wo immer solche

Möglichkeiten bestanden, haben die Frauen weder langsam noch widerstrebend davon Gebrauch gemacht.

Daß die Frauen tatsächlich bereit sind, erwerbstätig zu sein, daß aber die Umstände günstig sein müssen, um sie wirklich auf den Arbeitsmarkt zu bringen, zeigt sich auch an der im Vergleich zu ländlichen Bezirken sehr viel größeren Zahl erwerbstätiger Ehefrauen in Großstädten.

GÜNSTIGE UMSTÄNDE: ÄUSSERE UND INNERE

Solche Umstände können in zwei Gruppen eingeteilt werden. Die eine Gruppe spricht die Frauen ständig von außen her an; die andere wirkt in einer mehr negativen oder indirekten Weise von innen. Umstände der ersten Gruppe sind: das Vorhandensein möglichst vieler geeigneter, einigermaßen bequem erreichbarer Arbeitsplätze; günstige Verkehrsverbindungen; Einrichtungen für die Kinderbetreuung; Ausbildungsgelegenheiten; und schließlich die Möglichkeit, daß einige der besonders zeitraubenden Hausarbeiten durch gewerbliche Dienstleistungsbetriebe übernommen werden können. Die zweite Gruppe von Möglichkeiten entsteht durch die vermehrte Muße, deren sich die Frauen heute als Folge einer kleineren Familie erfreuen, und durch die laufende Erfindung neuer, verbesserter Erleichterungen für den Haushalt. John D. Durand meint in seiner interessanten Untersuchung der langfristigen Entwicklungslinien im Bereich der weiblichen Erwerbstätigkeit in den Vereinigten Staaten[1] sogar, daß das Endergebnis dieser technischen Entwicklung sein könnte, »das Heim als Arbeitsstätte und Hausfrauen als funktionelle Bevölkerungsgruppe so gut wie auszuschalten«.

Das ist vielleicht übertrieben. Auf jeden Fall ist es selbst als entfernte Möglichkeit der heutigen Wirklichkeit sehr

1. John D. Durand, *Married Women in the Labour Force, American Journal of Sociology*, November 1946.

weit entrückt. Die neuere Entwicklung geht dahin, eher mehr als weniger häusliche Aufgaben in das Heim zurückzuverlegen, trotz – oder seltsamerweise gerade wegen – des steigenden Gebrauchs von modernen Haushaltsgeräten. Viele der sogenannten arbeitssparenden Einrichtungen treiben die Dezentralisierung von Dienstleistungen voran, die in einem früheren Stadium der Industrialisierung aus dem Heim in die Fabrik verlagert worden waren. (Ein Beispiel hierfür, das einem sofort in den Sinn kommt: Man wäscht die Bettücher im Hause, anstatt sie in die Waschanstalt zu geben. Dies ist ebenso das Ergebnis der Waschmaschinen wie der hohen Löhne, die die Preise der Waschanstalten in die Höhe getrieben haben.) Es sieht so aus, als ob die Konzentration der Erzeugung, die das beherrschende Prinzip der Industrialisierung war, auf dem Gebiet der Hauswirtschaft zum Stillstand gekommen wäre.

Was auch immer das schließliche Ergebnis dieser Entwicklung sein mag, im Augenblick ist sie erst im Anfangsstadium. Moderne Maschinen sind erst in eine kleine Minderheit von Haushalten vorgedrungen. Selbst in den Vereinigten Staaten gibt es in dieser Hinsicht erhebliche Unterschiede zwischen Stadt und Land, sowie zwischen verschiedenen sozialen Schichten.

Läßt man Mr. Durands zugespitzte Formulierung hier beiseite, so weist doch alles darauf hin, daß die allgemeine Entwicklung verheirateten Frauen immer mehr Möglichkeiten für eine außerhäusliche Erwerbstätigkeit bieten wird. Und mit der Wahrscheinlichkeit fortdauernder Vollbeschäftigung müssen diese Möglichkeiten sich zwangsläufig vermehren, selbst ohne ein weiteres Absinken der Geburtenrate.

Aber, so fragt Mr. Durand, wird der Wunsch der Frauen nach Erwerbstätigkeit in einer Zeit des Friedens und eines ständig steigenden Lebensstandards bestehen bleiben? Welchen Anreiz zur Erwerbsarbeit kann es für die Frau geben, wenn weder nationaler Notstand noch persönliche Bedürftigkeit dies erfordern? Die Antwort war damals schwerer zu finden, denn wie die folgende Tabelle zeigt, gab es eine Wechselbeziehung zwischen dem Prozentsatz erwerbstätiger Ehefrauen und dem Einkommen des Ehemannes.

TABELLE 22

Anteil der erwerbstätigen verheirateten Frauen in den USA nach dem Einkommen des Ehemannes, 1940

Dollar	Frauen ohne Kinder unter 10 Jahren vH	Frauen mit 1 oder mehr Kindern unter 10 Jahren vH
1– 199	33,1	16,6
200– 399	28,5	13,9
400– 599	26,9	12,3
600– 999	24,8	12,1
1 000–1 499	21,5	8,9
1 500–1 999	14,0	5,6
2 000–2 999	12,1	3,3
3 000 u. darüber	8,5	2,8

Quelle: *J. D. Durand,* a. a. O.

Dies stimmte im großen Ganzen bis zu jener Zeit, in der Mr. Durand seine Studie veröffentlichte. Aber zwischen den beiden Volkszählungen von 1940 und 1950 fand ein bedeutsamer Wandel statt. Eine Analyse der Zahlen von 1950 durch das U. S. Bureau of the Census[2] zeigt, daß in der Gruppe Frauen, die keine Kinder unter 18 Jahren hatten, jene Frauen am ehesten erwerbstätig wurden, deren Männer zwischen 4000 bis 5000 Dollar im Jahr verdienten, etwas mehr als das mittlere Einkommen eines Mannes in jener Zeit. Waren nur Kinder im Alter von 6 bis 17 Jahren vorhanden, dann lag der größte Anteil erwerbs-

2. *Current Population Reports, Labor Force, No. 87,* Washington 1957.

tätiger Frauen in jener Gruppe, deren Ehemänner 2000 bis 3000 Dollar verdienten; nur Mütter von Kleinkindern hatten eine Erwerbsquote, die in umgekehrtem Verhältnis zu der Einkommenshöhe der Ehemänner stand.

WIRTSCHAFTLICHE UND PSYCHOLOGISCHE BEWEGGRÜNDE

Der Zustrom von Frauen auf den Arbeitsmarkt besteht sozusagen aus zwei Strömungen. Zu der einen, die in den ersten Phasen der Industrialisierung besonders stark war und mit dem allgemein niedrigen Lohnniveau zusammenhing, gehören die Frauen, die das Familieneinkommen durch ihre Erwerbstätigkeit ergänzen müssen. Der im Vergleich zu anderen Teilen des gleichen Landes relativ hohe Anteil erwerbstätiger Ehefrauen in Textilgebieten ist ein Beispiel dafür. Diese Strömung versiegt zumeist, wenn das Einkommen des Ehemannes steigt. Sie hat alles in allem während der Zeit der Vollbeschäftigung allmählich an Stärke abgenommen.

Zu der anderen Strömung gehören Frauen mit Fachkenntnissen oder höherer Bildung, und sie ist weit weniger unmittelbar vom Einkommen des Ehemannes abhängig. Sie scheint in einem fortgeschrittenen Stadium der wirtschaftlichen Entwicklung einzusetzen und mit der wachsenden Kompliziertheit der Arbeitsbedingungen in der Industriegesellschaft und dem damit verbundenen höheren Lebensstandard an Bedeutung zu gewinnen.

Es wäre natürlich verfehlt, diese beiden Strömungen als zwei getrennte Abläufe zu verstehen; obwohl aus verschiedenen Quellen stammend, vermischen sie sich so, daß sie ihre Eigenart verlieren. Die wirtschaftlichen Beweggründe können nicht länger von den ideologischen getrennt werden, ebensowenig wie sich die freiwilligen von den zwingenden unterscheiden lassen. Gehört beispielsweise der Drang nach einer Verbesserung des eigenen Lebensstandards – um sich nämlich Luxusgüter leisten zu können – in die gleiche Wertstufe wie der Zwang, für den nackten Lebensunterhalt zu sorgen? Ist die Wahl eines Berufes – im Gegensatz zu mehr Muße – noch »freiwillig« zu nennen, wenn sie erst einmal zur allgemeinen Norm geworden ist, die gesellschaftliche Billigung findet? Gehört die Frau, die in ihrer Jugend als Krankenschwester ausgebildet wurde, um ihren Lebensunterhalt zu verdienen, und die ihren Beruf aus einem Gefühl der Verpflichtung der Öffentlichkeit gegenüber fortsetzt oder wiederaufnimmt – oder die Frau, der ein unerwarteter Zufall die Gelegenheit gab, verborgene Talente zu entfalten, zu der einen oder anderen »Strömung«?

Eine vom Internationalen Arbeitsamt durchgeführte internationale Untersuchung über erwerbstätige Frauen mit häuslichen und Familienpflichten gibt nur zwei Beweggründe für außerhäusliche Erwerbsarbeit von Frauen an: Einerseits die wirtschaftliche Notlage der Frauen und andererseits die nationale Notwendigkeit zu erhöhter Produktion, unterstützt von nachdrücklichen Regierungsmaßnahmen, um mehr Frauen für die Industrie zu gewinnen.

Eine zunehmende Zahl von Erhebungen macht es jedoch augenscheinlich, daß andere Gründe eine bedeutende Rolle bei dem Entschluß der Frau spielen, ihren Arbeitsplatz nach der Verheiratung zu behalten. In Sheffield, York und anderen Industriezentren ergaben unabhängig voneinander vorgenommene Untersuchungen, daß die soziale Isolierung der heutigen Hausfrau ein starker Antrieb für die Frau ist, sich eine Beschäftigung außerhalb ihres Heimes zu suchen.

So schätzt zum Beispiel Ferdinand Zweig, der eine Sozialerhebung über Einstellung und Gewohnheiten von erwerbstätigen Frauen in Lancashire durchgeführt hat[3], daß »von den verheirateten Frauen nicht mehr als etwa eine von dreien unter wirtschaftlichem Druck erwerbstätig ist,

3. Dr. F. Zweig, *Women's Life and Labour*, London 1952, S. 47.

sei es, weil das Haushaltsgeld nicht ausreicht, oder weil sie ihren Ehemann ernähren muß. Die anderen arbeiten wegen des Sonderverdienstes: um die Ausbildungskosten der Kinder zu decken, um Sachen zu kaufen, die sie haben wollen, oder aus anderen Gründen, denn sie sind gewöhnt, arbeiten zu gehen und finden Gefallen daran«. Obwohl er zugibt, daß die Grenzlinie zwischen »wirtschaftlichem Druck« und »Wunsch nach Verbesserung« veränderlich und schwer zu bestimmen ist, betont er nachdrücklich, daß wirtschaftliche Notwendigkeit unter keinen Umständen der einzige oder auch nur der Hauptgrund für die Erwerbsarbeit verheirateter Frauen außerhalb ihres Hauses ist. »Der Sozialforscher vergißt oft, daß viele Frauen eher unter dem Gefühlszwang der Einsamkeit arbeiten gehen als unter dem wirtschaftlichen Zwang niedriger Löhne[4].«

4. Es lohnt sich, einige von Dr. Zweigs Beispielen in diesem Zusammenhang anzuführen: »Die typischen Antworten, die man von der Gruppe der Mütter bekommt, die sozusagen freiwillig arbeiten gehen, lauten etwa so: 24jährige Mutter mit einem 15 Monate alten Baby: ›Ich langweilte mich zu Hause sehr‹ – oder eine Mutter mit 4 Kindern von 14, 11 und 8 Jahren und einem 15 Monate alten Baby: ›Ich bin mehr ermüdet, wenn ich zu Hause bleibe, als wenn ich hier bin!‹ – Eine 20jährige Mutter mit einem 14 Monate alten Baby: ›Ich arbeite, um beim Möbelkaufen mitzuhelfen!‹ – Eine 23jährige Mutter mit einem Kind von 3 Jahren: ›Ich möchte meinem Mann helfen, in seinem Beruf vorwärtszukommen!‹ – Eine 49jährige Mutter mit 3 Kindern, 2 erwachsenen und einem von 14 Jahren, das noch zur Schule geht: ›Ich gehe arbeiten, weil ich mich zu Hause langweile, nicht wegen des Geldes!‹ – Eine 28jährige Mutter mit einem Jungen von 3 Jahren: ›Wir haben eine Menge Aufwand, den wir uns sonst nicht leisten könnten!‹ – Eine 31jährige Mutter mit 2 Jungen von 7 und 10 Jahren: ›Es ist mir lieber zu arbeiten. Es bringt Abwechslung. Der ältere Junge hat einen Schlüssel, und eine Schwester wohnt nebenan!‹ – Eine 38jährige Mutter mit 3 Kindern von 12, 9 und 7 Jahren: ›Unsere Oma ist wie eine Mutter. Die außerhäusliche Arbeit hält einen in Verbindung mit der Welt, und man fühlt sich jünger!‹ – Eine 33jährige Mutter mit einem Kind von 7 Jahren: ›Als der Junge in die Schule kam, wurde das Leben in den vier Wänden unerträglich!‹ – Eine 34jährige Mutter mit 2 Kindern von 8 und 4 Jahren: ›Man wird nicht

Unser Widerstreben, der herkömmlichen Erklärung beizupflichten, daß verheiratete Frauen aus wirtschaftlichem Zwang erwerbstätig sind, findet eine weitere, gut belegte Unterstützung in den Erkenntnissen von B. Seebohm Rowntree und G. R. Lavers[5]. Ihre Sozialerhebung in York vom Jahre 1950 – die u. a. bezeugt, daß der erhöhten Erwerbstätigkeit verheirateter Frauen ebenso wie der Vollbeschäftigung, höheren Löhnen und den verschiedenen Segnungen des Wohlfahrtsstaates das tatsächliche Verschwinden der Armut in ihrem Untersuchungsgebiet zu verdanken ist –, stellt fest, daß der Brauch, das Familieneinkommen durch Voll- oder Teilzeitarbeit der verheirateten Frauen zu ergänzen, »gerade in den am besten gestellten Arbeiterschichten vorzuherrschen scheint«.
Die Verfasser erklären diese zunächst sonderbare Erscheinung folgendermaßen: »Die Tatsache, daß es dem Arbeiterstand im ganzen gesehen besser geht als je zuvor, hat in vielen Familien den Wunsch nach Dingen geweckt, die sie früher ohne Überlegung als weit über ihre Verhältnisse gehend abgelehnt haben würden.« Die Erhebung umfaßte 12 708 Familien, deren Haushaltsvorstände Männer in Vollbeschäftigung waren. Bei 1278 oder 10 vH dieser Haushaltungen waren die Ehefrauen voll- oder teilzeitbeschäftigt (gegenüber nur 3,2 vH im Jahre 1936). Nach den Gründen ihrer Erwerbsarbeit befragt, gaben die Frauen folgende Antworten:

so mürbe, und man fühlt sich jünger. Wenn mein Mann und ich eine kleine Auseinandersetzung haben, kann ich zu ihm sagen: ›Du ernährst mich nicht!‹ – Andere der vorgebrachten Gründe waren: ›Um beim Hauskauf zu helfen!‹ – ›Ein elektrischer Kühlschrank!‹ – ›Ein Fernsehapparat!‹ – Bis zu: ›Unser Haus ist zu klein für 2 Frauen‹, da ihre Mutter bei ihnen lebte.« (a. a. O., S. 74)

5. B. Seebohm Rowntree u. G. Lavers, *Poverty and the Welfare State*, London 1951.

13 vH – um Möbel usw. für ihre Wohnung zu kaufen,
2 vH – um die Ausbildung der Kinder zu bezahlen,
1,5 vH – aus »Pflichtgefühl« (die meisten von ihnen waren ausgebildete Pflegerinnen),
34,5 vH – wirtschaftliche Notwendigkeit,
27 vH – um Güter des gehobenen Bedarfs zu kaufen,
21 vH – wegen des Vergnügens, mit anderen Leuten zusammenzutreffen, anstatt den ganzen Tag zu Hause eingesperrt zu sein.

»Viele Frauen sagen offen«, fährt der Bericht fort, »daß sie einen höheren Lebensstandard wünschen und zu arbeiten bereit sind, um ihn zu erlangen. Beispiele für die Ziele dieser Frauen sind: Einen Wagen zu kaufen, Ferien fern von York zu machen, eine Musiktruhe, eine elektrische Wasch- oder Geschirrspülmaschine zu kaufen.«
Der Demokratisierungsprozeß hat nicht nur eine Nivellierung der Einkommen mit sich gebracht, sondern auch eine ständig zunehmende Angleichung der Lebensansprüche. Solcher Aufwand – Auslandsreisen, höhere Ausbildung der Kinder, moderne Haushaltseinrichtung usw. – gilt nicht mehr als Vorrecht einer privilegierten Klasse, sondern wurde zum erreichbaren Ziel großer Bevölkerungsgruppen, das man erlangen kann, wenn man sich mehr anstrengt. Und viele Frauen messen ihm soviel Wert bei, daß sie diese zusätzlichen Anstrengungen auf sich nehmen.
Bisher wurde den erwerbstätigen verheirateten Frauen des Mittelstandes nicht viel Aufmerksamkeit geschenkt; ihre Zahl schien zu unbedeutend, um eine genaue soziologische Untersuchung zu rechtfertigen. Einige kleinere Arbeiten sind jedoch greifbar, und besonders eine, von Margot Jefferys unter den verheirateten Frauen in höheren Dienstgraden des britischen Verwaltungsdienstes und der staatlich geförderten Forschungsorganisationen durchgeführte Erhe-

bung[6] lohnt es, in diesem Zusammenhang erwähnt zu werden, obwohl die 234 berufstätigen Frauen, die bei dieser Untersuchung mitwirkten, nicht für die gesamte Schicht repräsentativ sein mögen. Die Verfasserin führt aus: »Eine Prüfung der einzelnen Antworten dieser Gruppe zeigt, daß nicht *ein* Hauptgrund für die Berufsarbeit vorherrschte. Nur eine von fünf Frauen arbeitete, weil ihr Verdienst die einzige oder die Hauptquelle des Familieneinkommens war. Von den anderen Frauen, die wahrscheinlich besser in der Lage waren zu wählen, ob sie arbeiten wollten oder nicht, wurde Interesse an ihrer Tätigkeit oder mangelnde Befriedigung an ständiger Hausarbeit etwa ebenso oft als Hauptgrund für ihre Berufstätigkeit angegeben wie finanzielle Überlegungen. Während jede Frau einen vorherrschenden Grund hatte, sprachen in der Mehrzahl der Fälle jedoch auch andere Überlegungen mit. So erwähnten die meisten von denen, die Interesse an ihrer Tätigkeit als Hauptgrund nannten, auch die finanziellen Vorteile und umgekehrt.« – Ein etwas überraschendes Ergebnis dieser Umfrage ist, »daß finanzielle Überlegungen als *Hauptgrund* für Erwerbstätigkeit weit öfter von kinderlosen Frauen angegeben wurden als von Frauen mit Kindern, sofern ihr Verdienst nicht die einzige oder die Hauptquelle des Familieneinkommens war«. Die Verfasserin erklärt dieses zunächst befremdliche Phänomen wie folgt: »Frauen ohne Kinder haben, mit wenigen Ausnahmen, geringe häusliche Bindungen und weniger Gründe, warum sie nicht arbeiten sollten. Bei vielen von ihnen mag das Interesse belanglos sein für ihren Entschluß zu arbeiten, obwohl es natürlich nicht unerheblich bei der Wahl ihrer Tätigkeit mitspricht. Der finanzielle Antrieb, der ja die Mittel zur Befriedigung von Wünschen mannigfaltiger Art für die

6. *Married Women in the Higher Grades of the Civil Service and Government Sponsored Research Organisations*, Forschungsbericht, veröffentlicht im *British Journal of Sociology*, Bd. III, Nr. 4, Dezember 1952, S. 361-4.

Freizeitbetätigung verschafft, wird dann vorherrschend, weil die Aufgabe der Arbeit die Beschränkung liebgewordener Mußebeschäftigungen einschließen würde. Dagegen stehen Frauen *mit* kleinen Kindern vor großen Schwierigkeiten, wenn sie arbeiten wollen, und zwar nicht zuletzt wegen der hohen Kosten für angemessene Haushaltshilfe und Kinderbetreuung. Ihr Nettoverdienst wird wahrscheinlich viel niedriger sein als der der kinderlosen Frau; er muß überdies der gefühlsmäßigen Belastung gegenübergestellt werden, die durch den Versuch entsteht, Berufsarbeit zu leisten und gleichzeitig Kinder aufzuziehen. Nur ein besonders starkes Interesse oder wirkliche Abneigung gegen häusliche Pflichten oder Abwandlungen dieser beiden Einstellungen sind geeignet, den Ausschlag zugunsten der Arbeit zu geben.«

Bei den Ehefrauen des Mittelstandes wie auch der Arbeiterklasse ist der finanzielle Anreiz, sich außerhäusliche Erwerbsarbeit zu suchen, ein wichtiger Beweggrund, aber zufolge der in unserer Zeit der Vollbeschäftigung gewonnenen Erfahrung sind deutliche Anzeichen vorhanden, daß die wirtschaftliche Notwendigkeit nicht mehr der Hauptgrund ist. Er wurde, zumindest in gewissem Grade, durch eine recht verwickelte psychologische Situation ersetzt, bei der die Sehnsucht nach einem höheren Lebensstandard, das Bedürfnis nach Geselligkeit, die Vorliebe für besser zusagende Arbeitsarten und der Wunsch nach finanzieller Unabhängigkeit zu den wesentlichen Antrieben gehören.

Die Tatsache, daß der Anteil der verheirateten Frauen am Erwerbsleben in den Vereinigten Staaten stärker gestiegen ist als anderwärts – Stockholm vielleicht ausgenommen – scheint gleichfalls zu beweisen, daß persönliche wirtschaftliche Not und der volkswirtschaftliche Bedarf an Arbeitskräften (die zwei vom Internationalen Arbeitsamt untersuchten Gründe) keineswegs die einzigen Motive sind, die verheiratete Frauen zu Erwerbsarbeit veranlassen. Diese beiden Länder haben einen hohen Lebensstandard, und was zumindest die Vereinigten Staaten anbelangt, so sind dort die Frauen von Staats wegen kaum ermutigt worden.

Diese beiden Beispiele zeigen deutlich, daß die Erwerbstätigkeit verheirateter Frauen – neben materieller Not individueller oder nationaler Art – auf eine Reihe von Faktoren zurückzuführen ist. Dazu gehört z. B. die Kluft zwischen dem tatsächlichen und dem erstrebten Familieneinkommen – wobei diese wiederum von den Dingen abhängt, die man für das Geld erwerben könnte. Weiter gehört dazu das Vorhandensein von Einrichtungen, die es den Frauen erlauben, ihren Betätigungsdrang zu befriedigen, einerlei ob er auf psychologische oder auf wirtschaftliche Bedürfnisse zurückzuführen ist. Auch mag er dem Verlangen nach produktiverer oder abwechslungsreicherer Arbeit, dem Wunsch nach besserer Verwendung von angeborenen Fähigkeiten und erworbenen Kenntnissen, vielleicht auch dem Drange, »mit den Müllers Schritt zu halten«, oder einfacher Geselligkeit entspringen – höchstwahrscheinlich aber vereinigen sich jeweils einige dieser Motive.

Bei Erwerbstätigkeit aus persönlicher Notlage wird diese selbst ohne Erleichterung der häuslichen Pflichten gesucht, was viel Nervenkraft verbraucht und auf Kosten der Behaglichkeit und des häuslichen Glückes geht. Falls ein nationaler Notstand besteht, ist es dann und wann für unvermeidbar gehalten worden, gewisse Erleichterungen durch Kinderkrippen, organisierte Haushaltspflege, Schulmahlzeiten usw. zu schaffen, um die Frauen anzuspornen, eine Arbeit anzunehmen. Wo aber derartige Sozialleistungen als Ergebnis einer hochentwickelten Industrialisierung, verbunden mit einer wirksamen Gesellschaftsorganisation bereits vorhanden sind, da braucht der äußere Anlaß – sei es die Rute materieller Bedrängnis oder der Zucker staatlicher Propaganda – kein ausschlaggebender Faktor zu sein.

Wenn die Frage diskutiert wird, warum Frauen Erwerbsarbeit annehmen, steht gewöhnlich das wirtschaftliche Motiv im Vordergrund. Da die Frau in unserer Gesellschaft entweder für die gleiche Arbeit niedriger bezahlt wird als der Mann oder aber sich mit den geringer bezahlten Arbeitsplätzen begnügen muß, ist es natürlich, daß die materielle Notlage der Frauen von denjenigen stark hervorgehoben wurde, die für gleiche Bezahlung beider Geschlechter eintraten. Tatsachen und Zahlen wurden vorgelegt, um zu beweisen, daß eine große Zahl von Frauen ihre Kinder oder andere Angehörige unterhält, und daß es ein Märchen ist, wenn manche Leute zur Aufrechterhaltung der unterschiedlichen Löhne geltend machen, die Frauen arbeiteten nur für ein Taschengeld.

Diese Tatsachen wurden oft so dargestellt, um Mitgefühl für die Frauen zu wecken, die »ihren eigenen Lebensunterhalt verdienen müssen«. Man behauptete, daß die meisten Frauen es vorziehen würden, nicht außerhalb ihres Heimes zu arbeiten; wenn sie aber eine Erwerbsarbeit annähmen, dann geschähe das nur, weil finanzielle Not sie dazu triebe. Der amerikanische Soziologe W. F. Ogborn berichtet sogar, 85 vH der erwerbstätigen Frauen hätten erklärt, sie arbeiteten nicht weil sie es wollten, sondern weil sie müßten.

EINE FRAGE, DIE NIE GESTELLT WIRD

Die Frage, warum Frauen arbeiten, erscheint in dieser Form ungerecht und belanglos zugleich. Wenn man Männer fragen wollte, warum sie arbeiten, würde die große Mehrzahl zweifellos antworten, daß sie sich und ihre Familie ernähren müßten. Niemand würde sie deshalb bemitleiden. Es wird für selbstverständlich gehalten, daß es so ist. Nur wenige Glückliche können ehrlich für sich in Anspruch nehmen, daß sie zu ihrem eigenen Vergnügen oder in Verfolg ihrer Interessen arbeiten. Für die überwiegende

Mehrheit ist es eine *conditio sine qua non,* daß sie eine Arbeit annehmen müssen; wenn sie daran Interesse finden können, um so besser für sie. Aber Männer werden so etwas nicht gefragt. Sie haben nicht zwischen arbeiten oder nicht-arbeiten zu wählen, sondern zwischen den verschiedenen Arten von Arbeit. Ihre persönliche Aufgabe ist es, sich so gut wie möglich dieser Situation anzupassen.

Die der Frau gegenüber eingenommene Haltung ist anders. Es ist bezeichnend, daß die zahlreichen Untersuchungen über die Gründe verheirateter Frauen für die Annahme von Erwerbsarbeit nicht durch andere Studien ergänzt werden, die der Frage nachgehen, warum verheiratete Frauen *nicht* außerhäuslich erwerbstätig sind, wenn sie keine kleinen Kinder zu betreuen haben. Dieser Zustand wird so sehr für die natürliche Ordnung der Dinge gehalten, daß er keine Verwunderung auslöst und daher auch keine wissenschaftliche Abhandlung bewirkt hat. Trotz des tiefgreifenden sozialen Wandels herrscht die Auffassung noch immer vor, daß es für die Frau normal sei, unter allen Umständen von ihrem Ehemann ernährt zu werden. Viele Männer, insbesondere die des Mittelstandes, deren Ehefrauen erwerbstätig sind, haben ein Schuldgefühl, weil sie es ihnen gestatten, und rechtfertigen sich deswegen. In gewisser Weise scheint es heute noch, daß eine verheiratete Frau, die einen anderen Beruf als den der Hausfrau ausübt, etwas »einbüßt« und daher Mitgefühl verdient.

Natürlich kann man diesen Zustand mit verschiedenen Worten beschreiben. Die Zeitschrift *Life* veröffentlichte zum Beispiel die Ergebnisse einer Erhebung, nach der es in den Vereinigten Staaten 20 Millionen »untätige« Frauen gibt. Der Ausdruck »untätig« wurde hier auf alle Frauen, die nicht erwerbstätig sind, angewendet, sofern sie weder alt noch krank oder Mütter von Kindern unter 18 Jahren waren. Wenn diese Auslegung sich weiter verbreitete, dann würden weniger Männer das Gefühl haben, es sich selbst zu schulden, der einzige Ernährer ihrer Familie zu sein; und mehr Frauen würden einen moralischen Zwang fühlen, ihre Zeit und Kraft für mehr als leichte Hausarbeiten zu nutzen.

Während Männer keine andere Wahl haben als zu arbeiten und als asozial gelten, falls sie sich weigern, es zu tun, ist der gleiche sittliche Maßstab keineswegs bei Frauen angewandt worden. Diese haben weitgehend das in früheren Zeiten für Männer wie für Frauen der herrschenden Klasse typische Vorrecht gewahrt, sich nicht an den Anstrengungen der Gesellschaft zu beteiligen. Weil sie es nicht taten, galten sie erstaunlich lange als um so angesehener.

GLEICHHEIT ODER VORRECHT?

Hier ist offensichtlich eine Lücke in unseren demokratischen Vorstellungen; oder, wenn man es lieber so ausdrückt, eine zeitliche Verzögerung in der Anpassung unserer Vorstellungen an unsere veränderten Lebensbedingungen. Gerade die Frauen sollten hierin feinfühlig sein. Sie haben so lange gleiche Rechte verlangt und haben auf so vielen Gebieten Gleichheit erreicht, daß nun ihr sozialer Beitrag neu bewertet werden sollte. Bei dieser Bewertung müßten alle ihre produktiven Bemühungen, ob bezahlt oder unbezahlt, ob innerhalb oder außerhalb ihres Heimes, berücksichtigt werden; ob sie Kinder erziehen oder Garn spinnen, ist in diesem Zusammenhang von minderer Bedeutung. Aber es sollte Rechenschaft darüber abgelegt werden, was sie mit ihrer Leistungskraft und mit ihren Fähigkeiten sowie mit den Investierungen anfangen, die die Gesellschaft in sie hineingesteckt hat. Denn in einer Demokratie hat keine Gruppe das Recht, bei dem Vergleich ihres sozialen Beitrages mit dem anderer eine Befreiung auf Grund ihrer Geburt zu erlangen.

Außerdem will uns scheinen, daß in dem demokratischen Wettstreit zwischen den konkurrierenden Ansprüchen der

Geschlechter die Zeit gekommen ist, um ein Wort für die gleichen Rechte der Männer einzulegen. Die Ansprüche auf Gleichberechtigung wurden von den Frauen so beredt während des letzten Jahrhunderts vorgebracht, daß man kaum die Vorrechte zu erwähnen wagt, deren sich Frauen in ihrer Eigenschaft als Frauen erfreuen. Es gibt davon eine ganze Anzahl, und wir brauchen hier nicht weiter auf sie einzugehen.

Heute, da die Gleichheit zwischen den Geschlechtern nahezu erreicht ist, ist es nur recht und billig zuzugeben, daß die Nachteile nicht alle nur auf einer Seite sind, und zu verlangen, daß bei beiden Geschlechtern mit gleichem Maß gemessen wird. Gleiche Rechte sollten gleichen Pflichten und gleicher Verantwortung entsprechen. Deshalb sollten jene, die gleiche Bezahlung verlangen, auch die letzten sein, die Mitleid für die armen Frauen erbitten, weil sie für ihren Lebensunterhalt »arbeiten müssen«. *Égalité oblige.*

Es ist allerdings eine Tatsache und durch die Zahlen des vorhergehenden Kapitels reichlich belegt, daß die Arbeitsmöglichkeiten und die Nachfrage nach Arbeitskräften für die beiden Geschlechter unter den heutigen Marktbedingungen ziemlich verschieden sind. Jedoch gibt es überwältigende objektive Beweise, um den Anspruch zu widerlegen, daß die Frau *per se,* ob verheiratet oder ledig, einen anderen Status haben sollte. Daß Mütter »im aktiven Dienst« in einer besonderen Lage sind und besondere Berücksichtigungen verdienen, ist etwas anderes. Dies ist ein Punkt, der in einem späteren Kapitel noch ausführlich besprochen werden wird. Aber alle Frauen zu allen Zeiten ihrer potentiellen Mutterschaft oder früherer Mutterschaftsleistungen wegen von den allgemeinen Verhaltensregeln auszunehmen, wäre das gleiche, als wollte man Männer von der alltäglichen Arbeit befreien, weil sie eines Tages vielleicht Helden werden könnten, oder weil sie in der Vergangenheit tapfer gekämpft haben.

6

Arbeitgeber-Probleme

Da wir eine verstärkte Erwerbstätigkeit von Frauen befürworten möchten, ist es wichtig, uns mit den Widerständen zu befassen, die zweifellos bei Arbeitgebern, Arbeitskollegen und allgemein in der Öffentlichkeit dagegen bestehen. Die Einwände werden aus einer Reihe von verschiedenen Gründen erhoben. Einige von ihnen beruhen auf sozialen Vorurteilen oder persönlicher Abneigung, andere auf nachweisbaren Tatsachen und Umständen. Obwohl es schwierig ist, vernunftmäßige Gründe gegen gefühlsmäßige Einstellungen vorzubringen, müssen wir Argumente gegen die erhöhte Erwerbstätigkeit von Frauen – was hauptsächlich Erwerbstätigkeit verheirateter Frauen bedeutet – ernstnehmen, wenn sie durch unparteiische Sachverständige, wie Psychologen, Erzieher, Sozialwissenschaftler usw. unterstützt werden, und wir müssen das Beweismaterial untersuchen, das von Arbeitgebern weiblicher Arbeitskräfte vorgelegt worden ist.

Um ein möglichst umfassendes und objektives Bild unseres Problems zu erhalten, werden wir die von allen interessierten Stellen vorgebrachten Argumente sorgfältig zu prüfen haben. Die Erwerbstätigkeit von Frauen hat nunmehr eine genügend lange Vergangenheit und ist so weit verbreitet, daß die Auseinandersetzung dem Bereich der persönlichen Meinungen entzogen und in die leidenschaftslose Atmosphäre praktischer Erfahrung und rationeller Untersuchung übergeleitet werden kann.

Zuerst sollen die Fragen der wirtschaftlichen Leistungsfähigkeit behandelt werden.

Maschinenausstattung und Organisation der Industrie wurden – zumindest in den ersten Phasen der industriellen

Revolution, denen die westlichen Länder erst jetzt entwachsen – fast ausschließlich von Männern erstellt und betrieben. Blickt man auf die Geschichte der Industrie zurück, so ist es völlig klar, warum es so war. Die Dampfmaschine, deren Erfindung die industrielle Revolution einleitete, brauchte die schwere körperliche Arbeit von Männern, die ihr als wichtigstes Rohmaterial die Kohle zu liefern hatten, und die auch die schweren Maschinen in Gießereien und Fabriken bedienen sowie Schienenwege und Kanäle bauen und in Betrieb nehmen konnten. Zudem konzentrierten sich die Produktion und der wachsende Verwaltungsapparat, der für die neue industrielle Entwicklung erforderlich war, in größerer Entfernung und ganz unabhängig von den Wohnstätten der Menschen. Die Trennung von Wohnung und Arbeitsplatz, von privatem und beruflichem Leben, wurde so vollständig wie möglich. Der gleiche Mensch, der als Glied einer Familie zu Hause gewisse Pflichten, Aufgaben und Vorlieben hat, nimmt als Mitarbeiter im Büro oder in der Fabrik eine nahezu völlig andere Persönlichkeit an. Seine Verpflichtungen, seine Interessen und Ziele sind dort und hier nicht die gleichen.

Die Kluft zwischen den beiden Aufgabenbereichen wurde dadurch vertieft, daß die Hauptlast der häuslichen Pflichten von der Frau übernommen werden konnte, die mehr und mehr zum Mittelpunkt der Familie und zum Haushaltungsvorstand wurde. Einige andere Aufgaben, wie die Ausbildung des Sohnes im Beruf des Vaters, verschwanden entweder ganz oder gingen auf Bildungs- und andere Einrichtungen über. Der Anteil des Mannes am häuslichen Leben und am Familienleben schrumpfte zusammen, während Geschäfts- und Fabrikbetriebe zu Riesenapparaten ausgebaut werden konnten, die unter der Voraussetzung funktionierten, daß die Menschen Rädchen im Getriebe waren. Die Tatsache, daß sie auch außerhalb ihrer Arbeit Verpflichtungen und Interesse hatten, konnte unbeachtet bleiben.

Als neue Methoden in Industrie und Verwaltung die Frau in diese von Männern geschaffene Welt brachten, und als immer mehr Frauen benötigt wurden, um die Maschinen in Gang zu halten, hat man ihre Leistungen natürlich an den festgelegten Normen gemessen. Wie groß war ihr Arbeitsertrag, ihre Anwesenheitsrate und ihr Arbeitsinteresse im Vergleich zu den vorhandenen Maßstäben?

Die Leistungen der Frau sind an anderer Stelle genügend gewürdigt worden und sind heute so bekannt, daß es keiner Wiederholung bedarf. Die Tatsache, daß mehr und mehr Frauen von der Industrie, dem Handel, der Verwaltung und den Öffentlichen Diensten aller Art gebraucht und gesucht werden, bezeugt an sich schon genügend den Wert ihres Beitrages.

Dies beantwortet jedoch nicht die Frage, ob eine Anpassung der Arbeitsorganisation und -technik nicht notwendig oder zumindest wünschenswert wird, wenn die Mitarbeit der Frau den bestmöglichen Nutzeffekt haben soll, ohne daß es zu Konflikten in ihrem Leben und einer Zerrüttung ihrer Familie kommt. Bisher ist die erforderliche Anpassung ziemlich einseitig von Seiten der Frauen erfolgt, oft unter großen persönlichen Opfern. Sollen die Arbeitskräfte jedoch optimal genutzt werden, dann muß der recht schwerfällige Industrie- und Verwaltungsapparat den Bedürfnissen der Menschen, die ihn in Gang halten, neu angepaßt werden.

Das Interesse am Wohl des Arbeiters und seiner Familie ist erst neueren Datums und charakteristisch für die jüngste Phase der Industrialisierung. Es ist nicht unwahrscheinlich, daß der steigende Anteil der Frau an bisher männlichen Arbeitsgebieten zu dem wachsenden Bewußtsein beigetragen hat, daß die Arbeit des Menschen nur die eine Seite seines Lebens darstellt.

Diese Erkenntnis sprach zum Beispiel aus einer Broschüre[1],

1. *The Problem of Absenteeism,* Ministry of Labour and National Service, September 1942.

die das Britische Arbeitsministerium im Jahre 1942, zu einer Zeit stärkster nationaler Kraftanstrengung, veröffentlichte: »Das häusliche Leben war stets eine persönliche Angelegenheit des Menschen, es war Endzweck und Belohnung seiner Arbeit. Viele Regierungsstellen, Vereinigungen und Persönlichkeiten beschäftigen sich jetzt mit ›Wohlfahrt‹. Die als ›Wohlfahrtsbestrebungen‹ behandelten Angelegenheiten sind jedoch sehr geringfügig, wenn man sie mit dem häuslichen Leben eines Menschen vergleicht...«

Diese Veröffentlichung, die ein Vorbild amtlichen Verständnisses ist, behandelte das damals besonders drückende Problem des Fernbleibens von der Arbeit. Insbesondere verheiratete Frauen waren die schlimmsten Missetäter, und das Arbeitsministerium ermahnte die Arbeitgeber: »Sie versuchen zwei Ganztagsarbeiten zu verrichten. Wenn sie nicht mehr als einen halben Tag wöchentlich ihrer Arbeit fernbleiben, dann haben sie etwas Erstaunliches vollbracht. Es ist an der Zeit, daß man mehr über den Einsatz der Frauen in dieser Richtung spricht und mehr auch über die zu treffenden Maßnahmen, um ihnen das Weitermachen zu ermöglichen.«

Das Ministerium empfahl, diese Umstände zu berücksichtigen und ihnen durch größere organisatorische Beweglichkeit der Wirtschaft zu begegnen. »Die Anpassung des Industrieapparats an wohlbegründete Bedürfnisse der Menschen, die ihn bedienen, ist von wesentlicher Bedeutung, wenn ein optimaler Arbeitsertrag erzielt werden soll.« Dies ist natürlich in Friedenszeiten nicht weniger richtig als in Zeiten des Krieges, und es muß die Grundlage jeder langfristigen Wirtschaftspolitik bilden. An diesem Punkt wollen wir nicht näher darauf eingehen, wie eine solche Anpassung des industriellen Apparates und der sozialen Organisation im allgemeinen zu erreichen ist; wir können auch nicht die einzelnen Empfehlungen des Arbeitsministeriums an die Arbeitgeber erörtern. Über diese Dinge wird später mehr zu sagen sein.

Wir wollen hier den allgemeinen Hintergrund skizzieren, vor dem die Unterschiede zwischen Mann und Frau gesehen werden müssen. Wir sind davon überzeugt, daß es einen einzigen konstruktiven Zugang zu dem Problem der erwerbstätigen Frau gibt, nämlich den, die Organisation der Arbeit und nicht die der weiblichen Arbeitskräfte als variabel zu behandeln. Die Frage heißt deshalb nicht: Welche nachteiligen Auswirkungen – wenn es solche gibt – hat die doppelte Funktion weiblicher Arbeitskräfte auf die Arbeit sowie auf bestehende feste Maßstäbe und Methoden der industriellen Organisation? Sondern: Welche Arbeitsbedingungen vermögen am besten Höchstleistungen zu fördern, wenn man die Tatsache berücksichtigt, daß jede Arbeitskraft ebenso häusliche Verpflichtungen wie einen Beruf hat, und daß besonders verheiratete Frauen oft eine ebenso schwere wie bedeutsame Verantwortung zu Hause tragen?

Wenn es das Endziel ist, die industrielle Organisation einem neuen Arbeitertyp anzupassen, der unterschiedliche Überlieferungen und soziale Gewohnheiten hat, dann müssen wir vor allem sehen, an welchen Punkten sich Reibungen aus dem Zusammentreffen dieses neuen Arbeiters mit dem alten Apparat ergeben haben.

In dreierlei Hinsicht fällt der Vergleich mit männlichen Arbeitskräften nachteilig für die Frau aus: 1. in bezug auf Abwesenheit von der Arbeit, 2. durch häufigeren Arbeitsplatzwechsel, und 3., hiermit verbunden, wegen der relativ höheren Kosten und Nachteile bei der Ausbildung von Personen, deren dauernde Beschäftigung unsicher ist. Je qualifizierter die Arbeit und je länger und teurer die erforderliche Ausbildung, desto brennender ist dieses Problem.

ABWESENHEIT VON DER ARBEIT (ABSENTISMUS)

Genaue Zahlen sind schwer zu erlangen und geben kein klares Bild der Situation, denn die Abwesenheitsraten unterscheiden sich nicht nur bei den einzelnen Arbeitszweigen, sondern auch von einem zum anderen Arbeitsplatz und von Ort zu Ort. Sie variieren bei verheirateten und ledigen Frauen, bei gelernten und ungelernten Arbeitskräften und bei Männern und Frauen verschiedener Altersstufen. Sie hängen von so veränderlichen Faktoren wie dem Arbeitsklima eines Betriebes ab, den Auswahlmethoden für Arbeitskräfte, dem Verhältnis der Betriebsleitung zu den Mitarbeitern und natürlich von der allgemeinen Arbeitsmarktlage, beispielsweise der relativen Leichtigkeit, mit der andere Stellungen verfügbar sind. Darum müssen alle Verallgemeinerungen ein verzerrtes Bild geben. Soviel kann jedoch ganz allgemein gesagt werden: Abwesenheit von der Arbeit kommt beträchtlich häufiger bei Frauen als bei Männern vor – oft zwei-, dreimal so oft und auch noch mehr. Aber es gibt Büros und Fabriken mit besonders guten Arbeitsbedingungen, wo Frauen nicht öfter fehlen als Männer.

Der Öffentliche Gesundheitsdienst der Vereinigten Staaten hat Unterlagen über Abwesenheit wegen Krankheit gesammelt, die einige Jahre umfassen, und zwar an Hand von Unterlagen der Krankenfürsorgegesellschaften auf Gegenseitigkeit, der Gruppen-Krankenversicherungsprojekte und der Unterstützungskassen von Firmen. Die Unterlagen betreffen nur Arbeitsunfähigkeit von mindestens acht aufeinanderfolgenden Tagen, denn die meisten Unterstützungsleistungen im Krankheitsfall beginnen erst nach Ablauf der ersten Woche der Erkrankung. Sie werden von Dr. W. M. Gafafer in den US-Berichten über die Öffentliche Gesundheit periodisch analysiert.

Für das Jahr 1950 zeigen diese Zahlen, daß bei Männern infolge von Krankheit und nichtbetrieblichen Unfällen 116,8 Fälle von Abwesenheit pro Jahr auf 1000 Arbeiter vorkamen, während es bei den Frauen 258,4 waren. Die folgende Tabelle zeigt die durch Krankheit bedingte Abwesenheit von Männern und Frauen während der Jahre

1949 und 1950 sowie die Durchschnittszahlen für die vorhergehenden zehn Jahre.

TABELLE 23

Abwesenheit von Männern infolge nichtbetriebsbedingter Erkrankung in den USA

Grund	Zahl der Abwesenheitsfälle pro Jahr je 1000 Personen					
	Männer			Frauen		
	1950	∅ 1941–50	1949	1950	∅ 1941–50	1949
Krankheit und nichtbetriebliche Verletzungen	116,8	117,7	95,5	258,4	229,3	254,5
in vH des weibl. Anteils	45	51	38	—	—	—
in vH des männl. Anteils	—	—	—	221	195	266
Nichtbetriebliche Verletzungen (169–195)	13,7	12,1	10,9	19,3	16,2	18,5
Krankheit	103,1	105,6	84,6	239,1	213,1	236,0

Quelle: W. M. Gafafer, D. Sc., *Industrial Sickness Absenteeism among Males and Females during 1950*. Public Health Reports, Bd. 66, Nr. 47, 23. November 1951, S. 1550–51.

Eine andere Untersuchung[2] wurde bei über 300 000 Arbeitern durchgeführt, die in den Vereinigten Staaten und Kanada bei General Motors beschäftigt, und die von der Firma in das »Gruppen-Versicherungsprogramm« für Arbeitskräfte in Stundenlohn aufgenommen worden waren. Sie umfaßte Krankheiten, die in den, dem 31. Juli 1950 vorangegangenen zwölf Monaten begonnen hatten und länger als sieben Tage dauerten.

2. *Non-occupational Disability in General Motors* von J. M. Gillen, Direktor der Personal-Forschungsabteilung, General Motors Corp., Detroit 1951. (Vortrag auf der Medizinischen Konferenz der General-Motors, Atlantic City, N. J., 23. April 1951.) (Siehe Bericht in *Monthly Labour Review*, Januar 1952.)

Männer verloren durchschnittlich 4,2 Tage im Jahr wegen vorübergehender nicht-arbeitsbedingter Krankheit, verglichen mit 14,8 Tagen bei weiblichen Arbeitnehmern (ohne Geburten), oder 17,2 Tagen mit Geburten.

Während des der Untersuchung zugrundegelegten Jahres hatten 87 von je 1000 männlichen Stundenlohn-Arbeitern eine nichtberufliche Krankheit, die länger als sieben Tage dauerte. Eine solche Erkrankung war fast dreimal so häufig unter den versicherten männlichen Arbeitern im Alter von fünfzig und mehr Jahren wie unter jüngeren Männern – nämlich 188 je 1000 der älteren Männer, verglichen mit 67 je 1000 der jüngeren. Weibliche Arbeitskräfte hatten eine Häufigkeitsrate von 239 auf 1000 (ohne Geburten), das ist fast die dreifache der Männer. In den jüngeren Altersgruppen war die Häufigkeitsrate der Frauen fast viermal so hoch wie die der Männer. Nach der Untersuchung war etwa eine von jeweils vier der versicherten weiblichen Arbeitskräfte während des Jahres wegen einer nichtberuflichen Krankheit abwesend, bzw. eine von drei Frauen unter fünfzig Jahren, wenn Krankheitsfälle hinzugezählt werden, die mit einer Schwangerschaft in Verbindung stehen.

Männliche Arbeiter im Stundenlohn verloren im Jahresdurchschnitt 48 Tage je Unterstützungsanspruch in dem betreffenden Jahr; Frauen (ohne Geburtsfälle) verloren im Durchschnitt 62 Tage je Unterstützungsanspruch, das heißt zwei Wochen mehr als die Männer. Junge Männer verloren 41 solcher Tage – 20 weniger als die älteren Männer, während jüngere Frauen 62 Tage verloren – nur 5 Tage weniger als der Durchschnitt der Gruppe der älteren Frauen.

Das Hauptergebnis all dieser und ähnlicher Studien zeigt im Frieden wie im Krieg eine gemeinsame Tendenz: Frauen sind öfters abwesend von der Arbeit als Männer, und ihre gesamte Verlustzeit ist größer; Krankheit ist bei Männern wie bei Frauen der vorherrschende Grund der Abwesenheit, und Erkrankungen, die ein Fernbleiben von der Arbeit zur Folge haben, treten unter Frauen häufiger als unter Männern auf.

Die gleiche Tendenz besteht in anderen Ländern. Ein Zwischenbericht über die Tätigkeit der Nationalen Krankenversicherung in Großbritannien[3] zeigt, daß während des Jahres 1950 Krankheitsunterstützungen für durchschnittlich 1 3/4 Wochen je Mann und fast drei Wochen je Frau gezahlt wurden. Diese Zahlen umfassen alle Arbeitnehmer, bis auf die Staatsbeamten, die durch ein Sondersystem versorgt werden; aber sie beziehen sich nicht auf ein Fernbleiben von der Arbeit, für das keine Versicherungsleistung gezahlt wird, wie ein einzelner Krankheitstag, oder – unter gewissen Umständen – die ersten drei Tage einer Erkrankung.

Das Forschungsamt für betriebliche Gesundheit des *Medical Research Council*[4] schätzte, daß unter Kriegsbedingungen »die Männer im allgemeinen zwischen 5 und 10 vH der möglichen Arbeitsstunden versäumten, Frauen dagegen oft zwischen 8 und 20 vH. In den meisten Betrieben fehlten Frauen mehr als zweimal soviel wie Männer, und verheiratete Frauen mögen bis zu dreimal soviel fehlen wie ledige Frauen«.

Ein schwedisches Komitee, das sich aus Vertretern der Gewerkschaften und Arbeitgeber zusammensetzte, und das 1948 zusammentrat, um die Probleme der Frauenlöhne und die Stellung der Frauen in der Industrie im allgemeinen zu untersuchen, stellte fest, daß – abgesehen von Sonderfällen von Abwesenheit, wie Urlaub, Militärdienst, Schwangerschaft und Niederkunft – Absentismus in der

3. *The National Insurance Act, 1946,* zweiter Zwischenbericht des Government Actuary für das Jahr v. 1. 4. 1950–31. 3. 1951; Juni 1952.

4. *Absence from Work and Prevention of Fatigue. Conditions for Industrial Health and Efficiency. Pamphlet 2,* herausgegeben vom Industrial Health Research Board of the Medical Research Council, *1944.*

schwedischen Industrie bei Frauen doppelt so häufig war wie bei Männern[5].

Absentismus in der Industrie fällt gewöhnlich unter zwei Kategorien: Fehlen durch Krankheit und sogenanntes »vorsätzliches Fernbleiben«. Die zweite Kategorie umfaßt jede Abwesenheit, die nicht durch Krankheit oder Verletzung gerechtfertigt ist. Sie kann daher eine Vielzahl von Ursachen haben: Ermüdung infolge langer Arbeits- und Anfahrtszeiten, Verpflichtungen in Heim und Familie, Wohnungsmangel und hieraus sich ergebende Verkehrsschwierigkeiten, erforderliche Einkäufe – oder es können psychologische Gründe sein, wie fehlende Arbeitslust, mangelndes Interesse an der Arbeit, fehlende Einsicht in die Bedeutung der Arbeit.

Obwohl die Krankheitsrate bei Frauen absolut höher liegt als bei Männern, ergibt sich der große Unterschied in der Zahl der versäumten Arbeitsstunden aus anderen Gründen, die hauptsächlich mit häuslichen Pflichten zusammenhängen. Professor Zweig[6] sagt in diesem Zusammenhang: »Man darf nicht außer acht lassen, daß der Begriff des vorsätzlichen Fernbleibens auf das Verhalten einer Frau kaum sinnvoll angewandt werden kann. Wenn ihr Ehemann oder ihr Kind, ihre Eltern oder Schwiegereltern krank sind, hat sie dann nicht ebenso das Recht, zu Hause zu bleiben, als wenn sie selber krank wäre? Wenn ihre Kinder unbeaufsichtigt herumtoben, weil Schulferien sind, hat sie dann nicht das Recht, ein geeignetes Programm für sie zu machen? Oder wenn ihr Mann in dieser Woche Spät- oder Nachtschicht hat, kann sie ihn doch zu Hause nicht ganz sich selbst überlassen. Der ganze Begriff des vorsätzlichen Fehlens ist doch eine männliche Erfindung zur Verurteilung von Männern, kann aber auf Frauen nicht gleichermaßen angewandt werden.«

5. *Enquiry on Equal Pay in Sweden, International Labour Review*, Juli 1951.

6. a. a. O., S. 118.

TABELLE 24

Arbeitsabwesenheit verheirateter und lediger Frauen in der Industrie Großbritannien

	Arbeitnehmerinnen		
	verheiratet	ledig	insgesamt
Durchschnittszahl der Fälle von Krankheitsabwesenheit je 100 Arbeitnehmerinnen in 6 Monaten	98,2	66,3	84,2
Durchschnittszahl der Krankheitstage je Arbeitnehmerin in 6 Monaten	17,45	10,57	14,45
Durchschnittsdauer der einzelnen Fehlzeit in Tagen	17,8	15,9	17,1
Arbeitnehmerinnen mit mehr als 28 Fehltagen in vH	17,9	9,9	14,4
Entlassungen wegen Arbeitsunfähigkeit laut Attest während der Zeit von 6 Monaten in vH	3,13	1,71	2,49

Krankheitsabwesenheit je Arbeitnehmerin nach Altersgruppen

Alter	Zahl der Fälle von Abwesenheit je Arbeitnehmerin			Verhältnis zwischen	
	verh.	ledig	insgesamt	verheiratet	ledig
15—19	1,03	0,52	0,57	1,98	1,00
20—24	1,06	0,70	0,82	1,51	1,00
25—29	1,07	0,75	0,95	1,43	1,00
30—34	1,04	0,70	0,94	1,49	1,00
35—39	0,95	0,86	0,89	1,40	1,00
40—49	0,86	0,49	0'81	1,76	1,00
50—59	0,61	0,32	0,54	1,91	1,00
	Zahl der Krankheitstage je Arbeitnehmerin				
15—19	18,8	8,3	9,3	2,27	1,00
20—24	18,9	10,9	13,6	1,73	1,00
25—29	16,3	9,8	13,8	1,66	1,00
30—34	18,3	12,4	16,6	1,48	1,00
35—39	17,2	14,3	16,6	1,20	1,00
40—49	17,3	10,9	16,5	1,59	1,00
50—59	13,0	8,5	11,9	1,53	1,00

Quelle: *A Study of Certified Sickness Absence among Women in Industry, Industrial Health Research Board Report* Nr. 86, 1945.

Da Kinder sehr viel häufiger krank sind als Erwachsene, und da sie normalerweise unter der Obhut ihrer Mutter stehen, fehlen verheiratete Frauen – vor allem solche mit Kindern – nicht nur viel häufiger als Männer, sondern auch viel häufiger als ledige Frauen.

Tabelle 24 zeigt die verschiedenen Krankheitsziffern von ledigen und verheirateten Frauen. Bei der Auswertung dieser Zahlen müssen jedoch zwei Faktoren berücksichtigt werden. Erstens ist zu beachten, daß die Zahlen aus der Kriegszeit stammen, wo zahlreiche Ehefrauen, teils aus patriotischen Gründen und teils durch Dienstverpflichtungen, in den Arbeitsprozeß eingereiht wurden, die sonst nicht außerhäuslich gearbeitet hätten. Aus diesem und anderen Gründen – zum Beispiel infolge von Luftangriffen, Nervenüberlastung, Heimaturlaub des Ehemannes oder Freundes usw. – war die Abwesenheitsrate erheblich höher als in normalen Zeiten.

Zweitens sollte man noch folgenden Punkt berücksichtigen, wobei wiederum Professor Zweig[7] zitiert werden kann: »Es läßt sich nicht immer zwischen Abwesenheit wegen Krankheit und vorsätzlicher Abwesenheit unterscheiden, und bei Frauen noch weniger als bei Männern. Die Frau, besonders wenn sie verheiratet ist und Kinder hat, übernimmt sich leicht, und ihr Ehemann, der im allgemeinen nicht allzusehr mit ihrer beruflichen Arbeit einverstanden ist, sieht sie morgens vielleicht prüfend an und sagt: ›Du siehst heute so müde aus, du solltest dich besser einen Tag freimachen!‹ Vielleicht verlangt er sogar, daß sie zu Hause bleibt – und es gibt wohl kaum einen Arzt, der nicht einer verheirateten Frau mit Kindern, die einen überanstrengten Eindruck macht, ein entsprechendes Attest ausstellen würde.«

Die in Tabelle 24 enthaltenen Zahlen sind genügend detailliert, um einige interessante Einzelheiten aufzuzeigen:

7. a. a. O., S. 118.

bei der untersuchten Arbeitnehmerinnengruppe stellte sich heraus, daß auf 16,3 vH der Frauen etwa zwei Drittel der durch Krankheit versäumten Arbeitszeit entfiel.

Ehefrauen fehlten 45 vH häufiger und versäumten 65 vH mehr Arbeitszeit als ledige Frauen. Während der sechsmonatigen Untersuchungsdauer waren 45,3 vH der Frauen nicht wegen Krankheit abwesend, darunter 38,4 vH verheiratete Frauen und 54 vH ledige. Die sehr hohe Gesamtzahl von 84,2 Krankheitsausfällen auf 100 Arbeitnehmerinnen wurde dadurch erreicht, daß einige Frauen mehrmals fehlten.

Eine weitere interessante Tatsache offenbart die Tabelle 24, daß nämlich Frauen der höheren Altersgruppen – verheiratete wie ledige – weniger häufig der Arbeit fernbleiben als die der jüngeren Altersgruppen. Sowohl die verheirateten als auch die ledigen Frauen zwischen 50 und 59 Jahren schneiden dabei besonders gut ab.

Da die Zunahme der weiblichen Arbeitskräfte in den letzten Jahren weitgehend auf die Rückkehr von Frauen im Alter von 40 und mehr Jahren in den Arbeitsprozeß zurückzuführen ist, scheint die Annahme berechtigt, daß sich infolgedessen die Anwesenheitsziffer von Frauen insgesamt verbessern wird.

Dr. Anna M. Baetjer von der Johns Hopkins Universität[8] hat amerikanische Zahlen untersucht und die Gründe analysiert, die Frauen zum Fernbleiben vom Arbeitsplatz veranlaßten. Sie erklärt, daß die höheren Krankenzahlen bei Frauen »anscheinend nicht auf einer größeren Anfälligkeit des weiblichen Geschlechts beruhen, weil die Sterblichkeitsziffern der Männer in allen Altersgruppen höher sind als die der Frauen«, und daß die Abwesenheit wegen Krankheit »sich nicht auf solche Krankheiten beschränkt, die mit den Geschlechtsfunktionen der Frau zusammenhängen, sondern sich auf Krankheiten erstreckt, von denen beide

8. A. M. Baetjer, *Women in Industry*, London und Philadelphia 1946.

Geschlechter befallen werden«. Sie hat festgestellt, daß »die häufigsten zum Fernbleiben von der Arbeit führenden Erkrankungen solche der Atmungsorgane waren, die bei etwa 50 vH der Krankheitsfälle, wie auch der jährlich verlorenen Arbeitstage vorlagen, und ferner Erkrankungen der Verdauungsorgane, die für fast 20 vH der Fälle verantwortlich waren.«

Dr. Baetjers Feststellung, daß Frauen häufiger krank sind und daher auch mehr Arbeitszeit versäumen, daß sie aber auch kürzer fehlen, entspricht den allgemeinen Beobachtungen in der Bevölkerung und wird auch von Zahlen bestätigt, die für das weibliche Hilfskorps der britischen Armee erarbeitet wurden.

»Die Häufigkeit kürzerer Erkrankungen«, heißt es in Dr. Baetjers Bericht, »scheint mit steigendem Alter abzunehmen, obwohl die durchschnittliche Krankheitsdauer je Krankheitsfall zunimmt. Da diese beiden Faktoren sich gegenseitig ausgleichen, verändert sich mit dem Alter die Zahl der jährlich versäumten Arbeitstage nicht wesentlich, ausgenommen in den höheren Altersgruppen. Das mag teilweise damit zusammenhängen, daß die Frauen, die häufiger erkranken, schon in jüngeren Jahren geneigt sind, die Arbeit aufzugeben, so daß eine ausgewählte Gruppe von Frauen mittleren Alters übrig bleibt ... Die Beschäftigung von Frauen mittleren Alters drückt daher die Häufigkeit der Krankheitsfälle herab und erhöht die Zahl der jährlich durch Krankheit verlorengegangenen Arbeitstage kaum.«

Die Beschäftigungsdauer scheint ebenfalls selektiv zu wirken: »Frauen, die länger beschäftigt waren, nahmen seltener Krankheitsurlaub in Anspruch, was wahrscheinlich sowohl einen Selektionsprozeß als auch eine andere Altersverteilung widerspiegelt.«

Unter den verschiedenen Ursachen, auf die Dr. Baetjer die vermehrte Abwesenheit der Frauen wegen Krankheit zurückführte, verdient auch die folgende erwähnt zu werden: »Daß Frauen soviel häufiger als Männer wegen Krankheit ihrem Arbeitsplatz fernbleiben, hängt vielleicht lediglich damit zusammen, daß Frauen ihre leichteren Erkrankungen ernster nehmen als Männer es tun. Dieser Gedanke wird von der Tatsache bestätigt, daß Frauen durchschnittlich kürzer wegen Krankheit abwesend sind als Männer. Viele Leute glauben, die übermäßige Arbeitsversäumnis durch Krankheit unter den Industriearbeiterinnen sei darauf zurückzuführen, daß die Frauen häufig versuchen, zwei Berufe auf einmal auszufüllen, nämlich ihren Beruf in der Industrie und ihren Beruf als Hausfrau. Zum Teil mag das häufige Fehlen von Frauen am Arbeitsplatz auch daran liegen, daß sie ihre Arbeit weniger ernst nehmen, so daß sie sich schon bei leichten Beschwerden frei nehmen, oder grundloses Fernbleiben häufiger als Männer mit Krankheit entschuldigen. Manches deutet darauf hin, daß Frauen leichter für nervöse und seelische Störungen anfällig sind als Männer, aber man weiß nicht, wie weit mangelnde emotionelle Anpassung für häufige Erkrankungen verantwortlich ist. Schließlich haben manche die überhäufige Abwesenheit von Frauen wegen Krankheit auf ihre kargeren Ernährungsgewohnheiten zurückgeführt, aber gegenwärtig gibt es nur wenig Anhaltspunkte, um diese Vermutung zu beweisen.«

Angesichts der oben erwähnten verschiedenartigen Ursachen der Arbeitsversäumnis überrascht es nicht, festzustellen, daß Ausfälle bei Arbeitnehmerinnen, die nur Teilzeitarbeit verrichten, erheblich seltener vorkommen. Die für eine Fabrik veröffentlichten Vergleichszahlen[9] lauten 1,83 vH für Teilzeitarbeiterinnen zu 3,3 vH für verheiratete, vollbeschäftigte Arbeiterinnen.

Bisher haben wir nur Zahlen für Industriearbeiterinnen angeführt, teils wegen der Fülle des Quellenmaterials über dieses Thema und teils, weil hier die Arbeitsbedingungen

9. *Manchester Guardian*, 1942.

für Männer und Frauen besser vergleichbar sind als in vielen anderen Arbeitsbereichen. Darüber hinaus bildet das Fernbleiben vom Arbeitsplatz – wie die große Zahl der vorliegenden Untersuchungen schon andeutet – gerade für die Industrie ein ernstliches Problem wegen der großen Zahl weiblicher Arbeitnehmer, und weil solche Ausfälle hier häufiger sind als in anderen Beschäftigungszweigen.

Auch nicht-industrielle Arbeitsbereiche verzeichnen mehr Arbeitsausfälle bei Frauen als bei Männern, obwohl hier die Abwesenheitsrate der Frauen im großen und ganzen niedriger ist. Oft sind aus den verschiedensten Gründen keine genauen Zahlen verfügbar, und wir können nur einige zufällige Beispiele anführen, um die allgemeine Tendenz aufzuzeigen. Es muß auch erwähnt werden, daß Arbeitsversäumnisse aus anderen als Krankheitsgründen meistens nicht vermerkt werden; sie wären auch äußerst schwer zu erfassen. Eine Staatsbeamtin zum Beispiel, die für Einkäufe oder aus familiären Gründen einen freien Tag haben möchte, wird diesen Tag von ihrem Jahresurlaub nehmen und diesen entsprechend verkürzen. Da ihr womöglich vier, fünf oder – in höheren Positionen – gar sechs Wochen Jahresurlaub zustehen, hat sie eine ganze Reihe von freien Tagen zur Verfügung. Wenn sie also aus anderen Gründen als solchen, für die sie ein ärztliches Attest vorlegen kann, der Arbeit fernbleibt, erscheint das in keiner Statistik; denn diese Tage fallen unter die Rubrik »Jahresurlaub«, und natürlich gibt es keine Nachweise darüber, wie männliche oder weibliche Staatsbeamte die ihnen gesetzlich zustehenden Urlaubstage aufteilen, das heißt, ob sie sich einzelne Tage frei nehmen, weil sie sie zum Einkaufen brauchen oder weil ein Familienangehöriger krank ist, weil sie eine Tagung besuchen, ein Fußballspiel sehen oder an die See fahren wollen.

In einigen anderen Behörden wird den Angestellten jährlich eine bestimmte Zahl von Tagen als Krankheitsurlaub

zugebilligt. Das trifft beispielsweise auf alle Personen zu, die nach den Bestimmungen des amerikanischen Staatsdienstes beschäftigt werden. Diesen steht ein jährlicher Krankheitsurlaub von höchstens 15 Tagen zu, die man wiederum bis zu insgesamt 90 Tagen zusammenlegen kann. Dieses Verfahren läßt gleichfalls einen weiten Spielraum für unregelmäßiges Fernbleiben vom Dienst, das nicht belegt werden muß, und verwischt das Problem der Ausfälle bei den Angehörigen des öffentlichen Dienstes.
Für den britischen Staatsdienst lassen die folgenden Zahlen aus 63 Ministerial-Abteilungen erkennen, wie sich die Abwesenheit wegen Krankheit im Jahre 1943 auf Männer und Frauen verteilt:

TABELLE 25

Durch Krankheit versäumte Arbeitstage pro Jahr (1943) bei planmäßigen Staatsbediensteten in Großbritannien

Männer		Frauen		
Höherer Dienst	Mittlerer Dienst	Höherer Dienst	Mittlerer Dienst	Bürohilfskräfte
(11 524)	(10 307)	(3 249)	(6 358)	(713)
11,6	15,39	15,8	17,8	22,2

Quelle: *Royal Commission on Equal Pay 1944–46*, Apendix IV, 1946, Cmd. 6937.

Verheiratete Frauen sind in den obigen Zahlen nicht enthalten, weil sie vor Aufhebung der Heiratsklausel im Jahre 1946 nicht in Planstellen des Öffentlichen Dienstes übernommen werden durften.
In Schweden wurde in der Zeit zwischen den Kriegen verschiedentlich das Problem der Ausfälle im Staatsdienst untersucht. Ausgehend von einer der ersten Untersuchungen dieser Art berechnete man, daß während einer Gesamtdienstzeit von 35 Jahren der Mehrausfall einer Frau

gegenüber einem Mann durchschnittlich etwa ein Jahr betragen würde. (Männer: 860,85 Tage; Frauen: 1222,1 Tage.) Spätere Untersuchungen zeigten ebenfalls einen auffälligen Unterschied in der Zahl der Krankheitstage von Männern und Frauen. Frauen versäumen aus Krankheitsgründen mehr Arbeitstage als Männer, und verheiratete Frauen wiederum mehr als ledige. Als diese Fragen von der Kgl. Kommission für Frauenarbeit besprochen wurden, wies man jedoch darauf hin, daß eine relativ größere Zahl von Frauen in den unteren Dienststufen arbeiteten und daher nur Anspruch auf einen kürzeren Jahresurlaub als viele Männer mit den gleichen Dienstjahren hatten.

Verhältnismäßig wenig Material liegt über Dienstabwesenheit von Lehrern vor, obwohl gerade bei diesem Beruf ein Vergleich zwischen beiden Geschlechtern auf gleicher Basis sehr wohl möglich wäre. Einige Städte haben jedoch hierüber Bericht erstattet.

Die Stadt Cincinnati führte über einen Zeitraum von zehn Jahren (1939–1948) eine Stichproben-Erhebung durch, die insgesamt 3274 Lehrerinnen und 726 Lehrer erfaßte. Nach diesem Bericht fehlten Männer im Jahresdurchschnitt 2,9 Tage wegen Krankheit und Frauen 5,2 Tage. Insgesamt betrug der Arbeitsausfall aus verschiedensten Gründen bei Männern 3,4 Tage und bei Frauen 6,1 Tage.

Erziehungsausschuß Sheffield

Prozentsatz der an jedem Schultage abwesenden Lehrer, 1943–44

	Eigene Krankheit vH	Andere Ursachen vH	Insgesamt vH
Ledige Frauen	2,57	0,30	2,87
Verheiratete Frauen	2,50	1,16	3,66
Frauen insgesamt	2,55	0,54	3,09
Männer	2,40	0,22	2,61
Lehrkräfte insgesamt	2,52	0,48	3,00

Städtische Schulen London
Durchschnitt der versäumten Arbeitstage pro Jahr

Männer	Ledige Frauen	Verheiratete Frauen
4	8	11

Die vorstehenden Zahlen über die Dienstabwesenheit von Lehrern wurden im Bericht des Britischen Kgl. Untersuchungsausschusses für gleiche Entlohnung *(Royal Commission on Equal Pay)* veröffentlicht.
Der Unterschied zwischen dem Dienstausfall von ledigen und verheirateten Frauen scheint vorwiegend auf Erkrankungen des Ehemannes und der Kinder zu beruhen. Wie die obige Tabelle zeigt, überwiegt die Zahl der verheirateten Frauen die der anderen Kategorien vor allem in der Gruppe der Abwesenheit aus »anderen Gründen« und nicht wegen eigener Erkrankung. (Wochenbetturlaub ist in den obigen Zahlen nicht enthalten.)
Als die schwedischen Lehrerinnen gleiche Bezahlung verlangten, führten ihre Gegner die Frage der Dienstabwesenheit ins Feld. Daraufhin wurde eine besondere Untersuchung durchgeführt, die folgende Ergebnisse zeigte (Zahlen von 1937):

TABELLE 26

Krankheitsurlaub schwedischer Lehrkräfte

	Gesamtzahl der Befragten	Anteil der wegen Krankheit im Jahr Beurlaubten in vH	Zahl der Krankheitstage bezogen auf alle Lehrer	Zahl der Krankheitstage bezogen auf jeden erkrankten Lehrer
Lehrer	8 011	12,7	5,5	43,0
Lehrerinnen, ledig	3 663	23,9	14,1	58,9
Lehrerinnen, verh.	1 889	32,6	14,8	45,4

In dem Bemühen, die höhere Zahl der Fälle von Krankheitsurlaub bei den verheirateten Frauen zu erklären, wurde darauf hingewiesen, daß es einer verheirateten Frau leichter möglich ist, einen Tag oder zwei im Bett zu bleiben, weil sie oft eine Hausangestellte oder auf jeden Fall ihren Ehemann hat, der sich um sie kümmern kann, als etwa einer ledigen Frau, die alles selber machen muß. Dagegen wurde die Tatsache, daß ledige Lehrerinnen eine beträchtlich längere Zeit wegen Krankheit ausfielen, mit nervösen und gastrischen Leiden oder Erschöpfungszuständen erklärt, die alle von einer starken nervlichen Belastung zu zeugen scheinen.

Wir haben diese Zahlen so ausführlich dargelegt, weil es uns zum vollen Verständnis notwendig scheint zu erkennen, daß einer der Haupteinwände gegen die Beschäftigung von Frauen nicht bloß auf Vorurteilen beruht, sondern auf tatsächlicher Erfahrung. Die Statistiken zeigen unmißverständlich, daß – selbst unter angemessener Berücksichtigung aller Abweichungen in den verschiedenen Berufen – in allen Arbeitsbereichen Frauen häufiger der Arbeit fernbleiben als Männer.

Das ist jedoch nur eine Seite des Problems, und man muß noch andere Faktoren beachten, wenn man diese Frage richtig einschätzen will. Es ist zum Beispiel recht und billig zu betonen, daß Personen in verantwortlicheren Stellungen weniger geneigt sind, der Arbeit fernzubleiben, als solche, die eine geringere Verantwortung tragen; daß ein gutes Betriebsklima auch die Zahl der Ausfälle absinken läßt; daß reifere Frauen und solche, die schon länger erwerbstätig sind, ihrer Arbeit im allgemeinen regelmäßiger nachgehen als jüngere und noch unerfahrene Frauen. Im Jahre 1943 erklärte der damalige britische Arbeitsminister, Ernest Bevin, vor dem Parlament: »Aus praktischer Erfahrung läßt sich sagen, daß Frauen, die im mittleren Alter eine Arbeit annehmen, weniger fehlen und mehr leisten.« Bevin erinnerte dann daran, daß er zu Beginn seiner Amtszeit einmal die Arbeitgeber zwingen mußte, Frauen über 40 Jahren einzustellen, und er fuhr fort: »Ich bin froh, daß ich das getan habe. Die Arbeitgeber haben inzwischen festgestellt, daß der ausgleichende Einfluß der Frau im mittleren Alter in den Betrieben sehr erfolgreich gewirkt hat und für alle Beteiligten von großem Nutzen war.«

Es mag auch ein gutes Teil Wahrheit in Professor Zweigs Behauptung[10] liegen, daß verheiratete Frauen, und besonders die mit Kindern zu Hause, eigentlich nur Teilzeitarbeit suchen und Ganztagsarbeit nur deswegen annehmen, weil keine Teilzeitarbeit zu bekommen ist. Sie werden, erklärt Professor Zweig, nach Möglichkeit versuchen, eine ganztägige Beschäftigung in eine Teilzeitarbeit umzuwandeln, und wenn sie nicht – wie es in einigen Betrieben geschieht – wenigstens einen halben Tag für Einkäufe und andere häusliche Pflichten freibekommen, werden sie dazu neigen, sich auf eigene Kappe freizunehmen, um zu vermeiden, daß ihr Wochenende mit Hausarbeit überlastet wird.

Eine gewisse Laxheit hinsichtlich regelmäßiger Anwesenheit bei ganztägiger Arbeitszeit kann auch ein Zeichen von Unreife in der Einstellung mancher Frauen zu ihrer Arbeit sein, die sich natürlich in einer Periode der Vollbeschäftigung stärker auszuwirken vermag. Da ihre Männer arbeiten und gutes Geld verdienen, und da sie wissen, daß sie notfalls praktisch immer eine neue Stellung finden können, fühlen sich die Frauen – sofern nicht ihre Arbeit besonders anziehend ist oder der Arbeitsplatz sich in der Nähe ihrer Wohnung befindet oder ihnen andere Vorteile bietet – weniger veranlaßt, sich nach Kräften anzustrengen, um ihre Stellung zu behalten, als sie es tun müßten, wenn ihr Lebensunterhalt davon abhinge.

DER ARBEITSPLATZWECHSEL

Die gleichen Faktoren beeinflussen auch den Arbeitsplatzwechsel, der bei Frauen wesentlich häufiger ist als bei Män-

10. a. a. O., S. 119.

nern, und der für die Arbeitgeber weiblicher Arbeitskräfte oft ein ernstes Problem bildet. Stellungswechsel sind bei Frauen durchschnittlich um 50–60 vH (wenn nicht noch mehr) häufiger als bei Männern. Es kommt sogar vor, beispielsweise in der Textilindustrie, die eine große Zahl von Frauen beschäftigt, daß die gesamte Belegschaft einer Fabrik im Laufe eines Jahres wechselt, also ein Abgang von 100 Prozent[11].

Aus den vom amerikanischen Arbeitsministerium veröffentlichten Zahlen ergibt sich im wesentlichen das gleiche Bild wie aus denen des britischen Arbeitsministeriums. Die durchschnittliche Beschäftigungsdauer betrug in den USA im Januar 1951 3,9 Jahre für Männer und 2,2 Jahre für Frauen[12]. Während zu diesem Zeitpunkt 25 vH der Männer schon wenigstens zehn Jahre bei dem gleichen Arbeitgeber tätig waren, konnten nur 14 vH der Frauen auf eine so lange Zeit an demselben Arbeitsplatz zurückblicken. (Das liegt natürlich teilweise daran, daß viele Frauen noch nicht so lange im Erwerbsleben stehen.)

Jüngere Frauen wechseln selbstverständlich häufiger ihre Stellung als ältere. Die durchschnittliche Beschäftigungsdauer älterer Frauen bei dem gleichen Arbeitgeber übertrifft, ungeachtet ihres Familienstandes, die aller anderen Gruppen. Diese Zeitspanne belief sich im Jahre 1951 auf vier Jahre bei Frauen von 45–54 Jahren und auf 4,5 Jahre bei Frauen von 55–64 Jahren.

Natürlich ist es für ein junges Mädchen viel leichter, eine neue Stellung zu finden, als etwa für eine Frau über vierzig. Daher wird diese sich die größte Mühe geben, ihre gegenwärtige Stellung zu behalten. In dieser Beziehung spiegeln sich in der unterschiedlichen Häufigkeit des Stellen-

11. vgl. auch: Viola Klein, *Britain's Married Women Workers*, London u. New York 1965.

12. *Facts on Women Workers*, Women's Bureau, *Department of Labor*, März 1952.

wechsels von jüngeren und älteren Arbeitnehmerinnen Angebot und Nachfrage auf dem Arbeitsmarkt wider.

Die Hauptgründe jedoch für den stärkeren Wechsel weiblicher Arbeitskräfte betreffen naturgemäß vor allem die jüngeren Altersgruppen: Viele Frauen geben bei der Heirat ihre Stellung auf, oder wenn sie ihr erstes Kind bekommen, oder wenn sich die Stellung des Ehemannes verbessert; manche ziehen vielleicht an einen anderen Ort, wenn sie heiraten oder wenn der Ehemann versetzt wird; oder sie müssen die Stellung wegen Schwangerschaft oder familiärer Pflichten aufgeben.

Zu all diesen Gründen kommt noch die Tatsache – oder sie steht vielmehr hinter den meisten von ihnen –, daß die meisten Frauen bisher wenig Sinn für eine Berufslaufbahn haben und daher hinsichtlich der Dauer ihrer Beschäftigung eine etwas laxe Haltung zeigen. Viele halten ihren Beruf nur für eine Übergangsbeschäftigung, bis sie heiraten. In der Überzeugung, daß sie ihn nicht lange ausüben müssen, und ohne an die späteren Jahre zu denken, interessieren sie sich oft nicht für ein bestimmtes Arbeitsgebiet, sondern sind bereit, jede freie Stelle anzunehmen, die ihnen im Augenblick geeignet erscheint – oft aus zufälligen Gründen, zum Beispiel, weil der Betrieb nicht weit von zu Hause ist, oder weil dort eine Freundin arbeitet, oder weil es eine saubere Arbeit ist usw.

Aus ähnlich zufälligen Gründen wechseln Frauen oft den Arbeitsplatz, wenn ihnen die Atmosphäre oder der Vorarbeiter nicht zusagt, wenn sie nicht mit den Kollegen auskommen, wenn sie sich langweilen, oder wenn sich ihnen eine bessere Gelegenheit bietet. Da es heutzutage viel mehr offene Stellen für junge Mädchen gibt, als junge Mädchen dafür verfügbar sind, ist es nicht schwer zu verstehen, warum sie so oft den Arbeitsplatz wechseln. Frauen passen sich gewöhnlich veränderten Verhältnissen leichter an als Männer; ihre Bereitwilligkeit, auch die Verhältnisse selbst zu ändern, ist nur die Kehrseite der gleichen Fähigkeit.

Außerdem darf nicht übersehen werden, daß mangelnder Sinn für eine kontinuierliche Laufbahn oder fehlende Beständigkeit gegenüber dem einmal gewählten Beruf – Erscheinungen, die oft auch bei Frauen mit hohen Qualifikationen zu finden sind – sich mit der Kollektiverfahrung der Frauen verbindet, daß sie nur geringe Aufstiegsmöglichkeiten haben, es sei denn, sie hätten ganz außergewöhnliche Charaktereigenschaften und dazu viel Glück. Nach der Heirat wird ihre Ausdauer im Beruf überdies durch die amtliche Politik – etwa durch höhere Besteuerung – nahezu in allen Ländern entmutigt. Schließlich wissen sie auch nur zu genau, daß – wie groß auch im Augenblick die Nachfrage nach ihnen sein mag – sie in Krisenzeiten die ersten sind, die überflüssig werden. In dieser Hinsicht gleichen sie anderen sozialen Gruppen mit ähnlichen Erfahrungen in der Vergangenheit, so zum Beispiel den Bergleuten, die selbst in einer Zeit der Vollbeschäftigung immer noch von der Kollektiverinnerung an frühere Wirtschaftskrisen verfolgt werden. Daß das nicht nur Schatten der Vergangenheit sind, wird den Frauen immer wieder nahegebracht. Als 1952 beispielsweise die ersten Zeichen einer gewissen konjunkturellen Abschwächung bemerkbar wurden, wurde im britischen Verband der Staatsbediensteten der Antrag eingebracht, den weiblichen Beamten die Weiterbeschäftigung nach der Heirat erneut zu versagen. Dieser Antrag wurde zwar nach langer und lebhafter Diskussion abgelehnt, aber es ist doch zweifellos symptomatisch für ihre ungesicherte Berufsstellung, daß die Frauen bei drohenden wirtschaftlichen Schwierigkeiten immer als erster »Ballast« abgestoßen werden sollen. Das ist jedoch nicht überraschend, weil der Verdienst der Frauen noch immer als »Aufbesserung« des Familieneinkommens angesehen wird. Die Folge davon ist bei den Frauen das Gefühl, nur einen schwachen Rückhalt an irgendeiner Berufslaufbahn zu haben.

Abgesehen von solchen gelegentlichen Erinnerungen an

ihre unsichere und ungleiche Lage auf dem Arbeitsmarkt gibt es für die Frau noch die ständige Mahnung, daß sie für die gleiche Arbeit einen geringeren Lohn als der Mann erhält. Diese ungleiche Bezahlung, die sich auf alle Löhne, die meisten Gehälter, Zuschüsse für Lebenshaltungskosten und auf alle kollektiven Zulagen auswirkt, die zwischen den Arbeitgebern und den Gewerkschaften ausgehandelt werden, verewigt bei den Frauen das Gefühl, daß ihre Arbeit nicht für vollwertig gehalten wird, und daß sie als Arbeitskräfte nicht so ernst genommen werden wie die Männer. Das hat die psychologische Wirkung, daß sie sich selbst, bewußt oder unbewußt, nicht verpflichtet fühlen, ihre Arbeit so ernst zu nehmen wie die Männer es tun.

In Großbritannien besteht seit 1957 Gleichheit der Bezüge im Öffentlichen Dienst und im Lehrberuf. In den Vereinigten Staaten wurde das Gleichheitsprinzip – gleicher Lohn für gleiche Arbeit – durch den Classification Act von 1923 eingeführt, und seitdem sind Frauen im Bundesdienst, jedoch nicht in privaten Arbeitsverhältnissen, auf derselben Basis wie Männer bezahlt worden. Trotzdem hat eine 1959 von der Civil Service Commission durchgeführte Berufsstatistik über Schreibtischberufe aufgedeckt, daß 79 vH aller weiblichen Angestellten gegenüber 28 vH der männlichen in den fünf untersten Gehaltsgruppen eingestuft waren; dementsprechend waren umso weniger Frauen vertreten, je höher man auf der Beförderungsleiter stieg. Die Einstufung von Frauen in den nichtgehobenen Berufen war durchschnittlich drei Stufen niedriger als die von Männern; in Fachberufen lag sie sogar vier Stufen darunter[13]. Obgleich inzwischen gesetzliche Maßnahmen getroffen wurden – mit Durchführungsverordnung des Präsidenten vom Juli 1962 zur Beseitigung von Diskriminierungen bei Ernennung und Beförderung von Frauen im

13. Einzelheiten siehe *Report of the Committee of Federal Employment to the President's Commission on the Status of Women*, Washington, Oktober 1963.

Bundesdienst sowie durch das Gesetz zur Einführung gleicher Entlohnung von 1963, das dieses Prinzip auch für die Privatwirtschaft einführte –, ist es noch nicht möglich, die langfristigen Auswirkungen dieser Maßnahmen abzuschätzen.

Im französischen Staatsdienst ist die gleiche Bezahlung schon seit langem eingeführt, und seit 1946 gibt es auch einen Mindestlohn gleicher Höhe, den das Gesetz für alle Berufe vorschreibt. Dennoch stellte man noch 1953 fest, daß die Durchschnittslöhne von Männern und Frauen um nicht weniger als 40 vH differierten, weil Frauen meist in untergeordneten Stellungen oder in herkömmlich schlecht entlohnten Gewerbezweigen, etwa in der Bekleidungsindustrie, beschäftigt waren[14].

Hier schließt sich also der Teufelskreis: Die ungleiche Entlohnung vermindert bei den Frauen den beruflichen Ehrgeiz und trägt dazu bei, daß sie leichter den Arbeitsplatz wechseln – andererseits aber ist der häufigere Stellungswechsel einer der Hauptgründe dafür, warum sie schlechter bezahlt werden und auf Schwierigkeiten stoßen, wenn es um eine Beförderung geht. Denn natürlich erhöht ein häufiger Personalwechsel die laufenden Betriebsunkosten, führt zu Zeitverlusten und geringerer Leistung und schädigt – wie ständiges Fehlen – die Arbeitsmoral der Belegschaft.

Die größere Unrast weiblicher Arbeitnehmer hat wesentlich größere Konsequenzen, wenn sie in einem weiteren Rahmen gesehen wird. Die Bereitschaft der Frauen, nicht nur leichten Herzens ihre Stellung zu wechseln, sondern auch ihren Beruf aufzugeben, bewirkt eine soziale und wirtschaftliche Verschwendung.

Wenn das für alle Frauen gilt, so trifft es ganz besonders auf die Frauen zu, deren Beruf eine lange oder kostspielige Ausbildung erfordert. Es ist wirklich erstaunlich, daß

14. Vgl. M. Guilbert und V. Isambert-Jamati, a. a. O.

Eltern, Arbeitgeber und Schulbehörden nicht noch weniger willens sind, Zeit und Geld in die höhere Schulbildung oder die Fachausbildung von Mädchen zu stecken angesichts der kurzen Zeitspanne, während derer die meisten wahrscheinlich von den erworbenen Kenntnissen Gebrauch machen. Man hat von den Frauen im Staatsdienst gesagt – mit wieviel Berechtigung, ist schwer zu beurteilen –, daß sie während der ersten Jahre ihrer Beschäftigung nicht das Geld wert sind, das sie verdienen; wenn sie dann aber anfangen, vollwertige Kräfte zu sein, scheiden sie aus, um zu heiraten. Eine genaue Untersuchung über die Wirtschaftlichkeit von Arbeitskräften müßte eingehende Berechnungen der Investitionen an Zeit und Geld anstellen, die zur Ausbildung der verschiedenen Arbeitnehmergruppen erforderlich sind und gleichzeitig feststellen, was diese Investierungen einbringen. Daß Frauen oft ihre Ausbildung so einfach verschwenden, hat sicherlich Anlaß zu ernster Kritik gegeben und außerdem – ob voll berechtigt oder nicht – die Beförderungsaussichten jener Frauen stark beeinträchtigt, die auf eigenen Füßen stehen wollen und die hoffen, in ihrem Beruf vorwärtszukommen.

In den Auseinandersetzungen über die gleiche Entlohnung von Frauen spielen diese Argumente eine große Rolle. Man führt auch an, daß Frauen besondere Beaufsichtigung und mehr soziale Betreuung brauchen als Männer, wodurch die Produktionskosten steigen; daß sie zwar mehr Entgegenkommen seitens der Betriebsleitung und größere Rücksichtnahme auf ihren Haushalt erwarten, selbst aber recht unbeweglich sind. Das heißt, man kann sie weniger leicht auf einen anderen Posten versetzen und ihnen nur begrenzt andere Aufgaben übertragen – und das vor allem der traditionellen Aufgabenteilung zwischen den Geschlechtern wegen, durch die immer noch viele Arbeitsbereiche den Frauen verschlossen sind. In dieser Hinsicht hat sich jedoch die Einstellung in den letzten Jahren verändert, und die Zahl der den Frauen zugänglichen Berufe hat sich erheblich vergrößert. Sicherlich stimmt es aber, daß die Frau mehr an einen Ort gebunden ist, daß sie in der Regel bei ihrer Familie bleibt und nicht ihren Haushalt auflöst und anderswo hinzieht, wenn und wann immer der Beruf es von ihr verlangt. Obwohl einige bedeutende Frauen in führenden Positionen hierin eine Ausnahme bilden, ist die größere Unbeweglichkeit der Frau zweifellos ein Faktor, mit dem man rechnen muß.

All diese Unzulänglichkeiten weiblicher Arbeitnehmer im Vergleich zu denen der Männer bewirken den allgemeinen Eindruck, daß nach wirtschaftlichen Maßstäben der Wert der weiblichen Arbeitskräfte unter den gegenwärtigen Verhältnissen nicht nur niedriger als der einer gleichen Anzahl von Männern ist, sondern auch niedriger, als er sein könnte. Man kann kaum die Schlußfolgerung umgehen, daß die Frauen bis jetzt noch nicht voll in unser Wirtschaftssystem einbezogen sind.

WELCHE VERBESSERUNGEN SIND SOGLEICH MÖGLICH?

Einem späteren Kapitel ist es vorbehalten, jene Sozialreformen zu erörtern, die nötig sind, damit die Frau ihr volles Gewicht in Industrie, Handel und freien Berufen in die Waagschale werfen kann. Hier werden wir lediglich untersuchen, was unter den gegenwärtigen Umständen getan werden kann, um die Leistungsfähgkeit der weiblichen Arbeitskräfte zu erhöhen.

Wir können wiederum nichts Besseres tun, als die Broschüre über »das Problem des Absentismus« (*The Problem of Absenteeism*) vom Britischen Arbeitsministerium anzuführen. »Es wäre von Vorteil für die Betriebsführungen«, heißt es dort, »wenn sie freimütig anerkennen würden, daß es nicht angeht, viele Arbeitskräfte – und besonders Frauen – Woche für Woche fünfeinhalb Tage arbeiten oder Überstunden machen zu lassen, wenn sie obendrein täglich zwei bis drei Stunden oder mehr für die An- und Abfahrt, womöglich in einem überfüllten Bus oder Zug und bei jedem Wetter benötigen – oder wenn sie noch einen Haushalt und kleine Kinder zu versorgen haben. Viel könnte wahrscheinlich dadurch erreicht werden, daß man die Arbeit bzw. die Arbeitskräfte in den Betrieben in der Weise neu einteilt, daß diejenigen, die besondere Arbeitszeiten brauchen, auch so beschäftigt werden, daß sie die Arbeit der anderen nicht desorganisieren. Es könnte auch statt dessen erwogen werden, für die Frauen ein rotierendes System einzuführen, so daß jede Arbeiterin einen Tag der Woche – über den Sonntag hinaus – frei hat. Der letzte Vorschlag würde besonders für verheiratete Frauen von unbestreitbarem Wert sein.«

Diese Sätze wurden während des Krieges geschrieben. Damals bezweifelte niemand, daß die Frauen für die Kriegsanstrengungen der Nation einen wertvollen Beitrag leisteten. Es war ganz klar, daß die Frauen gebraucht wurden, und die Regierung, die lokalen Behörden und die Arbeitgeber machten alle erdenklichen Anstrengungen, um ihnen die Arbeit außerhalb des eigenen Heims zu ermöglichen. Als wieder friedliche Zeiten heraufzogen, war man dieser Frage gegenüber weit weniger aufgeschlossen. Vor allem die Männer scheinen die neue Entwicklung nur mit gemischten Gefühlen beobachtet zu haben. Teils fürchteten sie wohl die weibliche Konkurrenz in der kommenden Zeit ungewisser wirtschaftlicher Entwicklung, und teils wünschten sie wohl auch, daß ihre Frauen sich den ganzen Tag um den Haushalt kümmerten.

Schlaglichtartig wurde diese Einstellung beleuchtet in der Debatte, die im September 1943 über die Frage der Arbeitskräfte im britischen Unterhaus stattfand. Eine Regierungsvorlage sah vor, daß Frauen von 45 bis 51 Jahren dienstverpflichtet werden sollten. Diese Absicht beschäftigte die Öffentlichkeit und die Presse äußerst lebhaft, und die Wogen der Gefühle gingen hoch. Aber die Debatte im Unterhaus enthüllte eine interessante Scheidung der Geschlechter: Nur unter den Männern wurden Stimmen laut, die das Bild der Mütterlichkeit heraufbeschworen und gefühlvoll von den Hausfrauen sprachen, die die »Hauptlast tragen« und »die großartige Arbeit auf sich nehmen, Haus und Herd in unserem Lande zusammenzuhalten«, usw. Dagegen unterstützten alle weiblichen Abgeordneten die Vorlage Bevins; und Eleanor Rathbone, selbst eine ehrwürdige und verehrte Frauenführerin, trat sogar dafür ein, alle Frauen bis zum Alter von 65 Jahren zu rekrutieren.

Die geteilten Meinungen in der Frage der Frauenarbeit zeigen sich in den nur mit halbem Herzen getroffenen Maßnahmen nach dem Kriege, die es verheirateten Frauen leichter machen sollten, Arbeit außerhalb ihres Heimes anzunehmen. Zwar hat man in allen westlichen Ländern einige Vorkehrungen getroffen, um die Arbeit der Frau auf ihre speziellen Bedürfnisse abzustimmen. Aber die erzielten Fortschritte sind nicht das Ergebnis von planmäßigen Bemühungen um die Lösung eines vorher vernünftig untersuchten Problems. In Großbritannien und in den Vereinigten Staaten, wo man besonders unmittelbar nach Kriegsende stark danach strebte, wieder zum »Normalzustand« zurückzukehren, schloß man Tageskindergärten – ungeachtet der Vollbeschäftigung und des Arbeitskräftemangels; Teilzeitarbeit war zwar sehr begehrt, wurde aber kaum angeboten, es sei denn, der Arbeitskräftemangel war so akut, daß selbst eine halbe Arbeitskraft immer noch besser erschien als gar keine, und man so, wenn auch widerstrebend, einige notwendige Umorganisationen durchführte.

TEILZEITARBEIT

Verglichen mit der starken Nachfrage ist das Angebot an Stellen in »halber Packung« verhältnismäßig klein, obwohl es in den letzten 30 bis 40 Jahren ständig zugenommen hat. Der Mangel an Arbeitskräften hat es nicht nur während des Krieges, sondern auch in der folgenden Periode der Vollbeschäftigung notwendig gemacht, in einigen Industriezweigen, im Haushalt, im Handel und in verschiedenen freien Berufen Teilzeitarbeitskräfte zu beschäftigen. Wegen des Arbeitskräftemangels haben beispielsweise die Behörden die Teilzeitbeschäftigung von Lehrern und Pflegerinnen gefördert.

Krankenschwestern sind überall so knapp, daß manche Krankenhäuser sich genötigt sahen, Schichtarbeit einzuführen und auch verheiratete Krankenschwestern auf Teilzeitbasis zu beschäftigen – ein Verfahren, das allen Berichten zufolge befriedigend funktioniert. Einige örtliche Versuche verliefen in Großbritannien so erfolgreich, daß das Gesundheitsministerium in Zusammenarbeit mit dem Arbeitsministerium den Behörden und Krankenhäusern im ganzen Lande Hilfe und Förderung bei der Organisierung von Werbefeldzügen für Teilzeitarbeit angedeihen ließ, mit dem Erfolg, daß ein Reservoir beruflichen Könnens angezapft wurde, das sonst ungenutzt geblieben wäre. Die Kranken haben dadurch zusätzliche Pflege erhalten, und die Belastung des vollberuflichen Personals ist vermindert worden. Mit der Ausdehnung des Nationalen Gesundheitsdienstes ist die Arbeitslast noch erheblich größer geworden, und die Zahl der in Teilzeit Beschäftigten ist Jahr für Jahr gestiegen. Im September 1960 belief sich die Zahl der in Teilzeit beschäftigten Krankenschwestern und Hebammen in den Krankenhäusern von England und Wales auf 44 243, denen 162 061 ganztägig beschäftige Krankenschwestern und Hebammen gegenüberstanden, was einem Verhältnis von 1:3 entspricht[15].

Das Frauenreferat des amerikanischen Arbeitsministeriums veröffentlichte einen Bericht[16] auf Grund einer Erhebung,

15. B. A. Bennett, *Part-Time Nursing Employment in Great Britain*, International Labour Review, Bd. LXXXV, Nr. 4, April 1962.
16. *Part-Time Jobs for Women: A Study in Ten Cities*, U.S. Department of Labor, Women's Bureau Bulletin Nr. 238, Washington 1951.

die in zehn amerikanischen Städten über die Frage der Teilzeitbeschäftigung durchgeführt wurde. Hierin wird die wachsende Bedeutung der Teilzeitarbeit unterstrichen und erklärt, daß zwei Drittel der Arbeitgeber und alle in Teilzeit beschäftigten Frauen mit dieser Regelung zufrieden waren.

Einige Arbeiten sind von Natur aus besonders für die Teilzeitbeschäftigung geeignet, so zum Beispiel die Reinigung von Betrieben, Büros und Wohnungen, oder die Arbeit in Gaststätten, besonders in Werks- und Behördenkantinen, wo nur eine Mittagsmahlzeit verabfolgt wird. Eine Reihe von Sozialdiensten geben Frauen, die nicht vollberuflich tätig sein wollen, ein neues Arbeitsfeld als Hauspflegerinnen für Alte oder Kranke, als Mitarbeiterinnen in der Schulspeisung usw.

Auch andere Arbeiten auf dem Gebiet der Wohlfahrtspflege eignen sich ausgezeichnet als Teilzeitbeschäftigung, und man sollte davon viel mehr Gebrauch machen, als das bisher der Fall ist. Jetzt wird auch eine wachsende Zahl von Kindern in Privathaushalten versorgt, während die Mutter ihrer Arbeit nachgeht. Sowohl in den Vereinigten Staaten als auch in Schweden haben viele Frauen, die ihrer eigenen kleinen Kinder wegen ans Heim gebunden sind, es nicht als allzu große Belastung empfunden, zusätzlich noch die Beaufsichtigung weiterer Kleinkinder zu übernehmen, was überdies die Haushaltskasse etwas aufbessert. Außerdem hat die Gesellschaft anderer Kinder auch wohltätige Wirkung auf ihre eigenen, während andere Mütter entlastet werden. In all diesen Beschäftigungen leisten die Frauen eine Arbeit, die ihnen von altersher zukommt und die sie früher in ihrem eigenen Heim taten, obwohl sie heute oft besser auf gemeinschaftlicher Grundlage getan wird.

Der Einzelhandel beschäftigt eine große Zahl von Frauen in Teilzeitarbeit, um in den Hauptgeschäftsstunden das feste Personal zu entlasten. Das gleiche gilt natürlich auch in den vielen Fällen, wo Frauen im Familienbetrieb mithelfen. Die Vergnügungsindustrie beschäftigt größtenteils ihr Personal auf Teilzeit-Basis. Das gleiche gilt für Institute der Erwachsenenbildung, für Marktforschungsfirmen und ähnliche Unternehmen.

Abgesehen von diesen Sondergebieten sind die Arbeitgeber jedoch im großen und ganzen nicht geneigt, Personal auf Teilzeit-Basis einzustellen, es sei denn, ein akuter Arbeitskräftemangel oder die Notwendigkeit, Sonderschichten einzulegen, zwingt sie dazu. Die Gründe für diese Abneigung sind in der zusätzlichen Verwaltungsarbeit zu suchen; außerdem in den Kosten für die Sozialversicherung, in den Schwierigkeiten der Arbeitsorganisation und auch in dem Gefühl, daß Teilzeitbeschäftigte immer Außenseiter bleiben, weil sie ja nur die Hälfte ihres Interesses für die Arbeit aufwenden.

Auch die Arbeitnehmerorganisationen hegen der Teilzeitbeschäftigung gegenüber gemischte Gefühle. Sofern die Forderungen und Bedingungen der Gewerkschaften befolgt werden, stellen sie sich nicht direkt gegen die Teilzeitarbeit und sind bereit, sie als ein notwendiges Mittel zur Ergänzung des Arbeitskräftepotentials in Zeiten der Knappheit anzusehen. Aber es ist verständlich, daß sie eine Schwächung ihrer Verhandlungsposition befürchten, die darauf beruht, daß für jeden Arbeiter auch ein voller Arbeitsplatz vorhanden sein muß; außerdem fürchten sie eine Lage, in der die Leute bereit sein könnten, für den halben Lohn ganztägig zu arbeiten.

Aus all diesen Gründen gibt es nicht genügend Teilzeitbeschäftigungen für die vielen Frauen, die sie gerne annehmen würden. Eine potentiell nicht unbeträchtliche Reserve gelernter Arbeitskräfte bleibt daher ungenutzt.

Es wäre sicherlich wünschenswert, daß verheirateten Frauen mehr Gelegenheit gegeben würde, ihre Arbeitskraft zu gleichen Teilen dem Haushalt und einer Tätigkeit außerhalb des Hauses zu widmen, und wenn Arbeitgeber und Betriebsleitungen anpassungswilliger wären, sollte eine Zunahme der Teilzeitarbeit möglich sein. Die Arbeitsämter sollten besondere Listen führen, in denen die Teilzeitarbeitsstellen nachgewiesen werden. Derartige Stellen sind meistens nur durch Freunde oder bei früheren Arbeitgebern zu bekommen, manchmal mit kirchlicher Hilfe oder mit Unterstützung von Berufsorganisationen, aber nur sehr selten durch Arbeitsämter[17].

Man kann natürlich nicht erwarten, daß die Arbeitgeber die Last der Neugestaltung allein tragen. Das Problem ist verwickelt und geht die ganze Gesellschaft an. Daher muß es auf verschiedenen Gebieten der Gesellschaft in gemeinsamer Anstrengung angepackt werden. Hilfe und Förderung seitens der Regierung – wie im obigen Falle durch den Nationalen Gesundheitsdienst zur Bekämpfung des akuten Schwesternmangels – sollte auch auf anderen Gebieten gewährt werden. Es wäre auch sehr wünschenswert, daß Gewerkschaften und Arbeitgeberorganisationen diese Frage ernsthaft prüften.

Tatsächlich wird das zunehmend gemacht, da die wachsende Zahl verheirateter, erwerbstätiger Frauen und der Zwang, diese Arbeitskraftreserven stärker heranzuziehen, auch die Aufmerksamkeit auf ihre besonderen Probleme gelenkt haben.

Auf internationaler Ebene hat die I.L.O. (*International Labour Organization*) zwei Berichte über »Weibliche Arbeitskräfte in einer sich wandelnden Welt«[18] bei ihrer 48. Sitzung im Jahre 1964 als Arbeitsunterlage zu diesem Thema vorgelegt. Das Ergebnis waren »Empfehlungen«[19] zur Eingliederung von Frauen mit Familienpflichten in den

17. *Report on Part-Time Workers,* Women's Bureau of the United States Departement of Labour, 1951.

18. *Women Workers in a Changing World,* Report VI (1) und (2), I. L. O., Genf 1963.

19. *Recommendations concerning the Employment of Women with Family Responsibilities,* Nr. 123, Genf 1965.

Arbeitsmarkt unter gleichen Bedingungen und ohne Diskriminierung. Sie umfassen spezielle Einrichtungen zur Unterrichtung und Erziehung der Öffentlichkeit, für Dienstleistungen und Stätten zur Kinderbetreuung, für Ausbildung, Beratung, Fortbildung und Umschulung von Frauen zum Eintritt oder Wiedereintritt in den Arbeitsmarkt nach verhältnismäßig langer Unterbrechung.

In ähnlicher Weise hat die O.E.C.D. (Organization for Economic Co-operation and Development) – eine supranationale Organisation auf Regierungsebene, die eine ›aktive Arbeitsmarktpolitik‹ als Mittel wirtschaftlicher Wachstumsförderung befürwortet – ihre besondere Aufmerksamkeit dem Problem weiblicher Arbeitskräfte mit Familienpflichten zugewandt; sie hält diese für eine der ›Gruppen, welche zeitweilig oder ständig außerhalb des Arbeitsmarktes‹ stehen, und die daher besonderer Einrichtungen bedürfen, ›um ihnen die Teilnahme an nützlicher Erwerbsarbeit zu ermöglichen‹. Unter der Leitung ihrer Abteilung für Arbeit und Soziale Angelegenheiten (Manpower and Social Affairs Directorate) hat die O.E.C.D. in Mitgliedsländern eine Erhebung durchgeführt, um erstens herauszufinden, ob es irgendeine Elastizität der Arbeitszeit gibt, die den Bedürfnissen dieser Gruppe von Arbeitskräften entgegenkommt, und zweitens, ob wenigstens einige dieser Bedürfnisse gedeckt werden – oder es werden könnten – seitens anderer Stellen als der Arbeitgeber. Die auf dieser Erhebung[20] beruhenden Empfehlungen betreffen Hilfsmaßnahmen, wie häusliche Hilfskräfte, Einrichtungen zur Kinderbetreuung, Anpassung der Verkaufszeiten usw., gesetzliche Regelung der Teilzeit-Arbeit, Bewilligung von arbeitsfreien Tagen sowie Erwachsenenbildung, und sie liegen auf derselben Linie wie die von der I.L.O. angenommenen Vorschläge.

20. Viola Klein, *Women Workers – Working Hours and Services*, A Survey in 21 Contries, O.E.C.D., Paris 1965.

Durch eine Anzahl Veröffentlichungen, durch Presseberichte und -diskussionen wurde die Öffentlichkeit auf die Situation aufmerksam gemacht, die durch die Erwerbstätigkeit einer großen Zahl von Frauen mit häuslichen Verpflichtungen entstanden ist. Sie wurde davon in Kenntnis gesetzt, daß es verschiedener Umstellungen bedarf, um diese neue Gruppe von Arbeitskräften ohne unnötige Härten in den bestehenden Rahmen einzugliedern. Ein allmählicher, wenn auch langsamer Wandel in der Einstellung der Öffentlichkeit ist wahrnehmbar; wie immer vergeht jedoch erst eine Zeitspanne zwischen den Tatsachen sozialer Veränderungen und deren gefühlsmäßiger Bejahung. Deshalb vollzieht sich der Fortschritt so unvermeidlich langsam.

7

Die Auswirkungen auf die Kinder

»Zuerst kommen die Kinder« ist das Motto, das groß über allen Diskussionen steht, die sich mit den Vor- und Nachteilen der Erwerbstätigkeit verheirateter Frauen befassen. Unsere Kinder sind die Bürgen der Zukunft, daher ist ihr Wohlergehen für die Gesellschaft wie auch für uns persönlich von entscheidender Bedeutung. Und da wir sie in die Welt gesetzt haben, haben wir auch die Verpflichtung, sie nach Kräften zu fördern, damit sie glücklich und erfolgreich in ihr zu leben vermögen.

Die Qualität der kommenden Generation ist von noch größerer Wichtigkeit, seit die Familien kleiner geworden sind. Bei einer Geburtenhäufigkeit, die nur gerade hoch genug ist, den Bevölkerungsstand zu erhalten, können wir uns weniger als je zuvor Fehlschläge leisten. Heute wissen wir genug von der Bildung der Persönlichkeit, um zu erkennen, in wie großem Ausmaß ihre Entwicklung von mütterlicher Sorge und Liebe, besonders während der ersten Lebensjahre, bestimmt wird.

Der Grundsatz »Zuerst kommen die Kinder« muß daher als unanfechtbar gelten, obwohl er in der Vergangenheit oft dazu diente, die Frauenemanzipation zu verhindern.

Es ist sehr bedauerlich, daß die Rechte des Kindes überhaupt jemals in Gegensatz zu den »Rechten der Frau« gesetzt worden sind. Die beiden schließen einander nicht aus, wie wir inzwischen aus Erfahrung wissen[1].

Das gilt um so mehr, als die Entscheidung für oder gegen Kinder jetzt weithin eine Frage der freien Wahl geworden ist. Wer aus irgendwelchen Gründen keine elterliche Ver-

1. Vgl. Béatrice Marbeau-Cleirens, *Psychologie des mères,* Paris 1966.

antwortung übernehmen will, braucht es nicht zu tun. Um so stärker verpflichtet das diejenigen, die Kinder haben, ihnen alle erdenkliche Fürsorge und Liebe zu widmen, deren sie fähig sind.

Wenn Frauen mit Beruf und Familie sich zwischen beiden hin- und hergerissen fühlen, wie es oft der Fall ist, dann bestehen ihre Schwierigkeiten nicht in einem Konflikt von Rechten – ihre eigenen Rechte als erwachsene Individuen im Widerstreit mit den Rechten ihrer Kinder –, sondern vielmehr in einem Konflikt von Pflichten. Sie haben bewußt die doppelte Verantwortung als Berufstätige und als Mütter übernommen; ihre Aufgabe ist es nun, die beiden miteinander in Einklang zu bringen.

Erschöpft von der Arbeitslast, wie es berufstätige Mütter sehr oft sind, leiden sie auch noch an einem Schuldgefühl, weil bei den bestehenden Lebens- und Arbeitsbedingungen viele dieser Frauen fürchten, dem Moloch Arbeit das opfern zu müssen, worauf, ihrem Gefühl nach, ihre Kinder einen berechtigten Anspruch haben.

Wir sind jedoch davon überzeugt, daß Arbeit und Familie nicht grundsätzlich zwei unvereinbare Alternativen darstellen; und es übersteigt nicht die Mittel und die Erfindungsgabe unserer Gesellschaft, Methoden zu entwickeln, die die Schwierigkeiten berufstätiger Frauen auf ein erträgliches Mindestmaß reduzieren würden. Darüber ist später noch mehr zu sagen. Wir wollen zunächst die Frage prüfen, ob die berufliche Arbeit verheirateter Frauen das Wohlergehen ihrer Kinder berührt, und wenn ja, ob diese Auswirkung nachteilig ist. Erst wenn diese beiden Fragen beantwortet sind, werden wir die möglichen Reformen erörtern können, die sich im Interesse sowohl der Mütter als auch der Kinder durchführen ließen.

Da es die Aufgabe der Frau ist, nicht nur Kinder zur Welt zu bringen, sondern auch den Hauptteil ihrer Pflege und Erziehung zu tragen, müssen wir untersuchen, wie sich die berufliche Arbeit der Frau auf ihre beiden Funktionen auswirkt, wenn wir die Konsequenzen voll ermessen wollen. Bevor wir uns also mit dem anscheinend entscheidenden – und heute sicherlich umstrittensten – Problem befassen, nämlich mit der Frage, ob, und wenn ja, wie weit die Berufsarbeit der Mutter die Entwicklung ihrer Kinder berührt, müssen wir erst kurz untersuchen, ob sie einen Einfluß auf die Geburtenziffer und eine Auswirkung auf das Gedeihen von Kleinkindern hat.

FRUCHTBARKEIT UND ERWERBSTÄTIGKEIT DER FRAU

Welche Geburtenrate in einer gegebenen Gesellschaftsordnung die wünschenswerteste ist, ist eine Ansichtssache, und wir können nicht erwarten, daß unsere Leser darin einer Meinung sind. Es ist jedoch nicht nötig, eine Auseinandersetzung so theoretischer und umstrittener Natur zu beginnen. Wir haben es hier nicht mit idealen, sondern mit den tatsächlichen Verhältnissen von heute zu tun und im besonderen mit einem möglichen Zusammenhang zwischen der Erwerbstätigkeit verheirateter Frauen und der Geburtenziffer.

Ob die berufliche Tätigkeit der Frau einen Einfluß auf die Geburtenziffer hat oder nicht, läßt sich allerdings aus verschiedenen Gründen nicht einfach durch einen Vergleich der Familien berufstätiger und nicht-berufstätiger verheirateter Frauen feststellen. Zunächst einmal sind die verheirateten Frauen, die einem Beruf nachgehen, schon eine ausgewählte Gruppe, und oft ist die Kinderlosigkeit der bei dieser Auslese entscheidende Faktor. Mit anderen Worten, kinderlose Ehefrauen sind aus erklärlichen Gründen leichter geneigt, eine Stellung anzunehmen, als Frauen, die Kinder zu versorgen haben. Das gilt vor allem für die Länder, in denen es nicht weithin üblich geworden ist, verheiratete Frauen zu beschäftigen. Wenn nur eine Minderheit der verheirateten Frauen einem Beruf nachgeht, wird sie – jede soziale Schicht für sich betrachtet – eine Auswahl derjenigen darstellen, deren häusliche Verpflichtungen am geringsten sind. Wenn dagegen die Erwerbstätigkeit verheirateter Frauen an Boden gewinnt und mehr Möglichkeiten bestehen, um Müttern einige ihrer häuslichen Pflichten zu erleichtern, dann wird der Abstand zwischen der Kinderzahl berufstätiger und nicht-berufstätiger verheirateter Frauen geringer werden.

Des weiteren steht die Zahl der Kinder und die Dauer der beruflichen Tätigkeit der Frau in einem umgekehrten Verhältnis zueinander. Aber auf den ersten Blick kann man unmöglich feststellen, ob die Frauen länger erwerbstätig waren, weil sie nur kleine Familien hatten, oder ob sie kleine Familien hatten, weil sie länger erwerbstätig waren. Unter den bestehenden sozialen Verhältnissen dürfte die erste Auslegung wahrscheinlich sein, denn die Frauen geben in den meisten Fällen ihren Beruf auf, wenn ihr erstes oder zweites Kind zur Welt kommt.

In den letzten Jahrzehnten hat die Zahl der erwerbstätigen Frauen laufend zugenommen. Gleichzeitig hat jedoch die Fruchtbarkeit in den westlichen Ländern ebenfalls ständig abgenommen. So jedenfalls verlief die langfristige Entwicklung bis zur Mitte der dreißiger Jahre. Dann setzte eine Periode relativer Erholung ein, die ihren Höhepunkt mit einem sehr beachtlichen Anstieg der Geburtenzahl nach dem Ende des 2. Weltkrieges erreichte, obwohl Frauen in wachsendem Maße am Erwerbsleben teilnahmen.

Welche Bedeutung diese neue Entwicklung auch immer haben mag – und sie scheint in erster Linie mit der wachsenden Zahl von frühen Eheschließungen zusammenzuhängen –, die öffentliche Meinung sieht jedenfalls einen Zusammenhang zwischen abnehmender Geburtenhäufigkeit und Frauenarbeit. Diese Meinung wird durch statistische Daten und durch eine Reihe von Fakten bestärkt. Dazu gehört, daß beide Erscheinungen historisch zusammenfallen, und daß unter den erwerbstätigen Frauen die Zahl der kinderlosen über dem entsprechenden Durchschnitt der

Frauen insgesamt liegt. Außerdem gibt es in den Großstädten sowohl mehr erwerbstätige Frauen als auch eine niedrigere Geburtenziffer als in ländlichen Bezirken. Das läßt den Eindruck entstehen, daß diese beiden Fakten zusammenhängen. Einiges deutet auch darauf hin, daß bei der Arbeiterschaft in Textilgebieten, wo Frauen schon seit langem erwerbstätig sind, die Geburtenziffer niedriger ist als in der entsprechenden sozialen Schicht in Gebieten, wo es weniger Brauch ist, daß verheiratete Frauen zur Arbeit gehen – wobei es jedoch keineswegs erwiesen ist, daß nicht andere Faktoren dazu beitragen, die Fruchtbarkeitsziffer in Textilzentren herabzudrücken.

Hier allerdings enden die Parallelen. Wenn man beispielsweise die verschiedenen sozialen Schichten vergleicht, wird es sofort klar, daß die Schicht, die in unserem Zeitalter die geringste Geburtenziffer aufzuweisen hatte, nicht diejenige ist, die den höchsten Anteil erwerbstätiger Frauen stellt. Die kinderreichste Bevölkerungsgruppe sind bekanntlich die Handarbeiter, also die Schicht, die immer den höchsten Prozentsatz erwerbstätiger Frauen gehabt hat. Die durchschnittliche Kinderzahl ungelernter Arbeiter in Großbritannien, die 1920 eine Ehe geschlossen hatten, belief sich 1946 auf 3,76; die entsprechende Zahl für die freien Berufe war 2,02 und für Gehaltsempfänger 1,09[1]. Interessanterweise hat die Gruppe der freien Berufe nicht mehr die geringste Kinderzahl, wie es bis 1920 zutraf, obwohl die Erwerbstätigkeit verheirateter Frauen in dieser Schicht häufiger geworden ist, als es bisher üblich war, und hier mehr an Boden gewonnen hat als im unteren Mittelstand, der jetzt die geringste Kinderzahl aufweist. Offensichtlich beeinflussen auch andere Faktoren stark die Höhe der Geburtenziffer einerseits und die Erwerbsarbeit von Frauen andererseits. Diese beiden Erscheinungen sind zwar miteinander verknüpft, aber Ursache und Wirkung sind schwer

1. *Report of the 1946 Family Census*, 1954.

zu entwirren. Beides sind Symptome eines historischen Prozesses, der durch Industrialisierung, Rationalisierung und Verstädterung gekennzeichnet wird. Der wichtigste Bestimmungsfaktor in dieser Entwicklung ist der ständige technische Fortschritt, der Arbeitsweise und Lebensform der westlichen Gesellschaft verändert hat.

Um zuerst auf die Veränderungen in der Arbeitsmethode und -organisation zu sprechen zu kommen: Neue Erfindungen haben in wachsendem Maße die schwere körperliche Arbeit auf Maschinen verlagert, und zwar sowohl in der Fabrik als auch im Haushalt. Dadurch ist die häusliche Arbeitslast vermindert und die Frau für außerhäusliche Erwerbsarbeit freigeworden. Gleichzeitig hat sich dadurch die Zahl der Berufe vermehrt, die nun auch von Frauen ausgeübt werden können, denn jetzt ist Geschicklichkeit wichtiger als Körperkraft. Hand in Hand mit diesen Veränderungen in den Produktionsmethoden ging das Anwachsen des Verwaltungsapparates, wobei sich der Frau ein immer größeres Feld beruflicher Möglichkeiten eröffnet hat. Ein weiteres Resultat dieser Entwicklung ist die Zunahme gewerblicher Dienstleistungsbetriebe, die viele Haushaltsfunktionen übernommen haben, so daß sie einerseits die Frau in der Haushaltsarbeit entlasten, andererseits aber auch Frauen als Arbeitskräfte in Betrieben und Büros beschäftigen.

Überdies hat sich der ganze Lebensrahmen gewandelt und ändert sich weiterhin ständig. Das zeigt sich zuerst im steigenden Lebensstandard. Mit diesem sind höhere Ansprüche an Bildung und Komfort verbunden, dazu kommt die größere Mobilität sowie die finanzielle Unsicherheit, die jedes für sich zum Anlaß für eine stärkere Beteiligung der Frau am Wirtschaftsprozeß und in der Sozialverwaltung werden, aber auch gleichzeitig hemmend auf die Gründung größerer Familien wirken.

Alle diese Tendenzen sind natürlich in den Städten deutlicher ausgeprägt als auf dem Lande. Aber die wachsende

Verstädterung als weitere Folge der industriellen Entwicklung hat sich auf einen immer größeren Teil der Bevölkerung ausgewirkt.
Angesichts der vielfältigen wechselseitigen Verflechtung sozialer, wirtschaftlicher und psychologischer Faktoren ist es natürlich ganz unmöglich, ein einzelnes soziales Phänomen für die sinkende Geburtenziffer verantwortlich zu machen. Wenn man die jetzige Lage ändern und die Menschen zu mehr Kindern ermutigen wollte, müßten umfassende Maßnahmen auf vielen Gebieten des Sozialwesens durchgeführt werden. Die Berufstätigkeit der Frau jedoch als die Hauptursache für sinkende Geburtenzahlen verantwortlich zu machen, ist ebenso widersinnig, wie zu behaupten, ein Regentag sei die Ursache für einen nassen Sommer.
Einst hat man auch erklärt, daß die Berufsarbeit der Frau ihre biologischen Fähigkeiten zerstört habe. Aber die Beweise blieb man schuldig, und es scheint kaum glaubwürdig, daß die heutige Arbeit in Fabriken und Büros sich auf die physische Konstitution der Frau zerstörender auswirken sollte als die viel schwerere Arbeit auf dem Felde, in den Wäschereien oder in den Küchen vergangener Zeiten. Ebenso kann die Behauptung, daß die nervliche Belastung durch die modernen Arbeitsformen bei berufstätigen Frauen zur ungewollten Sterilität führe, ins Reich der Fabel verwiesen werden. Psychologisch bestimmte Sterilität gibt es zwar, aber ihre Ursachen wurzeln viel tiefer im Unbewußten. Sie beruhen im allgemeinen auf persönlichen Umständen, die mit der Intimsphäre der Liebeserfahrungen in Kindheit, Ehe oder auch in beiden verknüpft sind. Diese Einflüsse wirken sich in sehr komplizierter Weise bei manchen Frauen wie auch bei manchen Männern aus, ganz unabhängig davon, ob die Betreffenden berufstätig sind oder nicht.
Die Kinderzahl wird in der Gruppe der erwerbstätigen Frauen immer etwas niedriger sein als die Durchschnittszahl für verheiratete Frauen. Produktive Arbeit wird auch

weiterhin der kinderlosen Frau eine gewisse Ersatzbefriedigung geben; und es wird in Zukunft wohl noch mehr als heute üblich werden, daß die Frau, die eine kleine Familie aufgezogen hat, wieder ins Berufsleben zurückkehrt.

Darüber hinaus können auch vorübergehende Einflüsse wirksam sein. In der heutigen Zeit, da die Familienplanung zunimmt, wenn auch noch nicht zur Regel geworden ist, wird die geistig rege Frau, die freiwillig die Kinderzahl beschränkt, oft auch diejenige sein, die sich ihre finanzielle Unabhängigkeit und ihr intensiv tätiges Leben bewahren will. Daher können sich bestimmte Charakterzüge selektiv sowohl zugunsten der Familienplanung (und das bedeutet heute praktisch Beschränkung der Kinderzahl), als auch der Frauenerwerbsarbeit auswirken. Solange die Entwicklung zur Familienplanung noch nicht abgeschlossen ist – und das heißt, so lange diese nicht bei der ganzen Bevölkerung Eingang gefunden hat –, wird das selektive Prinzip wohl weiter wirksam sein[2].

Es kommt hinzu, daß die Geburt und das Aufziehen von Kindern das Leben der Frau zweifellos komplizieren und einen gründlichen Wandel ihres täglichen Lebens sowie ihrer Pläne und Ansichten mit sich bringen. Es wäre daher denkbar, daß erwerbstätige Frauen stärker als andere auf die zu erwartenden Schwierigkeiten damit reagieren, daß sie freiwillig die Kinderzahl einschränken.

Das heißt natürlich nicht, daß Geburtenkontrolle nur oder vorwiegend von erwerbstätigen Frauen praktiziert wird. Eine derartige Annahme würde im Widerspruch zu bekannten Tatsachen stehen. Man darf auch nicht folgern, daß der Wunsch, weiter arbeiten zu können, einer der Hauptgründe für die Begrenzung der Kinderzahl ist. Das trifft offensichtlich nicht zu. Aber da so viele andere Motive in der gleichen Richtung wirken, geben die Schwierigkei-

2. Näheres zu diesem Problem bei Alva Myrdal, *Nation and Family*, London und New York 1945.

ten, die Mutterschaft mit einer erwählten, liebgewordenen Lebensweise zu verbinden, einen weiteren Anlaß zur Kleinhaltung der Familie.
Wir haben mit Absicht diese Schwierigkeiten als vorübergehend bezeichnet. Denn wir sind davon überzeugt, daß sie sich weit mehr aus vorübergehenden Anpassungsschwierigkeiten zwischen den Forderungen der Familie und den veränderten sozialen Bedingungen ergeben als aus einem inneren Widerspruch zwischen den verschiedenen Lebenszielen der Frau. Es mag gegenwärtig schwer sein, Beruf und Familie miteinander zu vereinbaren; aber es ist heute schon leichter als vor dreißig Jahren, und es wird wahrscheinlich im Laufe der Zeit und mit wachsendem technischem Fortschritt noch leichter werden, besonders wenn wir es uns angelegen sein lassen, dieses Problem zu lösen.

BEEINTRÄCHTIGT DIE ERWERBSTÄTIGKEIT DER MUTTER DAS GEDEIHEN VON KLEINKINDERN?

Über das Verhältnis von Kindersterblichkeit und Frauenarbeit ist nicht viel zu sagen. Der allgemeine Rückgang der Kindersterblichkeit ist eine der hervorragenden Leistungen von Medizin und Wohlfahrtspflege in unseren Tagen. Die auf diesem Gebiet erzielten Erfolge sind augenfällig, sogar noch augenfälliger als die Verlängerung der Lebensdauer in späteren Jahren. Aber während die menschliche Gesellschaft jetzt erst gerade anfängt, ihre Verantwortung für die wachsende Zahl alter Menschen zu erkennen, hat sie immer Verantwortung und Interesse für die Gesundheit der Kleinkinder und der werdenden Mütter bezeugt. Der Staat und private Organisationen haben bei der Lösung dieses Problems zusammengearbeitet. In allen zivilisierten Ländern gibt es medizinische, soziale und gesetzliche Maßnahmen zum Schutz des neugeborenen Kindes und seiner Mutter.
Obwohl es also glücklicherweise gelungen ist, die Kinder-

sterblichkeit weitgehend zu senken, und obwohl sie immer weiter reduziert wird, spielen einige der früheren Untersuchungen über den Zusammenhang zwischen Kindersterblichkeit und Frauenarbeit immer wieder in Bibliographien und selbst in Diskussionen über die heutige Sozialpolitik eine Rolle und müssen daher wenigstens erwähnt werden. Vom Jugendreferat des amerikanischen Arbeitsministeriums für die Jahre 1920–1925 durchgeführte Untersuchungen zeigen zum Beispiel eine hohe Kindersterblichkeitsrate, wenn die Mütter während der Schwangerschaft außerhäuslich berufstätig waren. Setzt man die Zahl 100 für die erwartete Kindersterblichkeitsrate einer untersuchten regionalen, rassischen und wirtschaftlichen Gruppe an, so ergab sich, daß die Sterblichkeitsrate bei den Kindern nicht-erwerbstätiger Mütter dieser Gruppe niedriger als erwartet war (94 vH); bei den Kindern der außerhäuslich erwerbstätigen Mütter war sie höher (132 vH); am niedrigsten war sie jedoch bei den Kindern der Frauen, die während der Schwangerschaft zu Hause erwerbstätig waren (91 vH).
In einigen anderen Gruppen war die letzte Zahl etwas höher als die erste. In der Baumwollindustrie jedoch und in den untersuchten ähnlichen industriellen Berufen wurde bei den Kindern der außerhäuslich erwerbstätigen Frauen – vor allem, wenn sie noch in den letzten Schwangerschaftsmonaten gearbeitet hatten –, eine überdurchschnittliche Sterblichkeit festgestellt. Dieser Zusammenhang ist nicht erstaunlich, zumal im Hinblick auf die Tatsache, daß Frauen, die noch in den letzten Schwangerschaftsmonaten arbeiten, wahrscheinlich zu den ärmsten sozialen Schichten gehören, wo Unterernährung, schwierige Lebensbedingungen und mangelnde Hygiene vorherrschen, die zu der höheren Sterblichkeitsziffer beitragen und auch die Widerstandsfähigkeit der Säuglinge gegenüber Krankheiten herabmindern. Dr. Baetjer[3], aus deren ins einzelne gehenden

3. Dr. Anna M. Baetjer, *Women in Industry*, a. a. O.

Untersuchungen diese Zahlen stammen, kommt zu dem Schluß, daß es angesichts des widersprechenden Beweismaterials und des unstreitigen Zusammenhanges zwischen Kindersterblichkeit und sozial-wirtschaftlicher Stellung der Mutter unmöglich ist, gegenwärtig mit einiger Sicherheit zu sagen, wie sich die industrielle Arbeit auf die Schwangerschaft auswirkt.

Die Arbeitsbedingungen der Frau in der Industrie haben sich erheblich verändert, seit die obenerwähnten Untersuchungen gemacht wurden. Wohlfahrtseinrichtungen in der Industrie, ärztliche Betreuung werdender und junger Mütter, Kinderzuschüsse und die allgemein verbesserte wirtschaftliche Lage der Arbeiterschaft haben die physische Widerstandskraft der jungen Mütter in der Industrie stark gehoben und die Gefahren für Mutter und Kind gleichermaßen vermindert. Diese großen Verbesserungen sind so allgemein bekannt, daß es sich erübrigt, sie hier aufzuzählen. Sie sind ein hervorragendes Beispiel dafür, daß die menschliche Gesellschaft fähig ist, Nöte zu überwinden, die früher als untrennbar mit dem Schicksal der Frau verbunden galten.

Das gleiche gilt für die physische Gesundheit der Kinder, die über das Kleinkindalter hinaus sind. Ausgezeichnete ärztliche Versorgung und Wohlfahrtseinrichtungen stehen zur Verfügung, und in den meisten westlichen Ländern nimmt der Staat ein aktives Interesse an der Gesundheit der Kinder durch Zuschüsse für Milch und Verbilligung von Nahrungsmitteln durch Schulspeisungen, ärztliche und zahnärztliche Überwachung usw. Überdies erhöht das Einkommen der Mutter das Familieneinkommen und wird vorwiegend für die Verbesserung der Ernährung und anderer materieller Lebensbedürfnisse verwandt. Diesen positiven Punkten müssen aber die Gefahren gegenübergestellt werden, die sich ergeben, wenn die Kinder durch die Abwesenheit der berufstätigen Mutter unbeaufsichtigt sind und daher stärker von Unfällen zu Hause und auf der

Straße bedroht werden. Zahlen hierüber gibt es jedoch nicht, so daß dieses Problem nicht untersucht werden kann.

DIE AUSWIRKUNGEN BERUFLICHER TÄTIGKEIT DER MUTTER AUF DIE SEELISCHE GESUNDHEIT DER KINDER

Im Gegensatz zu der körperlichen Gesundheit hängt die seelische Entwicklung der Kinder sehr weitgehend von Faktoren ab, die keine Organisation außerhalb der Familie ersetzen kann. Die moderne Psychologie hat eine Überzeugung bekräftigt und gerechtfertigt, die zu anderer Zeit schon als »altmodisch« gegolten haben mag: daß nämlich die künftige glückliche Entwicklung der Kleinkinder von der liebevollen mütterlichen Fürsorge abhängt.

Die Auffassung, daß kleine Kinder die ständige Liebe einer bestimmten Person brauchen, mit der sie eine enge Zuneigung verbindet, wurde durch praktische Erfahrungen bestätigt, so vor allem während des zweiten Weltkrieges, der vielfach eine Trennung von Mutter und Kind erzwang[4].

Die neue Einsicht in die Bedeutung der physischen und psychischen Verbundenheit von Mutter und Kind in den ersten Lebensabschnitten hat beispielsweise zu der Praxis geführt, Mütter und Neugeborene in den Entbindungsstationen nicht voneinander zu trennen. Heute hält man die Frauen dazu an, den individuellen Rhythmus für die Bedürfnisse ihrer Kinder wie Nahrung, Schlaf, Stuhlgang usw. zu erforschen – das sogenannte »selbstregulatorische System« –, anstatt nach der Uhr zu gehen und den Zeitplan zu befolgen, den die Ärzte auf der Basis statistischer Durchschnittszahlen aufgestellt haben.

Es liegt auf der Hand, daß die Mütter nicht zur Arbeit gehen können, wenn sie diesen neuen und anspruchsvollen Pflichten der Mutterschaft nachkommen sollen. Aus den

4. A. Freud und D. Burlingham: *Young Children in Wartime*, London 1942; *Infants without Families*, London 1943.

heutigen Erkenntnissen ergibt sich jedenfalls, daß Liebe und Geborgenheit für das Werden einer harmonischen Persönlichkeit unentbehrlich sind.

Es ist weniger gewiß, wie ernst die Folgen sind, wenn Mütter diesen in sie gesetzten Erwartungen nicht nachkommen. Wir wissen auch nicht genau, wie viele Monate oder Jahre diese enge Identifizierung von Mutter und Kind beibehalten werden muß, und ob sie bei vorübergehenden Unterbrechungen leidet.

Wenige Forschungsarbeiten wurden bisher unternommen (die damit verbundenen Schwierigkeiten schrecken ab), um näher festzustellen, wann derartige Unterbrechungen zuerst möglich werden, wie lange sie dauern dürfen und ob sie sich ebenso schädlich auswirken, wenn sie ein Teil einer feststehenden Gewohnheit sind. Die vorhandenen Untersuchungen – gut und übersichtlich zusammengefaßt von J. Bowlby[5] in *Maternal Care and Mental Health* (Mutterliebe und seelische Gesundheit) – behandeln das völlige Entbehren mütterlicher Liebe; sie befassen sich also mit verlassenen, angenommenen oder in Heimen lebenden Kindern, nicht dagegen mit solchen, die täglich ein paar Stunden von der Mutter getrennt in Tageskrippen, unter der Obhut einer Hausangestellten usw. verbringen. In allen untersuchten Fällen wurden die Kinder der Mütter durch einen Schicksalsschlag beraubt. Er war oft von einem plötzlichen Schock begleitet, der an sich schon genügt hätte, um das seelische und geistige Gleichgewicht des Kindes zu stören. Es wäre wissenschaftlich unzulässig, aus Fällen wie dem Verlust der Mutterliebe durch unvorhergesehene Ereignisse – z. B. Todesfall, Kindesaussetzung, Grausamkeit der Mutter oder Trennung durch Krankheit der Mutter oder des Kindes –, Schlußfolgerungen zu ziehen und sie auf solche Fälle anzuwenden, wo die Mutter zwar in regelmäßigen Abständen für eine Anzahl von Stunden ab-

5. J. Bowlby, *Maternal Care and Mental Health*, World Health Organization Monograph Series, Nr. 2, Genf 1951.

wesend ist, aber doch täglich zu ihrem Kinde zurückkehrt und dafür sorgt, daß es ein Heim hat. Dies ist ein Forschungsgebiet von großer sozialer Bedeutung, das aber bisher merkwürdigerweise stark vernachlässigt worden ist.

Die Tatsache, daß die Situation verlassener Kinder völlig anders ist als die der Kinder, die zeitweilig von ihren Müttern getrennt sind, wird durch eine der von Bowlby zitierten Untersuchungen bestätigt. In der von K. M. Simonsen[6] in Dänemark vorgenommenen Untersuchung wurde die Entwicklung von ein- bis vierjährigen Kindern, die den größten Teil ihres Lebens in einer von zwölf verschiedenen Anstalten verbracht hatten, mit der von Kindern gleichen Alters verglichen, die nur in Tageskrippen untergebracht waren, sonst aber zu Hause lebten. »Die Mütter dieser Kinder arbeiteten, und die häuslichen Verhältnisse waren oft sehr unbefriedigend. Dennoch war der ›Entwicklungsquotient‹ dieser Kinder normal – nämlich 102 –, während er bei den Heimkindern nur 93 betrug. Dieser Unterschied trat gleichmäßig bei allen drei Altersgruppen auf, nämlich bei den Kindern im zweiten, dritten und vierten Lebensjahr[7].«

Ein Zuhause, selbst ein schlechtes, ist besser als eine Anstalt, und die körperliche und geistige Entwicklung, so weit sie meßbar ist, ist bei Kindern, die die meiste Zeit, in der sie nicht schlafen, in Tageskrippen verbringen, während ihre Mütter erwerbstätig sind, nicht unternormal. Allerdings steht eine Forschungsarbeit, die erschöpfende Antworten auf diese Frage gibt, noch immer aus.

Margaret Mead hat einige Betrachtungen über den unbefriedigenden Stand der Forschung auf diesem wichtigen Gebiet veröffentlicht[8]. Versuche einer »wissenschaftlichen«

6. K. M. Simonsen, *Examination of Children from Children's Homes and Day Nurseries*, Kopenhagen 1947.

7. Vgl. Bowlby, a. a. O., S. 19.

8. Margaret Mead, *Some Theoretical Considerations on the Problem of Mother-Child Separation*, in *American Journal of Orthopsychiatry*, Band XXIV, Nr. 3, Juli 1954.

Untersuchung leiden allzu oft unter methodischen Irrtümern wie allzu große Vereinfachung, ungenügend überprüftes Beweismaterial und Überbewertung einzelner Faktoren, obwohl, wie sie sagt, »wir zuverlässige Unterlagen darüber haben, daß die kindliche Charakterbildung die gesamte Umweltsituation des Kindes spiegelt.« Wir können im Augenblick nicht mehr tun, als die unbestreitbare Tatsache unterstreichen, daß die Mutterliebe in allem, was kleine Kinder betrifft, ein entscheidendes Element bildet.

Während sich leicht sagen läßt, was ein schlechtes Zuhause ist, ist es schwer, ein gutes zu definieren. Die Übereinstimmung mit althergebrachten Vorstellungen gewährleistet noch keineswegs die besten Ergebnisse. Es kann gar nicht genug betont werden, daß der allerwichtigste Faktor die Einstellung und die Persönlichkeit der Mutter ist, und nicht etwa die Länge der Zeit, die sie mit ihren Kindern verbringt. Die nervöse, die gleichgültige oder die dumme Mutter ist eine Gefahr für ihre Kinder, und das wahrscheinlich nicht weniger, wenn sie ihnen ihre ganze Zeit widmet, als wenn sie es nicht tut. Andererseits vermag die verständige, mitfühlende und liebende Mutter ihrem Kinde ein Gefühl innerer Geborgenheit zu geben, das nicht durch ihre regelmäßige oder auch unregelmäßige Abwesenheit gestört werden kann.

Zu der gleichen Schlußfolgerung kommt eine in kleinerem Rahmen während des Krieges in Großbritannien durchgeführte Untersuchung, die feststellen sollte, ob in Tageskrippen betreute Kleinkinder im Vergleich zu den zu Hause aufwachsenden irgendwelche Symptome gestörter Entwicklung aufweisen[9]. Da während des Krieges viele Frauen arbeiten gingen, war die Benutzung von Tages-

9. Netta Glass, *Eating, Sleeping, and Elimination Habits in Children Attending Day Nurseries and Children Cared for at Home by Mothers,* veröffentlicht in *American Journal of Orthopsychiatry,* Band XIX, Nr. 4, Oktober 1949.

krippen weit verbreitet, und Mutter und Kind waren länger, als man es für wünschenswert hielt, voneinander getrennt – mehr als acht Stunden täglich in den meisten hier untersuchten Fällen von Kindern im Alter von 20 bis 62 Monaten. Abgesehen von den allgemeinen Kriegsverhältnissen wurde die Situation noch dadurch kompliziert, daß mehr als die Hälfte der Väter von den Krippenkindern Soldaten waren, während bei den gleichzeitig untersuchten, zu Hause versorgten Kindern der Anteil der eingezogenen Väter wesentlich kleiner war. Die Forscherin faßte ihre Untersuchungsergebnisse in folgenden Worten zusammen:

»Die Zahl der Kinder mit Verhaltensstörungen und die Zahl der Problemkinder differierte in den beiden Gruppen nur geringfügig; und da die nachteiligen Umweltfaktoren bei den Krippenkindern häufiger waren als bei den zu Hause betreuten Kindern, deutete nichts darauf hin, daß die in Tageskrippen versorgten Kinder durch die gemeinschaftliche Betreuung eher Entwicklungsstörungen aufweisen als die zu Hause von ihren Müttern betreuten Kinder. Außerdem wurde die Auffassung nicht bestätigt, daß besonders Kinder unter zwei Jahren durch die Krippenbetreuung leiden. Allerdings waren die Zahlen hierbei so klein, daß sie keine verallgemeinernden Schlüsse zulassen ... Diese Untersuchung läßt erkennen, daß Eß-, Schlaf- und Verdauungsgewohnheiten und auch Problemkinder tatsächlich genau mit bestimmten elterlichen Einstellungen und Persönlichkeitstypen verbunden waren, die sich für eine gute oder schlechte Anpassung entscheidender auswirkten als etwa die An- oder Abwesenheit in einer Tageskrippe. Mütter mit schwierigem Charakter, deren Verhalten ihren Kindern gegenüber zu wünschen übrig ließ, die nur arbeiten gingen, weil das Zuhausebleiben sie ›fertigmachte‹ (Einstellungen, die oft durch schwierige Lebensbedingungen, Abwesenheit des Ehemannes und dergleichen verstärkt wurden), waren in der Krippengruppe zahlreicher als in der anderen; und das erklärt vielleicht die weitverbreitete Ansicht, daß problematisches Verhalten bei Krippenkindern häufiger zu finden ist als bei Kindern, die zu Hause erzogen werden.«

Die Ergebnisse dieser und anderer bisheriger Untersuchungen sind nicht schlüssig. Man tut daher gut, anzunehmen, daß die unpersönlichere Betreuung, die unvermeidlich ist, wenn Kleinkinder Anstalten, wechselnden Hausangestellten oder Verwandten überlassen werden, ihr Geborgenheitsgefühl beeinträchtigt und unerwünschte Ergebnisse zeitigt. Daher unterstützen wir die Ansicht, daß Mütter sich soweit wie möglich selbst um ihre Kinder in den ersten Lebensjahren kümmern sollten.

Aber nun taucht die Frage auf: Wie lange soll die Mutter ständig für das Kind da sein? Diese Frage kann nicht mit der Angabe einer genauen Zeitgrenze beantwortet werden. Allgemein gesehen, ist die allmähliche Lockerung der engsten Bindungen zwischen Mutter und Kind ebenso wichtig für die Persönlichkeitsentwicklung, wie es die Herstellung dieses vertrauten Bandes war, und sie wirft nicht weniger schwierige Erziehungsfragen auf.

»Gegenwärtig«, schreibt Margaret Mead[10], »werden die besondere biologische Situation der fortdauernden Beziehung des Kindes zu seiner biologischen Mutter und die Notwendigkeit seiner Betreuung durch menschliche Wesen hoffnungslos durcheinandergeworfen bei der immer entschiedeneren Behauptung, daß Kind und biologische Mutter, oder Kind und Muttersatz, nie getrennt werden dürften, daß jede Trennung, selbst für ein paar Tage, unweigerlich schädlich sei, und daß sie bei längerer Dauer nicht wiedergutzumachenden Schaden anrichte. Das ... ist eine neue geschickte Art der Frauenfeindschaft, mit der die Männer – indem sie so tun, als verherrlichten sie die Bedeutung der Mutterschaft – die Frau enger an ihre Kinder

10. a. a. O., S. 477.

binden wollen, als es seit Erfindung der Flaschennahrung und des Kinderwagens für nötig gehalten wurde. In Wirklichkeit gibt es nach dem gegenwärtigen Stand der Anthropologie nichts, was eine derartig starke Betonung der Bindung zwischen Mutter und Kind rechtfertigen würde. Im Gegenteil weisen kulturelle Querschnitt-Untersuchungen darauf hin, daß die Anpassung dann besonders leicht vonstatten geht, wenn das Kind von vielen freundlichen Menschen umsorgt wird. Klinische und anthropologische Untersuchungen sprechen für das Vorhandensein eines Zusammenhanges zwischen starken Bindungen an Einzelpersonen in der Kindheit und der mangelnden Fähigkeit des Erwachsenen, mehr als eine begrenzte Zahl von starken und ausschließlichen Bindungen einzugehen. Es ist natürlich durchaus möglich, daß die Beschränkung der kindlichen Kontakte auf die biologische Mutter der wirksamste Weg ist, eine Persönlichkeit heranzubilden, die sich für eine lebenslange monogame Ehe eignet. Aber wenn das so ist, dann sollten wir uns darüber klar sein, daß es das ist, was wir tun ...«

Wir brauchen uns hier nicht in die Betrachtungen über die Beziehung zwischen monogamer Ehe und der engen Mutter-Kind-Bindung, die in unserer Gesellschaftsordnung vorherrscht, einzulassen, obwohl sie sehr interessant sein könnten. Wir brauchen in diesem besonderen Zusammenhang auch nicht auf anthropologische Ergebnisse zurückzugreifen, die zeigen, daß in verschiedenen Gesellschaftssystemen die Vorstellungen über das Mutter-Kind-Verhältnis von den unseren abweichen, ohne daß sich daraus für die in jenen Gesellschaftsordnungen aufwachsenden Individuen schädliche Auswirkungen ergeben. Wir beschäftigen uns hier mit unserer modernen westlichen Zivilisation und mit den besten Methoden, die sicherstellen können, daß die in diese Zivilisation hineingeborenen Kinder auch in ihr zu leben vermögen.

Wir müssen jedoch erkennen, daß Gesellschaftsordnungen

in den Kinderstuben geformt werden und daß der Eindruck, den das Kind durch seine ersten persönlichen Kontakte innerhalb der Familie erhält, seinen Charakter und seine Fähigkeit für menschliche Beziehungen als Erwachsener prägt.

Dem unmittelbaren körperlichen Kontakt, der während der frühen Kindheit so nötig ist, weil in ihr die Außenwelt hauptsächlich durch den Tastsinn erlebt wird, folgen immer mehr visuelle und akustische Erlebnisse. Der Anblick der Mutter und ihre Stimme werden mit dem durch die Haut vermittelten Erlebnis der Person verbunden, die körperliche Wärme und Stütze gibt. Das sind die Anfänge einer sehr komplexen ersten Beziehung zu einem menschlichen Wesen, und hier entsteht die Grundform künftiger menschlicher Beziehungen. Ob ein Mensch der Umwelt mit Vertrauen oder Mißtrauen, aufgeschlossen oder ablehnend begegnet, wird weitgehend von diesen ersten Erlebnissen bestimmt. Daher sollten die Mütter soweit wie möglich zugegen sein, um diese ersten Handreichungen selbst vorzunehmen und damit eine sichere Grundlage für die seelische Entwicklung ihres Kindes zu legen.

Man braucht jedoch keine wissenschaftliche Bestätigung, um festzustellen, daß selbst während der ersten Lebensmonate des Kindes die Mutter kurze Zeit abwesend sein kann, ohne daß es dem Kind schadet. Die Hauptsache ist, daß alles für das Gedeihen des Kindes Wichtige von einer bestimmten Person getan wird – einer Person, die bereit ist, jene Liebe zu geben und zu empfangen, aus der heraus das kindliche Verständnis erwächst.

Schon vor dem Ende des ersten Lebensjahres kann eine zweite Person in den Gesichtskeis des Kindes treten und bald darauf auch mehrere Personen. Jetzt ist die geforderte ständige Anwesenheit der Mutter nicht mehr unbedingt nötig. Sie soll gelockert werden, damit das Kind den normalen Reifungsprozeß durchlaufen kann.

Während der ersten Lebensjahre, wenn das Kind sprechen

lernt, ist es sehr wichtig, daß es ein oder zwei menschliche Wesen ständig um sich hat. Es scheint daher höchst wünschenswert, daß die Mutter während der ersten drei Lebensjahre ihre Zeit den Kindern widmet. Sie wird dabei durch ein tiefes menschliches Erlebnis unvergleichlicher Art entschädigt und kann sich zugleich in der Fähigkeit einsichtsvollen menschlichen Verständnisses schulen. Dieses Leben mit dem Kinde erfordert viel mehr Geschick als etwa die Plackerei mit der praktischen Kinderpflege, die oft in allen Einzelheiten in Handbüchern für Mütter beschrieben wird. Und nicht zuletzt braucht man auch einen ausgesprochenen Sinn dafür, wie und wann die eine oder die andere Bindung aufgegeben werden kann, damit sie nicht etwa zu früh gelockert wird, sondern eben erst dann, wenn das Bedürfnis des Kindes nach ständiger Nähe befriedigt ist.

Wenn das Kind etwa drei Jahre alt ist, kann man ohne Sorge täglich schon eine längere Unterbrechung im Mutter-Kind-Verhältnis eintreten lassen. Zu diesem Zeitpunkt soll die gesellschaftliche Reifung des Kindes so weit vorgeschritten sein, daß es täglich einige Stunden sein Heim verlassen und ein Leben in einer neuen Welt beginnen kann – in einer ersten Gesellschaft von Gleichaltrigen. Diese gesellschaftlichen Kontakte entsprechen einem grundlegenden entwicklungsmäßigen Bedürfnis, und man sollte einsehen, daß – gleichgültig, ob die Mutter zu Hause bleibt oder nicht – der Besuch eines Kindergartens für die meisten Kinder eine wohltätige Ergänzung des Lebens in der Familie darstellt. In unserer modernen westlichen Gesellschaft könnten sonst die meisten Kinder keine entsprechende Umgebung finden, die als ein reicher Mikrokosmos ihren Bedürfnissen angepaßt und bevölkert ist von Kindern, Tieren usw., das heißt eine Welt von Beziehungen, die sie nun anfangen können, selbst zu gestalten.

Wenn die Mutter täglich während derselben vier bis sechs Stunden beruflich abwesend sein könnte, die das Kind von drei bis sechs Jahren in einer Krippe oder im Kindergarten verbringt, wäre eine Harmonie zwischen den kindlichen und den mütterlichen Interessen hergestellt.

In Wirklichkeit aber findet nicht immer eine so klug geleitete Entwicklung von primitiver Geborgenheit zu allmählich reifender Unabhängigkeit und Individualität statt, und in jeder Phase werden wahrscheinlich Fehler gemacht.

Die beiden ernsten psychologischen Gefahren, denen kleine Kinder gewöhnlich ausgesetzt sind, sind die der »Ablehnung« und der »Über-Bemutterung«. Etwas vereinfacht, ließe sich jede dieser beiden Gefahren auf typische Fehler beziehen, wie sie die erwerbstätige oder die nur im Haushalt tätige Mutter leicht zu machen geneigt ist.

Das Kind erlebt mangelnde Liebe oder auch nur ungenügende Aufmerksamkeit seitens der Mutter als »Ablehnung«, das heißt, es fühlt, daß es nicht erwünscht ist. Obwohl mangelndes Verständnis für die Bedürfnisse des Kindes in jeder Altersstufe schon an sich zu einer seelischen und sozialen und vielleicht auch intellektuellen Unterentwicklung führen kann, und obwohl das Gefühl des »Abgelehntwerdens« dann und wann auch aus Gründen aufkommen kann, die mit der Persönlichkeit der Mutter zu tun haben – gleichgültig, ob sie einem Beruf nachgeht oder nicht –, besteht die Gefahr, daß erwerbstätige Mütter aus Überarbeitung, Ehrgeiz oder Sorgen häufiger bei ihren Kindern das Gefühl verursachen können, absichtlich vernachlässigt zu werden, als Frauen, die den ganzen Tag zu Hause sind. Bei Müttern, die zu Hause bleiben, ist diese Gefahr weniger groß, wenn auch die sogenannte »altmodische«, das heißt autoritäre Schule der Kindererziehung ähnliche Reaktionen hervorrief, weil elterliche Strenge von den Kindern oft als Ablehnung erlebt wird. Aus diesen seelischen Entbehrungen entstehen viele Neurosen und damit unsichere, rastlose und unzufriedene Menschen, sowohl junge als auch alte.

Am anderen Ende der Stufenleiter liegt eine andere Gefahr, die der »Über-Bemutterung«. Das ist das Schicksal der Kinder, deren Mütter es versäumen, ihren Kindern beim Abstreifen der Babyschuhe zu helfen. Auch hier spielen Persönlichkeitsfaktoren mit, denn manche Mütter sind viel weniger bereit als andere – und zwar aus Gründen mangelnden inneren Gleichgewichts –, ihre dominierende Stellung gegenüber den Kindern aufzugeben, und viele andere erkennen nicht klar genug die seelischen Bedürfnisse ihrer Kinder, so daß sie nicht merken, wann und wie der Schritt zur allmählichen Unabhängigkeit getan werden muß. Nur im Haushalt tätige Mütter versagen hier viel leichter als andere, vor allem dann, wenn sie das Gefühl haben, daß die Kinder »der Sinn ihres Lebens« sind.

Im Interesse der Kinder kann nicht genug betont werden, daß Mütter auch andere Lebensziele haben müssen. Sonst erzeugen sie in ihren Kindern Schwäche, Unreife und das Bedürfnis, immer wieder neu bestätigt zu werden – ganz zu schweigen von der Gefahr ernsterer Störungen, die oft erst später in Erscheinung treten, wenn die Anforderungen des Lebens unerbittlicher werden.

Zwischen der Skylla der »Ablehnung« und der Charybdis der »Über-Bemutterung« steuert die Kindererziehung einen ungewissen Kurs. Wahrscheinlich ist es für die Eltern besser, wenn sie über diese Gefahren nicht übermäßig grübeln, damit ihr natürliches Selbstvertrauen nicht durch Befangenheit zerstört wird. Da die elterliche Erziehung der Kinder die ungewöhnliche Situation mit sich bringt, daß das Produkt sowohl über den Produzenten als auch über den Produktionsprozeß urteilen kann, ist es beinahe sinnlos, Perfektion anzustreben. Wenn sie erst einmal so alt sind, daß sie psychologische Bücher lesen können, werden viele Kinder ohnehin ihren Eltern vorwerfen, daß sie die eine oder die andere Sünde – oder beide – begangen haben.

Wenn wir auf einige der hauptsächlichsten Fehler hinweisen, die Mütter leicht begehen, ist es gewiß nicht unsere Absicht, die Ängste der Mütter zu vermehren. In den letzten Jahren ist über das lebenswichtige Bedürfnis der Kinder nach Mutterliebe und über die Gefahren der Vernachlässigung so viel geschrieben und geredet worden, daß viele Eltern – vor allem die, die an der seelischen Entwicklung ihrer Kinder verständnisvollen Anteil nehmen – in diesen Fragen überängstlich werden. Im Vergleich hierzu hat man den Auswirkungen der übermäßigen Bemutterung sehr wenig Aufmerksamkeit geschenkt, obwohl auch dadurch die psychologische Entwicklung des Kindes verkümmern kann.

Geborgenheit und Unabhängigkeit sind zwei grundlegende Bedürfnisse des Menschen und die beiden Hauptsäulen, auf denen die Persönlichkeitsstruktur ruht. Damit sie sich voll entfalten, muß zwischen beiden ein Gleichgewicht hergestellt werden. Die Kunst der Erziehung besteht darin, daß man zur richtigen Zeit jeweils die richtige Menge von beiden verabfolgt. Im Laufe der Jahre muß das Maß an Unabhängigkeit allmählich erhöht werden. Das kann unbesorgter geschehen, wenn die Elternliebe ein festes Fundament der Geborgenheit gelegt hat.

KINDER IM SCHULPFLICHTIGEN UND IM JUGENDLICHEN ALTER

Allgemein gesprochen, ist die Gemeinschaft mit Gleichaltrigen vom Beginn des schulpflichtigen Alters an, das heißt ab fünf oder sechs Jahren, für das Kind von immer größerer Bedeutung und notwendig für sein gesellschaftliches Wachsen. Die verständnisvolle Aufmerksamkeit von Vater und Mutter bleibt auch weiterhin wesentlich für eine glückliche Entwicklung, muß aber nicht ununterbrochen ansprechbar sein. Wenn das Kind normal entwickelt ist, kann es sehr wohl eine gewisse Einschränkung der elterlichen Fürsorge ertragen. Von dem Zeitpunkt des Schulanfangs an sind daher die Interessen des Kindes nicht mehr unvereinbar mit dem Wunsch der Mutter, auch andere Dinge zu tun. Unter der Voraussetzung, daß die nötigen praktischen Vorkehrungen getroffen werden können – und die Mittagsmahlzeit in der Schule ist dabei ein wichtiger Punkt –, sollte die Mutter eigentlich wenig Grund haben, mit der Aufnahme einer Erwerbstätigkeit während dieser Periode zu zögern. Wenn die damit vielleicht verbundenen psychologischen Gefahren richtig beurteilt werden sollen, dann müssen sie den entgegengesetzten Risiken gegenübergestellt werden, und das sind die »Berufskrankheiten« der Mütter, die keinerlei Interessen außer ihrer Familie haben: ihre Neigung zu übermäßigem Bemuttern oder Beherrschen ihrer Kinder oder dazu, an ihre Zuneigung überhöhte Ansprüche zu stellen – praktisch also von ihren Kindern zu erwarten, daß sie die Mutter für das Fehlen von geselligen Kontakten und geistigen Anregungen entschädigen, wie es bei so vielen Müttern der Fall ist.

Die Folgen dieser Fehler springen dem Außenstehenden nicht so unmittelbar ins Auge wie etwa die Folgen, die sich aus Vernachlässigung ergeben und dann Schlagzeilen für die Presse liefern. Dennoch sind sie oft ernster Natur. Der Prozentsatz von »Mutter-fixierten Neurotikern« in der amerikanische Armee während des letzten Krieges wurde von dem psychiatrischen Experten der Armee, Professor Edward Strecker, als »katastrophal« bezeichnet[11]. Das ist der Preis, der für das Leitbild der »großartigen amerikanischen Mamie« und seine praktische Verwirklichung bezahlt werden muß, für jene jugendliche Person, die ihr Leben ihrem Heim opfert.

Die Auffassung, daß die Erwerbstätigkeit der Mutter notwendigerweise zur Vernachlässigung des Kindes führen muß, ist grundlos. Sie ist ebenso falsch wie etwa die Annahme, daß alle Mütter, die ihre ganze Zeit der Familie widmen, ihre Kinder verziehen. Dennoch hört man häufig, daß die erwerbstätige Mutter ihre Kinder vernachlässige. Lehrer, die verständlicherweise empfinden, daß ihnen eine

11. Edward Strecker, *Their Mother's Sons*, Philadelphia 1946.

zu schwere Verantwortungslast von nicht mit ihnen zusammenarbeitenden Eltern aufgebürdet wird, neigen dazu, das schwächste Glied in der Kette anzugreifen – die Mutter, die arbeiten geht. In Konferenzen von Schulleitern, Jugendrichtern, Bewährungshelfern und anderen Sozialarbeitern wird fast unfehlbar die erwerbstätige Mutter als Sündenbock zitiert. Ihr schiebt man die Schuld zu für die Zunahme der Jugendkriminalität, für Mängel der heutigen Erziehung und für alle möglichen Verhaltensprobleme der jüngeren Generation. Die Regelmäßigkeit, mit der Zeitungen über »zerbrochene Familien« unter der Überschrift »Mütter, die arbeiten gehen« berichten, und die Leichtigkeit, mit der Redner in aller Öffentlichkeit diese beiden Probleme in einen Topf werfen, läßt Argwohn über ihre bewußten – oder unbewußten – Motive aufkommen.

Trotz dieser Menge gefühlsbetonter Vorwürfe gibt es nur wenig beweiskräftiges Tatsachenmaterial. Bisher ist das Problem wissenschaftlich noch nicht untersucht worden. Eine in Großbritannien durchgeführte Untersuchung[12] hat gezeigt, daß Kinder erwerbstätiger Mütter nicht häufiger straffällig werden als Kinder, deren Mütter zu Hause bleiben, vorausgesetzt, daß die sonstigen Umstände gleich sind.

Eine Überprüfung von 1345 Grundschulkindern in Gothenburg in Schweden durch ihren Schularzt, Dr. Blume-Westerburg, ergab, daß Kinder erwerbstätiger Mütter nicht öfter fehlten als andere. Hinsichtlich ihrer Leistungen stellte der Schularzt fest, daß in der ersten Klasse Kinder erwerbstätiger Mütter weniger gut waren als Kinder nichterwerbstätiger Frauen; in der vierten Klasse zeigten sich keine Unterschiede zwischen den beiden Gruppen, und in der siebten Klasse waren die Leistungen der Kinder erwerbstätiger Mütter besser als die der anderen.

12. T. Ferguson und J. Cunnison, *The Young Wage Earner*, London 1951.

Einige Lehrer haben beobachtet, daß Kinder erwerbstätiger Mütter geistig reger und gesellschaftlich selbständiger sind als andere. Das Problem ist aber noch nicht genügend untersucht worden, und diese Behauptung muß daher noch bewiesen werden. Aus zwei Gründen erscheint sie doch einleuchtend. Erstens weil Kinder berufstätiger Mütter dazu angehalten werden, mehr auf eigenen Füßen zu stehen; und zweitens weil Mütter, die sich nur ihrer Familie widmen, sich ständig geistig einem weit niedrigeren Reifestand anpassen, als ihnen gemäß ist. Diese Tatsache ist für die Frauen selbst noch bedauerlicher als für die Kinder. Im frühen Alter hat die Anpassung an die Kleinkinder zwar den Charakter einer lehrreichen und phantasievollen Erweiterung des mütterlichen Verständnisses, aber wenn die Frau ihr Leben gewohnheitsgemäß mit dem ihrer Kinder teilt, wird sie allzuoft von ihrem eigenen Reifeniveau, das sie erreicht haben sollte, auf das ihrer Kinder herabgezogen. Die geistige Unreife, die man der Frau früher oft vorwarf, mag ihre Wurzeln vor allem in dieser Situation haben. Das Fehlen von Anregungen durch Erwachsene, von neuen Gedanken, abwechslungsreichen Erlebnissen und breiteren Interessen führt in der häuslichen Umgebung zu einer kulturellen Armut, die sehr wohl die obenerwähnte Beobachtung erklären kann, daß die Kinder erwerbstätiger Mütter im allgemeinen aufgeweckter sind. Ihre größere Selbständigkeit mag natürlich nicht immer erwünscht sein; die Frage, ob man bei Kindern die Selbständigkeit fördern oder unterdrücken soll, steht im Mittelpunkt heutiger Auseinandersetzungen über Erziehungsprobleme. Wie Lehrer die Eigenschaften von Kindern erwerbstätiger Mütter bewerten, hängt wahrscheinlich weitgehend davon ab, auf welcher Seite sie in dieser Kontroverse stehen.

Wenn der Jugendliche heranwächst, bricht der latente Konflikt zwischen dem Bedürfnis der Kinder nach Selbständigkeit und dem Verlangen der Mutter, für ihre ungeteilte Hingabe an die Kinder entschädigt zu werden, oft aus.

Furchtbare Krisen können dann vermeintlich harmonische Familien erschüttern. Vor allem heute, da die Kinder noch lange, nachdem sie physiologisch und psychologisch herangewachsen sind, in wirtschaftlicher Abhängigkeit von den Eltern stehen, erfordert es von den Eltern ein besonderes Geschick, sich taktvoll in den Hintergrund zurückzuziehen und, ohne sich dabei selber aufzugeben, genau das richtige Maß an Nichteinmischung einzuhalten, das nötig ist, um die Selbstachtung und das Selbstvertrauen der jungen Menschen zu stärken. Das Schuldgefühl, das in Söhnen und Töchtern ausgelöst wurde durch das Bewußtsein, ihre Mutter habe ihnen »ihr Leben geopfert« – eine Mutter zudem, die noch jung genug ist, um Jahrzehnte lang ihren Tribut fordern zu können –, ist eine harte Last für unsere jungen Männer und Frauen, denen es ohnehin schon schwerfällt, sich den Lebenserfordernissen anzupassen.

Wenn eine Mutter sich mit gutem Gewissen im Alter von fünfundvierzig Jahren oder früher von ihren Kindern unabhängig machen kann, sollte das als ein Segen für die Kinder angesehen werden. Es wäre das moderne Gegenstück zu der dankbaren Erleichterung, die die Eltern früher empfanden, wenn sie sich über den Lebensunterhalt ihrer Kinder keine Sorgen mehr zu machen brauchten. Denn die Lebensspanne, die heute eine Frau von fünfundvierzig Jahren vor sich hat, ist nicht viel kürzer als die, die vor hundert Jahren ein junger Mann von Anfang zwanzig im Durchschnitt erwarten konnte. Wenn sie sich während dieser dreißig Lebensjahre, die noch vor ihr liegen, von ihren erwachsenen Kindern unabhängig machen kann, wird das für sie selbst, für ihre Familie und die Gemeinschaft von Nutzen sein.

8

Die heutigen Konflikte der Frau

Unsere Zivilisation ist voll innerer Widersprüche, die sich in der geistigen Unsicherheit des heutigen Menschen widerspiegeln. Der einzelne steht in der Gesellschaft vor einer Vielfalt von Möglichkeiten, er hat aber nur wenige Leitsätze, die ihm helfen, eine Entscheidung zu treffen. Unsere demokratische Weltanschauung gibt jedem die Freiheit, sich nach seiner Einsicht zu entscheiden; und da viele Ideale unserer Gesellschaftsordnung einander widersprechen, steht der Mensch heute vor einer Fülle von moralischen und psychologischen Konflikten.

Einige der unserer Kultur innewohnenden typischen Zwiespältigkeiten hat Karen Horney in *The Neurotic Personality of Our Time* (Die neurotische Persönlichkeit in unserer Zeit), 1937 beschrieben. Beispiele hierfür sind die Gegensätze etwa zwischen der durch den Wettbewerb erzeugten Aggressivität einerseits und den christlichen Idealen der Nächstenliebe und Demut andererseits; zwischen der Vergötzung des Erfolges und der Lehre, daß »die Sanftmütigen das Erdreich besitzen werden«; zwischen dem Glauben an Freiheit und der Notwendigkeit von Ordnung; zwischen dem anerkannten Grundsatz der Gleichheit und dem Nimbus von Reichtum und Rang. Diesen und zahlreichen anderen einander widersprechenden Werten sieht sich der Mensch des Westens heute in verwirrender Weise gegenübergestellt. Wissenschaft und Religion leben in einem unbehaglichen Waffenstillstand; und die Naturwissenschaften stehen unter dem Druck eines sittlichen Zwiespalts, der nur allzu grell durch die Probleme der Atombombe illustriert wird. Gesinnungskonflikte sind schon fast als die vorherrschende Krankheit des heutigen Geistes zu bezeichnen.

Vor diesem Hintergrund müssen wir die typischen inneren Konflikte der heutigen Frau sehen. So spezifisch weiblich diese Schwierigkeiten auch sein mögen, sie sind doch nur Symptome einer allgemeinen Krankheit unserer Zeit.
Viele Frauen glauben, daß sie als Frauen vom Schicksal ausersehen worden seien, mit einem fast unlösbaren Konflikt von Lebenszielen fertig zu werden. Dennoch ist ihre Lage am Scheideweg keineswegs so unabänderlich, wie sie den unglücklichen Opfern erscheinen mag. Sie ist nicht das Ergebnis eines »Naturgesetzes«, sondern die Folge von entgegengesetzten Tendenzen und Idealen innerhalb unserer Gesellschaft. Die Situation ist gerade deswegen so qualvoll, weil Männern und Frauen heute so viele neue Wege offenstehen; und das Problem ist besonders wichtig, weil es die Hälfte der zivilisierten Menschheit betrifft.
Der charakteristische weibliche Zwiespalt von heute wird gewöhnlich unter der Überschrift »Beruf und Familie« zusammengefaßt. Der Kampf um das Recht auf Arbeit richtet sich nicht mehr gegen äußere Hindernisse; man braucht nicht mehr in dem Maße gegen eine feindselige Meinung anzugehen, wie unsere Großmütter das noch mußten, und an Möglichkeiten für die Frau mangelt es auch nicht. Heute hat sich der Konflikt »verinnerlicht« und besteht als psychologisches Problem weiter, das viele unterschiedliche Abwandlungen und Schattierungen annehmen kann; und eben weil man nicht mehr zu Beginn des Erwachsenendaseins vor einem absoluten »Entweder-Oder« steht, wird die Frau praktisch ihr ganzes Leben lang in beide Richtungen gezogen.

SCHWIERIGKEITEN BEI DER BERUFSWAHL

Der erste kritische Zeitpunkt wird erreicht, wenn das Mädchen vor der Berufswahl steht. Ihr ausweichen kann sie nicht, denn wir sind in der Emanzipation so weit vorgeschritten, daß kein Mädchen einfach zu Hause bleiben und auf einen Ehemann warten kann. Sie muß berufstätig sein, wenigstens bis zu ihrer Heirat, und deshalb muß sie auch daraufhin erzogen werden. Die meisten Mädchen müssen sich, ebenso wie die Jungen, im Alter von fünfzehn Jahren für einen Beruf entscheiden; einige Schulsysteme zwingen die Kinder bereits mit elf Jahren zur Entscheidung, und die meisten Kinder erhalten schon während der Schulzeit eine gewisse Berufsausbildung. Selbst für die Töchter wohlhabender Eltern, die nicht damit rechnen, einmal ihren Lebensunterhalt verdienen zu müssen, sind »Töchterpensionate«, die nicht berufliche Kenntnisse vermitteln, sondern nur den letzten »gesellschaftlichen Schliff« geben, fast verschwunden. Unsere Gesellschaft ist vom Wert der Bildung – zweckbedingter Bildung – so überzeugt, daß die Eltern von heute glauben würden, sie nähmen ihren Töchtern eine Möglichkeit zur Persönlichkeitsbildung, wenn sie ihnen nicht die im Rahmen ihrer Verhältnisse bestmögliche Erziehung zukommen ließen.

In diesem frühen Stadium der Entscheidung über die bestgeeignete Ausbildung – wofür? – tritt bereits ein innerer Zwiespalt in Erscheinung. Da das Mädchen wahrscheinlich heiraten wird, ist es eine offene Frage, ob sie ihre Berufsausbildung jemals praktisch verwerten wird oder nicht. Aber wie kann sie das genau wissen? Vielleicht begegnet sie nie dem Mann, mit dem sie ihr weiteres Leben teilen möchte; oder sie begegnet ihm erst in späteren Jahren; oder der von ihr geliebte Mann ist nicht in der Lage, sie zu ernähren. Auf jeden Fall macht die Fähigkeit, selber für ihren Unterhalt sorgen zu können, sie in der Gattenwahl unabhängiger. Daher wird wahrscheinlich selbst das Mädchen, das bei der ersten passenden Gelegenheit zu heiraten hofft, um dann Kinder zu haben und sich sonst über nichts weiteres den Kopf zu zerbrechen, die Gelegenheit der besten ihr zugänglichen Ausbildung wahrnehmen. Überdies kann für jene, die darauf aus sind, die Universität oder der Arbeitsplatz der beste Ort sein, um passende junge Männer kennenzulernen.

Wenn das junge Mädchen nun den nach allem Dafürhalten wahrscheinlich vernünftigsten Weg eingeschlagen und eine Berufsausbildung begonnen hat, kann sie von Zweifeln geplagt werden, ob sie nicht etwa in eine Einbahnstraße geraten ist und durch den Beginn einer ziemlich langen Berufsausbildung sich selbst den Weg zu Heim und Familie versperrt hat. Statistiken, die niedrigere Heiratsziffern bei Akademikerinnen verzeichnen, scheinen derartige Befürchtungen zu bestätigen, obwohl sie durch die Tatsachen nicht mehr gerechtfertigt werden. Zahlenmaterial aus den Vereinigten Staaten wie auch aus Großbritannien zeigt, daß der Unterschied zwischen den Heiratsziffern von Akademikerinnen und anderen Frauen, der zu Beginn unseres Jahrhunderts sehr ausgeprägt war, sich allmählich verringert hat und jetzt nur noch unbedeutend ist. Im Jahre 1940 waren 30 vH der amerikanischen Akademikerinnen zwischen 45 und 49 Jahren unverheiratet, etwa 12,5 vH der Frauen mit höherer Schulbildung und 7,6 vH der Frauen mit Volksschulbildung. Diese Gruppe älterer Akademikerinnen drückt den Gesamtdurchschnitt herab[1]. Heute liegt die Heiratsziffer von Akademikerinnen – und übrigens auch von Akademikern – nur wenig unter dem Durchschnitt für ihr eigenes Geschlecht. Das gleiche gilt für Großbritannien, wo die Heiratsziffer von Akademikerinnen sich seit 1900 ungefähr verdoppelt hat[2].

Vor fünfzig Jahren hatten Frauen mit Universitätsbildung wirklich nur geringe Chancen, einen Ehemann zu finden. Aber damals war das Studium für Mädchen ein so seltenes Phänomen, daß diejenigen, die auf die Hochschule gingen, eine Auslese bildeten – und zwar eine Auslese nach geistigen und charakterlichen Qualitäten, die es ihnen erschwerten, sich in die damals vorherrschende Form der Ehe ein-

1. Ernest Havemann und Patricia Salter West, *They Went to College*, New York 1952.

2. *Graduate Wives*, in *Planning*, Band XX, Nr. 361, April 1954.

zufügen. Jetzt aber, da die Universitätsausbildung so weitverbreitet ist, stellen die Studentinnen nicht mehr einen besonderen Persönlichkeitstyp dar. Und die heutige Form der Ehe läßt genügend Raum für Selbständigkeit und Gleichheit der Frau, so daß Hochschulbildung und berufliche Interessen nicht mehr ein Ehehindernis bilden. Nach einer Periode von Versuchen und Irrtümern und nach einer großen Zahl ermutigender Präzedenzfälle haben die Männer heute keine Angst mehr davor, Frauen zu heiraten, die ihnen an Bildung und Erfahrung ebenbürtig sind.

Dennoch sind die alten, aus den Erfahrungen der vergangenen Generation geborenen Befürchtungen immer noch lebendig. Das gleiche gilt für die Auffassung, daß Beruf und Familie sich gegenseitig ausschließen. Sie ist besonders stark im Mittelstand verwurzelt und berührt daher am stärksten die Mädchen, die eine höhere Bildung erhalten. In den Vereinigten Staaten, wo es ein weitverbreiteter Brauch ist, daß junge Mädchen – unabhängig von ihren Plänen für die Zukunft – ins College gehen, ist diese Schwierigkeit wahrscheinlich größer als anderswo. Sie wird durch die Tatsache noch mehr kompliziert, daß in einer Gesellschaftsordnung von ausgeprägtem Wettbewerbscharakter, wie die Amerikas, junge Leute nicht bloß die alltägliche Rolle der Erwachsenen, etwa nach Art ihrer Eltern, erstreben, sondern daß sie einem Leitbild möglichst nahe kommen wollen – und die von der Gesellschaft anerkannten Ideale widersprechen einander. Die Rollen der erwachsenen Frau als Hausfrau und als Erwerbstätige wurden in jenen der reizvollen »Dame der Gesellschaft« einerseits und der erfolgreichen »Berufsfrau« andererseits idealisiert; damit ist der Zwiespalt dramatisiert worden. Die Studentin, die in der Welt vorankommen und ihr Leben erfolgreich gestalten will, hat das Gefühl, gleichzeitig zwei Rennen zu laufen, wobei sie nie genau weiß, ob ihr Vorsprung auf dem einen Gebiet nicht ein Handicap auf dem anderen bedeutet.

Das Unsicherheitsgefühl, das so in dem Mädchen entsteht, wird durch eine ebenso zwielichtige Haltung seiner Umgebung verstärkt. Die Eltern und Freunde sind nicht weniger unsicher und widerspruchsvoll hinsichtlich dessen, was sie von ihm erwarten. »Meine Familie hatte von mir erwartet, daß ich Madame Curie und Hedy Lamarr in einer Person sein würde«, sagte eine amerikanische Studentin[3], die so in prägnanter Kürze ausdrückte, was sehr wohl das uneingestandene Ideal vieler Eltern studierender Töchter sein mag.

Die jungen Männer, denen das College-Mädchen begegnet, sind vielleicht ein noch schwierigerer Fall. Ihre Haltung schwankt zwischen dem Wunsch nach einer Freundin, die eine intelligente Gefährtin und ein »feiner Kerl« ist, und der Sehnsucht nach einer Verbindung von Mutter-Idol plus Venus von Milo: eine Frau, die in ihrem Gatten das einzige Lebensziel sieht, und auf die man stolz sein kann, wenn man sich mit ihr in der Öffentlichkeit zeigt. Der Versuch, alle diese Wünsche gleichzeitig zu befriedigen, muß natürlich mit einer Enttäuschung zumindest auf einigen Gebieten enden.

Eine weitere ernste Schwierigkeit für ein Mädchen, das in seinem Beruf erfolgreich sein möchte, entsteht daraus, daß in unserer Gesellschaftsordnung die Vorstellung von der männlichen Überlegenheit immer noch so stark ist, daß zumindest der Anschein weiblicher Schwäche und geistiger Unterlegenheit gewahrt werden muß. Die Untersuchung, aus der wir vorhin zitierten, beweist, wie viele sich dieser Schablone fügen. Der Bericht ist das Ergebnis einer 1942 und 1943 unter einer Gruppe amerikanischer Studentinnen der Sozialpsychologie durchgeführten Untersuchung, die auf etwa 150 Interviews und autobiographischen Unterlagen beruht. Die ausführlichen Zitate zeigen in einem für

3. *Cultural Contradictions and Sex Roles* von Myrra Komarovsky, in *American Journal of Sociology*, November 1946.

viele Leute wahrscheinlich erstaunlichen Umfang, daß in dieser Generation die Idee der männlichen Überlegenheit immer noch einen sehr starken Einfluß ausübt. Zwar glaubt man nicht tatsächlich an die Überlegenheit der Männer, aber die Konvention verlangt, daß die männlichen Illusionen in dieser Hinsicht nicht angetastet werden dürfen. Von den befragten Studentinnen deuteten 40 vH an, »daß sie sich gelegentlich bei Rendezvous ›dumm gestellt‹ haben, das heißt eine akademische Auszeichnung verheimlichten, Unkenntnis auf einem bestimmten Gebiet vorgaben oder dem Mann in einem anspruchsvolleren Gespräch das letzte Wort ließen«. Ein Mädchen berichtete von ihrem College, an dem Koedukation bestand, daß »ein Mädchen, das als klug galt, gesellschaftlich erledigt war. Ich hatte immer Angst, daß ich in der Klasse zu viel sagte oder eine Frage beantwortete, die die Jungen, mit denen ich ging, nicht beantworten konnten.« Eine andere Studentin gestand: »Gegen meine Überzeugung ging ich auf seine Ansichten ein, denn je weniger man weiß und tut, desto mehr tut er für einen und hält einen noch obendrein für reizend.« Ein Mädchen beschrieb ein Arbeitslager, in dem »die Mädchen die gleiche Arbeit taten wie die Jungen. Wenn einige Mädchen besser arbeiteten, nahmen die Jungen das außerordentlich übel. Der Leiter forderte ein tüchtiges Mädchen auf, langsamer zu arbeiten, damit der Friede in der Gruppe erhalten bliebe.«

Man braucht wohl kaum zu bezweifeln, daß das Gefühl der Unsicherheit und Ungewißheit über ihre Aufgaben als erwachsene Frau, das alle in dieser Untersuchung erfaßten amerikanischen College-Studentinnen bezeugten, auch heute unter jungen Frauen weitverbreitet ist. Vielleicht ist es in Ländern, wo der Konkurrenzkampf noch nicht in alle Lebensgebiete eingedrungen ist, weniger akut – dort etwa, wo der »Wettbewerb um die meisten Rendezvous« sich noch nicht so eingebürgert hat wie bei der amerikanischen Jugend, und wo die Heirat oder Verlobung zum erstmöglichen Termin nicht den gleichen Prestigewert hat; aber die Tendenz ist überall vorhanden, und das Gewicht der gesellschaftlichen Konvention wirkt in Richtung auf die Ehe und weg von Studium und Beruf.

Erfolg in den persönlichen Beziehungen ist natürlich für eine junge Frau ebenso wichtig wie Erfolg in der Arbeit. Sie kann jenen nicht gut opfern, um einen zunächst unsicheren Beruf zu verfolgen. Einen Ausgleich zu finden zwischen den an sie auf beiden Gebieten gestellten Anforderungen an Zeit, Aufmerksamkeit und Energie, ist für das Mädchen schwieriger als für den jungen Mann: erstens, weil in ihrem Fall die Wege zum Erfolg in zwei einander entgegengesetzte Richtungen zu führen scheinen, und zweitens, weil das Mädchen immer irgendwie von dem Gedanken geplagt wird, daß selbst, wenn ihre Anstrengungen von Erfolg gekrönt sind, sie womöglich zu nichts führen. Wie ernst darf sie sich selbst nehmen, wenn sie auch echtes Interesse an ihrer Arbeit hat? Kann sie sicher sein, daß dieses Interesse immer stark genug sein wird, um gegen alle Ansprüche an ihre Gefühle und gegen die Versuchung zu bestehen, in die traditionelle Form der Ehe und Familie zurückzufallen? Zu oft hat das Mädchen gehört, daß ausgezeichnete und vielversprechende junge Studentinnen schließlich ganz gewöhnliche Hausfrauen wurden, um nicht insgeheim doch geistige Vorbehalte zu machen, selbst hinsichtlich ihrer eigenen aufrichtigen Versicherung, daß sie ihren Beruf ernst nimmt.

Es ist zu hoffen, daß dieser Zwiespalt durch wirksame Berufsberatung gemildert werden kann, indem man Mädchen, die in erster Linie heiraten und Kinder haben wollen, in solche Berufe lenkt, die sie hierfür vorbereiten, und die die gleichen Kenntnisse und Eigenschaften erfordern wie die Arbeit im Haushalt; wogegen zu erwarten wäre, daß jene Mädchen, die eine starke Neigung und Begabung für einen der traditionell »männlichen« Berufe mitbringen, so lange wie möglich – und mit möglichst wenigen Unterbrechungen – ihren Beruf ausüben werden. Der ersten Gruppe steht eine große Vielzahl von Berufen offen – Krankenpflege, Unterricht, Sozialarbeit, Personalbetreuung, Gaststättenberufe usw., und viele ähnliche Berufe müßten noch ausgebaut werden. Daher gibt es keinen Mangel an Berufen, unter denen die Frau wählen kann, wenn sie für die Zukunft vor allem auf eine Heirat hofft. Alle diese Berufe haben den Vorzug, daß das erworbene berufliche Können auch dann keineswegs verlorengeht, wenn sie nach der Eheschließung die Erwerbstätigkeit für längere Zeit aufgibt. Im Gegenteil, die Erfahrung im Haushalt und im Aufziehen von Kindern kann bei einer späteren Rückkehr in den Beruf ein großer Gewinn sein.

Die richtige Einschätzung der Persönlichkeit ist ein grundlegendes Erfordernis bei der Berufsberatung; und die Einstellung des jungen Mädchens zu Ehe und Beruf ist ein Persönlichkeitsfaktor von großer Bedeutung, der von denen angemessen berücksichtigt werden muß, die Auskunft und Rat für die richtige Weiterbildung und die am besten geeigneten Berufe erteilen.

Die Wirksamkeit einer solchen Beratung wird jedoch von zwei Faktoren ernstlich beeinträchtigt. Erstens liegt es auf der Hand, daß man die Zukunft nicht vorhersagen kann. Selbst wenn die Menschen ihr ganzes Leben lang folgerichtig in ihren Antrieben, eindeutig in ihren Absichten und fest in der Verfolgung ihrer Lebensziele wären – was nicht der Fall ist –, gäbe es immer noch zu viele unberechenbare Möglichkeiten, als daß eine Planung auf lange Sicht absolut sicher sein könnte. Ein Mädchen, das mit 18 oder 20 Jahren von einem brennenden Interesse etwa für Physik oder Anthropologie beherrscht wird und davon überzeugt ist, daß es diesem Fach sein Leben widmen will, kann dennoch mit 26 Jahren den unwiderstehlichen Drang verspüren, mit einem Offizier oder einem Versicherungskaufmann eine Familie zu gründen. Der zweite, nicht weniger unberechenbare Faktor ist die Frage, welchen Verlauf das künftige Eheleben des Mädchens nehmen wird. Daher birgt jeder Versuch, ein Mädchen zu einem Beruf zu überreden, für den es keine starke Neigung hat, zu viele Gefahren, als daß er vernünftigerweise gemacht werden dürfte.

Eine noch größere Schwierigkeit, die den Kern dieses Problems bildet, ergibt sich aus der Tatsache, daß die Frau mit häuslichen Fähigkeiten und Neigungen und die Frau mit bleibendem Interesse für einen der traditionell »männlichen« Berufe nicht zwei verschiedene Charaktertypen darstellen. Dieselbe Frau kann sowohl eine hervorragende Wissenschaftlerin oder Geschäftsfrau als auch eine erstklassige Hausfrau, Mutter und Köchin sein, und sie kann an allen diesen Tätigkeiten viel Freude haben. Jeder von uns kennt wahrscheinlich ein halbes Dutzend Frauen, die eine derartige Kombination verkörpern – und obendrein adrett und gepflegt aussehen –, was beweist, daß das möglich ist und auch geschieht. Miß Florence Horsbrugh, ehemaliger Erziehungsminister Englands, sagte einmal: »Ich habe mehr Befriedigung am Kochen eines guten Dampfpuddings gehabt als an irgendeiner Rede, die ich jemals von der Regierungsbank im Unterhaus hielt.«

Dr. Edith Summerskill, die in einer früheren Regierung Minister für Ernährung war, gab ähnliche Erklärungen über ihr Familienleben ab. Dennoch sind beide offensichtlich aus freien Stücken und aus Neigung, vielen Schwierigkeiten zum Trotz, Politikerin geworden, und es wäre Talentverschwendung gewesen, wenn sie nur auf den Gebrauch ihrer hausfraulichen Gaben beschränkt gewesen wären.

Der Zwang, sich auf ein Sondergebiet zu spezialisieren, würde die Möglichkeiten einer klugen Frau auf anderen Gebieten beeinträchtigen. Man kann daher das junge Mädchen nicht zwingen, zwischen häuslichen und intellektuellen Interessen zu wählen, wenn es nicht Schaden an seiner weiteren Entwicklung nehmen soll. Deshalb besteht diese Schwierigkeit immer noch und wird bestehen bleiben, bis die Gesellschaft sich geistig und materiell den neuen Bedingungen so angepaßt hat, daß es den Frauen möglich wird, eine berufliche Laufbahn mit Ehe und Familienleben befriedigend zu verbinden. Erst dann werden die Gefühlsfaktoren – die Anziehungskraft einer überlieferten Rolle, das Vorbild der Mutter, die Hoffnung auf Heirat – aufhören, mit den vernunftmäßigen Erwägungen in heftigen Widerstreit zu kommen.

Der vernünftigste Rat, den man unter den gegenwärtigen Verhältnissen einem jungen Mädchen geben kann, ist der, einen Beruf zu wählen, der seinen Interessen und Neigungen am besten entspricht und bei dessen Ausübung von der Voraussetzung auszugehen, daß es seinen Unterhalt wird verdienen müssen, denn die Ehe ist kein Allheilmittel. Auch als verheiratete Frau will sie vielleicht später aus finanziellen Gründen, oder weil es ihrer inneren Zufriedenheit dient, eine Stellung annehmen; sie sollte daher ihre Arbeit ernst nehmen; und unter allen Umständen sollte sie – selbst wenn sie sich noch während ihrer Ausbildung verlobt – wenigstens versuchen, ihre Ausbildung abzuschließen, so daß sie später ihrem Beruf wieder nachgehen kann, wenn sie es wünscht oder nötig haben sollte.

SCHWIERIGKEITEN DER VERHEIRATETEN FRAU DURCH EINEN BERUF

Viele Tausende von Frauen haben sich ernsthaft für einen Beruf ausgebildet, aber das, man braucht es wohl kaum zu sagen, hat auch seine Tücken. Es ist zwar eine Art Versicherung für ein Mädchen, das nicht heiratet oder nicht den ersten besten Mann heiraten will, vermehrt aber zweifellos die Probleme der Frau, die eine Ehe schließt.

Gesetzliche Vorschriften, die bis vor kurzem die Frauen in bestimmten Berufen wie Lehrerin und Beamtin zwangen, bei der Heirat auszuscheiden, sind jetzt in den meisten westlichen Ländern praktisch abgeschafft worden. Daher ist die Frage, ob die Frau nach der Heirat ihre Berufsarbeit beibehalten soll oder nicht, weitgehend zu einer persönlichen Entscheidung und Übereinkunft zwischen den Eheleuten geworden. Aber selbst die Tatsache, daß ein solcher Entschluß nach angemessener Berücksichtigung aller Für und Wider vernunftgemäß erfolgt ist, beseitigt nicht unbedingt Zweifel und Sorgen auf einer tieferen, psychologischen Ebene.

Selbst wenn ein Ehepaar sein gemeinsames Leben auf rückhaltloser Kameradschaft, beiderseitiger Selbständigkeit im Berufsleben und gemeinsamer Verantwortung für den Haushalt aufgebaut hat, mag sich dies angesichts einer Tradition, die eine Arbeitsteilung zwischen dem Ernährer der Familie und der im Haushalt wirkenden Ehefrau vorsieht, nur unter Schwierigkeiten verwirklichen lassen. Ob sie es wollen oder nicht, es werden sich Vergleiche zwischen ihrem eigenen Lebensstil und dem herkömmlichen aufdrängen – und diese werden in vieler Beziehung für die berufstätige Frau ungünstig sein.

Die außerhäuslich erwerbstätige Frau fragt sich oft, ob sie nicht ihren Mann über Gebühr belastet, wenn sie von ihm erwartet, daß er bei der Hausarbeit hilft, während andere Männer nach den Bürostunden sich entweder ausruhen oder einer Beschäftigung nachgehen, die ihnen das berufliche Fortkommen erleichtern kann. Ist sie vielleicht zu sehr in ihren eigenen Angelegenheiten befangen, um ihm so aufgeschlossen zuzuhören, wie er es erwartet? Ist sie eine ausreichend gute Hausfrau? Die traditionellen Maßstäbe hausfraulicher Tugenden haben sich seit den Zeiten unserer Großmütter nicht sehr geändert. Immer noch ist die ideale Hausfrau nach allgemeiner Auffassung diejenige, die ein Höchstmaß von Zeit und Arbeit zu Hause aufwendet und alles, was nur möglich ist, mit eigenen Händen tut. Obwohl Luxusjournale voll von verlockenden Werbeanzeigen für köstliche Gerichte sein mögen, die man im Handumdrehen aus der Konservendose zubereiten kann, ist dennoch der Gebrauch des Dosenöffners als Küchengerät immer noch mit einem gewissen Makel behaftet. Natürlich kann eine Frau, die tagsüber im Büro arbeitet, nicht die gleiche Sorgfalt auf die Zubereitung der Mahlzeiten verwenden wie die Vollhausfrau, und ihre Kuchen, die aus dem Laden kommen oder aus einem »fertigen Kuchenteig« stammen, dürften den Vergleich mit denen nicht aushalten, an die sich ihr Ehemann mit einem gewissen Heimweh nach Mutters Küche erinnert.

Wenn sie Kinder hat, werden ihre Zweifel und Schuldgefühle doppelt so groß sein. Entzieht sie ihnen die so notwendige Fürsorge? Vielleicht verwöhnt sie die Kinder, um ihr eigenes schlechtes Gewissen zu beruhigen? Wenn auch nichts darauf hindeuten mag – wird die künftige Entwicklung der Kinder ihre eigenen Unterlassungssünden ans Licht bringen? Die heutige Psychologie hat den mütterlichen Schultern eine sehr schwere Last an Verantwortung aufgebürdet, und je gebildeter die Mutter ist, desto mehr sind ihr auch die möglichen Folgen ihres Tuns bewußt.

Wenn wir all diesen Gewissenskonflikten die Tatsache hinzuzählen, daß die Frau mit einer doppelten Verantwortung sich oft müde und gereizt fühlen wird, und daß ferner der finanzielle Ansporn, die doppelte Arbeitslast auf sich zu nehmen, oft sehr gering oder überhaupt nicht vorhanden ist, da die zusätzlichen Einkünfte durch erhöhte Ausgaben für eine Haushaltshilfe, den Kindergarten, größere Wäscherechnungen, Fahrgelder, Mahlzeiten außerhalb des Hauses und Steuern aufgesogen werden, dann können wir mit Recht die Frage stellen, warum so viele verheiratete Frauen es trotzdem vorziehen, weiterzuarbeiten und warum so viele andere, die ihre Stellung aufgegeben haben, um sich ihrem Heim und ihrer Familie zu widmen, einen Verlust empfinden und sich nach dem Tage sehnen, an dem ihre Kinder herangewachsen sind und sie ihren Beruf wieder aufnehmen können.

Bei der Stichproben-Befragung von 1165 verheirateten

Akademikerinnen in *Graduate Wives*[4] (Ehefrauen mit Hochschulabschluß) erklärten 500, d. h. fast die Hälfte, eindeutig, daß sie später, nämlich wenn ihre Kinder alt genug wären, gern irgendeine Arbeit übernehmen würden; einige andere wollten gern arbeiten, waren sich aber noch nicht völlig darüber klar, was sie tun wollten; nur 13 vH der Akademikerinnen (gegen 41 vH der verheirateten Nicht-Akademikerinnen, die zur Kontrolle befragt wurden) sagten, sie beabsichtigten nicht, irgendeine Arbeit anzunehmen. Selbst wenn man in diesen Äußerungen nur den Ausdruck von Absichten sieht, so zeigen sie doch deutlich, daß viele Frauen, und zumal solche mit höherer Qualifikation, ein starkes Bedürfnis nach außerhäuslicher Berufsarbeit haben, und daß viele von ihnen bei günstigen Umständen bereit wären, ihr berufliches Können und ihre Arbeitskraft in den Dienst der Gemeinschaft zu stellen. Die gegenwärtige Vergeudung dieses Potentials steht in deutlichem Widerspruch zu den Wünschen vieler Frauen und bedeutet für die Gesellschaft einen unnötigen Verlust.

In einem früheren Kapitel haben wir die Gründe erörtert, aus denen verheiratete Frauen sich nach einer Tätigkeit außerhalb ihres Haushaltes umsehen. Einige dieser Gründe verdienen eine größere Beachtung, besonders soweit sie die Frau mit höherer oder akademischer Ausbildung betreffen, einmal weil sie diesen Frauen zur Ehre gereichen, zum anderen weil sie jene ermutigen, die an den Wert einer Ausbildung glauben und die Unentwegten widerlegen, die jede höhere Bildung für Frauen als Verschwendung erklären.

Nicht wenige Frauen werden von dem Gefühl einer Berufung dazu bestimmt, ihre Tätigkeit nach der Heirat fortzusetzen. Das gilt besonders für Lehrerinnen, Krankenschwestern und Frauen in anderen Sozialberufen. Anderen wiederum mag ein lobenswertes Gefühl sozialer Verant-

4. Judith Hubback, *Wives Who Went to College*, London 1957.

wortung sagen, daß sie nach einer jahrelangen Ausbildung, bei der sie einen der zahlenmäßig begrenzten Studienplätze an einer Universität oder Fachschule in Anspruch genommen haben, es der Gesellschaft schuldig sind, den erlernten Beruf auszuüben.

Es sei dahingestellt, ob solche hohen und selbstlosen Motive die Hauptgründe sind, die verheiratete Frauen dazu veranlassen, einem außerhäuslichen Beruf nachzugehen; sie spielen aber dabei bestimmt eine Rolle, die bis jetzt noch nicht genügend beachtet wird. Jedenfalls würde ein Mehr an öffentlicher Anerkennung vielen Frauen, die aus eigenem Antrieb auf sich nehmen, was zumindest in der gegenwärtigen Phase der gesellschaftlichen Entwicklung eine doppelte Bürde an Arbeit bedeutet, zweifellos helfen, die psychologischen Schwierigkeiten zu bewältigen, in die sie heute verstrickt sind.

SCHWIERIGKEITEN FÜR DIE HAUSFRAU

Unter den Gründen, die die verheiratete Frau zur Berufsarbeit bestimmen, beeinträchtigen zwei zugleich auch das Ansehen des Hausfrauenstandes: einmal die finanzielle Abhängigkeit, zum anderen die niedrige Einschätzung der Hausarbeit in unserer Gesellschaft. Beide haben den verheirateten Frauen viel Anlaß zur Bitterkeit gegeben. Die verschiedensten Frauenorganisationen in allen hier untersuchten Ländern haben sich darum bemüht, den sozialen Status der Hausfrau in beiden Richtungen zu heben: Sie befürworteten nicht nur eine Vergütung – oder etwas Gleichwertiges – für Frauen, die »hauptberuflich« einen Haushalt leiten und Kinder aufziehen, sondern verbesserten auch die Qualität und damit das Ansehen der Hausarbeit, was vielleicht nützlicher und erfolgreicher war. Diese Bemühungen haben bisher vor allem dazu geführt, daß die Hausgehilfinnen höher geachtet und besser bezahlt werden – wozu deren Knappheit ohne Zweifel viel beigetragen hat –, aber sie haben sich nicht sonderlich stark auf die soziale Stellung der Hausfrau ausgewirkt. Ihr Ansehen ist, wie seit jeher, ein Abglanz der Stellung ihres Mannes, und sie verdankt es nicht dem Wert ihrer eigenen Arbeit.

Um diesem Zustand, den viele Frauen demütigend finden, entgegenzuwirken, hat man in der Presse und in der öffentlichen Meinungsbildung einen Hausarbeits- und Mutterschaftskult gepflegt. Die sentimentale Verherrlichung, die diesen Tätigkeiten zuteil wird, mag vielen Hausfrauen schmeicheln; aber auf die Dauer bringt sie mehr Schaden als Nutzen, denn sie ermutigt die Frauen, sich einer unvernünftigen Selbstbemitleidung hinzugeben und hindert sie, ihre Lage richtig zu beurteilen.

Manchmal gleicht diese Verherrlichung verdächtig einer Überredung; als ob man die Frauen davon überzeugen müßte, daß ihr Los besser ist, als sie glauben. Mag dieser Eindruck nun zutreffen oder nicht: Der sentimentale Kult, der mit den häuslichen Tugenden getrieben wird, ist die billigste Methode der Gesellschaft, die Frauen zu beschwichtigen, ohne sich mit ihren Nöten ernsthaft zu befassen oder ihre Lage zu verbessern. Sie ist bis auf den heutigen Tag erfolgreich benutzt worden und hat dazu beigetragen, manches Dilemma der Hausfrauen zu verewigen, indem man ihnen einserseits erklärt, sie weihten sich der heiligsten Pflicht, während man sie andererseits unbezahlten Kulis gleichstellt.

Diese Bezeichnung mag angesichts der Tatsache, daß es einigen Frauen trotz ihrer finanziellen Abhängigkeit offensichtlich gut geht, übertrieben erscheinen. Aber die Kaufkraft einer Frau ohne eigenes Einkommen hängt natürlich von der Großzügigkeit ihres Mannes ab. Es gibt noch immer allzu wenig Fälle, in denen eine wirkliche Partnerschaft bei den ehelichen Finanzen besteht. Und die finanzielle Lage der verheirateten Frau gleicht, wenn nicht in der Praxis so doch im Prinzip, der einer Minderjährigen. Dieser Zustand der Abhängigkeit ist erniedrigender, als gern zugegeben wird und verursacht viele häusliche Spannungen und Frustrationen. Da die meisten Frauen heute die Unabhängigkeit kennengelernt haben, die ihnen ein selbstverdientes, wenn auch noch so kleines Einkommen verschafft, fällt es ihnen schwer, um Geld bitten und über ihre Ausgaben Rechenschaft ablegen zu müssen.

Abgesehen von diesen äußerst wichtigen finanziellen Überlegungen bedrücken die Frau, die sich ganz ihrem Heim und ihrer Familie widmet, viele andere Umstände. Gerade die intelligentere, lebhafte und gebildete Frau fürchtet, daß sie in der Enge ihres Heimes geistig verkümmert und ohne Anregungen verdummt. Heim und Kinder als Milieu mögen zwar das Gemüt ansprechen, aber sie wirken kaum geistig befruchtend. Am meisten leiden die Hausfrauen jedoch unter ihrer gesellschaftlichen Isolierung – einer Isolierung, die die durch ihren Beruf an menschliche Kontakte gewöhnte Frau stärker empfindet als die zur Hausfrau geborene und erzogene. Ihre Arbeit führt nicht wie andere Beschäftigungen von sich aus zu menschlichen Kontakten – im Gegensatz zu früheren Zeiten, als die Haushaltungen größer waren und mehr Verrichtungen, die sich als Gemeinschaftsarbeit eignen, im Haus geleistet wurden. Ihre Arbeit gewährt der Hausfrau nicht die geistige Anregung und innere Befriedigung, die aus der Tätigkeit in einer Gruppe entspringt. Zudem ist gerade die Hausfrau das Opfer jener Mittelstandsideologie der Zurückgezogenheit[5] geworden, die heute weite Kreise der Gesellschaft beherrscht und das »Unter-sich-Bleiben« zu einer der Haupttugenden im Anstandskodex des Besitzbürgertums und kleinen Mittelstandes gemacht hat.

Von Geselligkeit durch ihre Arbeit und von den Nachbarn durch das konventionelle »reservierte« Verhalten isoliert, ist die Hausfrau normalerweise innerhalb ihrer vier Wän-

5. Paul Halmos, *Solitude and Privacy*, London 1952.

de eingeschlossen, da ihr Mann den größten Teil des Tages auswärts arbeitet und ihre Kinder – wenn sie nicht noch zu jung sind, um wirkliche Gefährten sein zu können – draußen spielen, in die Schule gehen oder bei der Arbeit sind. In der Regel lebt sie meilenweit entfernt von anderen Angehörigen oder den Schulfreundinnen, die sie haben mag. Ihre Einkaufsgänge sind für sie »Ausflüge in die Welt«, und deshalb neigt sie dazu, sie in einer Weise auszudehnen, die für Nicht-Hausfrauen oft nur schwer zu begreifen ist.

Diese gesellschaftliche Isolierung bewirkt eine doppelte seelische Belastung: Auf der einen Seite gibt die Einsamkeit der Hausfrau das Gefühl eines Verlustes; sie ist mit ihrer Rolle unzufrieden und hat das Gefühl, daß das Leben an ihr vorübergeht.

Auf der anderen Seite hat der Verfall anderer gesellschaftlicher Bindungen ihre Ehe ungebührlich belastet. Denn die Ehe ist nun nicht mehr ein Glied eines Sozialgefüges – wie wichtig es auch immer gewesen sein mag –, sondern sie ist praktisch zum einzigen Band geworden, das die Hausfrau mit der Außenwelt verknüpft. Die Teilnahme an örtlichen Veranstaltungen und Freizeitgruppen ist besonders der Frau mit kleinen Kindern aus den gleichen Gründen nicht immer möglich, die ihr die Beibehaltung ihres Berufes erschweren. Sich derartigen Betätigungen außerhalb des Hauses zuzuwenden, erfordert eine besondere geistige Anstrengung, deren manche Hausfrau nicht fähig ist. In der Regel ist ihr Mann die alleinige Quelle für alle ihre gefühlsmäßigen, intellektuellen und geistigen Bedürfnisse und ihr einziger echter Kontakt mit der »weiten Welt«. Sich auf irgendeine menschliche Bindung so sehr verlassen, heißt, sie bis zur Grenze ihrer Tragfähigkeit und manchmal darüber hinaus belasten. »Die gegenwärtige Scheidungsquote«, sagt ein amerikanischer Soziologe[6], »ist, zumindest teil-

6. David Riesman, *The Lonely Crowd,* New York 1953.

weise, ein Maßstab der Ansprüche, die feinfühlende Ehepaare des Mittelstandes neuerdings in bezug auf Gemeinschaft und Freizeitgestaltung an die Ehe stellen ... diese Ansprüche sind nicht nur anfangs bei der Wahl des Partners hoch, sondern ... sie schließen die Erwartung ein, daß der eine Partner sich ungefähr im gleichen Maß und Tempo wie der andere zu einer vollen Persönlichkeit entwickelt.«
Die Situation wurde dadurch verschlimmert, daß die Beteiligung des Mannes am Leben der Familie, an den täglichen Pflichten des Haushalts und an der Erziehung der Kinder durch die Arbeitsteilung zwischen Mann und Frau und durch die räumliche Trennung des Haushaltes vom Arbeitsplatz auf ein Minimum beschränkt worden ist. Man lebt in zwei verschiedenen Welten, und der Bereich, in dem sich beide Sphären decken, ist durch die gesellschaftliche Isolierung der Hausfrau in gefühlsmäßiger Hinsicht überlastet worden.

Theoretisch bringen die modernen Nachrichten- und Unterhaltungsmittel bei bloßem Drehen eines Knopfes die ganze Welt ins Haus. In Wirklichkeit hingegen fällt nur ein Schatten dieser Welt herein. Der auf diese Art hergestellte Kontakt ist unpersönlich und ohne wechselseitige Beziehung. Im Rundfunk, den die Frau bei ihrer Hausarbeit einschaltet, bieten ihr unpersönliche Stimmen Nachrichten, Ansichten und Unterhaltung; das Fernsehen projiziert Menschen und Geschehnisse auf den Bildschirm, ohne dabei ein Gefühl der »Präsenz« aufkommen zu lassen. Zwischen dem Künstler oder Ansager und seinem Publikum kommt es zu keinem wechselseitigen Kontakt, wie er im »wirklichen Leben« entsteht. Zeitungen mögen alle möglichen Einzelheiten aus dem Leben fremder, unbekannter Leute veröffentlichen, doch so sehr sich die Journalisten auch darum bemühen, besonders ihren weiblichen Lesern »Menschliches« zu vermitteln – diese Menschen bleiben Fremde, und jedes Verhältnis zu ihnen bleibt einseitig, selbst wenn es dabei weitgehend zu einer Identifizierung kommt, was oft geschieht. Die isolierte Frau mag zu Hause wohl mit den Ereignissen »in Berührung« bleiben, aber sie fühlt, daß sie selbst von den Ereignissen nicht berührt wird und daß diese sich ohne ihre Teilnahme abspielen. Die Fülle der Informationen, die ihr ohne eigene Mühe geboten wird, verliert nicht den »Ersatz«-Charakter. Durch sie wird das Gefühl der Isolierung und des Ausgeschlossenseins eher verstärkt als gemindert.

Viele Forscher sind über die Tatsache erstaunt gewesen, daß Hausfrauen Büros und Werkstätten für verlockende Stätten halten, die von interessanten menschlichen Kontakten erfüllt sind, und daß viele berufstätige Mütter erklären, ihre Arbeit biete ihnen einen Ausweg, der die zusätzliche Belastung völlig aufwiege. Viele von ihnen sagen, daß sich die Nervenanspannung, die durch die Isolierung und die unaufhörlichen kleinen Alltagssorgen entsteht, durch das Sicherheitsventil des Berufs verringere und die häuslichen Sorgen wieder die richtigen Proportionen bekämen, wenn man sie vor dem größeren Hintergrund betrachtet, den der Kontakt mit anderen Menschen vermittelt.

RÜCKSCHRITT IST KEIN AUSWEG

Die offensichtliche Unzufriedenheit unter den Frauen von heute hat einige Leute zu dem Schluß gebracht, die Frauenemanzipation sei die Wurzel allen Übels. Hätte die Frauenbewegung keinen Erfolg gehabt – so wird manchmal argumentiert –, dann könnten die Frauen noch heute als Hausfrauen und Mütter, ohne aus dem Hause zu streben, glücklich sein. Die Gleichmacherei habe ihnen »Ideen in den Kopf gesetzt«, die mehr Schaden angerichtet als Gutes bewirkt hätten.

Feststellungen wie diese halten einer Prüfung durch eine historische oder soziologische Analyse nicht stand. Sie müssen als Ausdruck einer irrationalen Sehnsucht nach der Vergangenheit bewertet werden, die einer Unzufriedenheit mit der Gegenwart entspringt. Sie liegen auf derselben Ebene wie andere sehnsüchtige Vergleiche zwischen einzelnen Gegenwartserscheinungen und ihrem für die Vergangenheit vermeintlich charakteristischen Gegenteil. Unsere Rastlosigkeit stellt man der Glaubenssicherheit des Mittelalters gegenüber, unsere demokratische »Gewöhnlichkeit« der aristokratischen Eleganz des 18. Jahrhunderts, und so fort. In eben diesem 18. Jahrhundert aber erfand Montesquieu seinen »unverdorbenen« Perser, und beschwor Rousseau das Ideal des »edlen Barbaren« im Gegensatz zu der Heuchelei seiner eigenen Gesellschaft. So ist das Sichzurücksehnen nach den besseren, »reineren« Tagen der Vergangenheit nichts Neues. Die Auflehnung gegen unsere von der Maschine beherrschte Zivilisation ist so alt wie die Zivilisation selbst. Bestrebungen, den Fortschritt aufzuhalten, sind jedoch wirkungslos geblieben.

Wenn es auch wahr ist, daß Kühlschränke keinen Ersatz für Seelenfrieden darstellen, und daß die Beschleunigung des Luftverkehrs weder die Summe menschlichen Glücks noch das Gefühl der Brüderlichkeit unter den Menschen vermehrt hat, sind solche Feststellungen doch äußerst belanglos. Es dient keinem praktischen Zweck und kann keinem dienen, isolierte Erscheinungen aus ihrem gesellschaftlichen Zusammenhang herauszugreifen, um sie für gegenwärtige Mißstände einzeln verantwortlich zu machen.

Es mag wohl sein, daß die Frauen in der Welt vor der Emanzipation im allgemeinen glücklicher waren, als ihre Enkeltöchter es heute sind, obwohl sich die Gesamtmenge des vorhandenen Glücks in zwei beliebigen Zeitpunkten kaum miteinander vergleichen läßt. Man könnte jedoch mit demselben Recht sagen, daß in jener vorindustriellen Zeit die Menschen – gemessen an unseren gegenwärtigen Nöten – ganz allgemein glücklicher waren, daß sie weniger rastlos und ohne ständigen Konkurrenzkampf, zufriedener mit ihrer Arbeit, weniger ehrgeizig und weniger uneins mit sich selbst waren. Andererseits starben mehr Menschen im Kindesalter, im Wochenbett, als Opfer von Epidemien und Hungersnöten; ein größerer Teil der Bevölkerung war unheilbar krank oder durch Krankheit entstellt; mehr Menschen wurden von älteren Angehörigen und von ihren Vorgesetzten schlecht behandelt, und mehr litten unter entsetzlicher Armut und harter Ungerechtigkeit. Die Gesamtsumme einer so trügerischen Sache, wie es das menschliche Glück ist, läßt sich einfach nicht errechnen. Soviel jedoch läßt sich sagen: Als die wirtschaftlichen und sozialen Verhältnisse sich mit der industriellen Revolution änderten, wuchs bei den Frauen die Unzufriedenheit mit ihrem Los bis zu einem solche Grade, daß sie in der Emanzipationsbewegung das Ventil fand, dessen sie bedurfte, und daß man durch eine Reihe von Neuregelungen in unserem Gesellschaftssystem versuchen mußte, Abhilfe zu schaffen – eine Entwicklung übrigens, die noch nicht abgeschlossen ist. Die Emanzipation ungeschehen zu machen und zu den »drei K's«, nämlich zu Kindern, Küche und Kirche zurückzukehren, würde, wenn es überhaupt möglich wäre, die Rückkehr zu einem Zustand der Spannung und des Unglücklichseins bedeuten – es sei denn, daß die Industrialisierung und alle ihre wirtschaftlichen und sozialen Errungenschaften gleichzeitig ungeschehen gemacht werden könnten. Dies ist jedoch reine Phantasterei. Selbst wenn es möglich wäre, allein für die Frau eine rückläufige Entwicklung in Gang zu bringen, so würde das die Spannungen zwischen den Geschlechtern gewiß noch unüberwindlicher als je zuvor machen. Tatsächlich ist es ebensowenig möglich, in ein vergangenes Stadium der gesellschaftlichen Entwicklung zurückzukehren, wie es einem Erwachsenen möglich ist, in das embryonale Stadium seliger Unbewußtheit oder in die Nicht-Verantwortlichkeit seiner früheren Kindheit zurückzukehren. Das einzige, was der Sozialreformer tun kann, ist Härten, die sich auf Grund von ungleichmäßigen Entwicklungen in den verschiedenen Bereichen der Gesellschaft ergeben haben, auszugleichen und die Anpassung der Gesellschaft an neue Lebensbedingungen so glatt wie möglich gestalten zu helfen.

EINE WICHTIGE MINDERHEIT

Es ist natürlich richtig, daß viele verheiratete Frauen ihrem früheren Beruf nicht nachtrauern und froh darüber sind, von Arbeitsverhältnissen befreit zu sein, die sie als Sklaverei empfanden. Auch ist es richtig, daß viele, die nach der Heirat ihren Beruf beibehalten, dies nicht freiwillig, sondern unter dem Zwang der wirtschaftlichen Verhältnisse tun. Man wird uns gewiß darauf hinweisen, daß die psychologischen Spannungen und Schwierigkeiten, die wir in diesem Kapitel erörterten, vorwiegend eine verhältnismäßig kleine Gruppe von Frauen aus dem gebildeten Mittelstand betreffen.

Mit voller Absicht haben wir den Problemen der Frau, die für einen Beruf ausgebildet wurde, mehr Aufmerksamkeit gewidmet, als es ihrer Zahl nach gerechtfertigt scheint. Wir haben dies aus verschiedenen Gründen getan. Einer davon ist der, daß nur dort ein Problem der Wahl entstehen kann, wo es zumindest eine gewisse Freiheit des Wählens gibt. Eine Frau, die erwerbstätig sein muß, um ihre Familie zu ernähren, wird von den psychologischen Auswirkungen ihrer Abwesenheit auf ihre Kinder nicht allzusehr angefochten werden. Sie weiß, wenn sie nicht das notwendige Geld für die Ernährung ihrer Kinder verdient, werden sie Hunger leiden. Welches von beidem das kleinere Übel ist, unterliegt keinem Zweifel.

Überdies meldet sich die gebildete Elite mehr zu Wort, und ihre Probleme werden daher häufiger erörtert. Diese Minderheit schafft das Modell, das später von der Gesellschaft allgemein angenommen wird. Nach ihren Erfolgen und Fehlschlägen wird man das Ergebnis der Frauenemanzipation beurteilen und die Frage »wieviel Gleichberechtigung« entscheiden. Eine Lehrerin, Fürsorgerin oder Ärztin, die bei der Heirat ihre Laufbahn abbricht, schafft damit einen stärker beachteten Präzedenzfall als Dutzende von Ladenmädchen, Fabrikarbeiterinnen oder Stenotypistinnen, die dasselbe tun. Frauen sind in den höheren Berufsgruppen noch verhältnismäßig neu und durchlaufen dort ein Versuchsstadium; und man beurteilt, wie bei anderen Minderheiten, den ganzen Stand nach dem Verhalten jedes seiner Mitglieder. Wenn die berufstätige Frau entweder in ihrem Beruf oder in ihrer Ehe versagt, was den wachsamen Augen der anderen nicht entgeht, dann wird dadurch nicht nur der allgemeinen Stellung der Frau in der Gesellschaft, sondern auch ihrer eigenen Hoffnung auf eine glückliche Änderung der bestehenden Lebensbedingungen großer Schaden zugefügt. Wenn es den Vorkämpferinnen gelingt, Mutterschaft und Beruf miteinander zu verbinden, können alle Frauen daraus Mut schöpfen.

Es ist natürlich richtig, daß der Wert der Bildung nicht in der Weise gemessen werden kann, wie man den materiellen Ertrag aus Kapitalinvestitionen mißt. Ihre Erträge lassen sich zu schwer bestimmen, als daß sie in einem Kontobuch in Erscheinung treten könnten. Es gibt immer wieder in der Presse ausgedehnte Diskussionen darüber, ob die Hochschulbildung für Mädchen nicht Zeit- und Geldverschwendung sei, da die meisten Frauen ihren Beruf bei der Heirat aufgeben. (*Labour Lost through Love* oder *Durch Liebe verlorene Arbeitskräfte* war die treffende Überschrift, mit der etwa der *Economist* seinen eigenen Diskussionsbeitrag versah.) Die vielen verheirateten Akademikerinnen, die an der Diskussion teilnehmen, betonen gewöhnlich, sie seien glücklich, zum Studium Gelegenheit gehabt zu haben und zögen daraus Nutzen, und sie hegten nicht den geringsten Zweifel daran, daß es für sie von großem Wert gewesen sei. Eine Minderheit sagt, sie hoffe, ihre berufliche Laufbahn wieder aufnehmen zu können, sobald ihre Kinder alt genug sind, und einige andere berichten, wie sie dies im Alter von über vierzig mit Erfolg getan hätten.

Die Mehrzahl der Diskussionsteilnehmerinnen betonte den Wert der akademischen Bildung, weil sie den geistigen Horizont erweitert, die Aufnahmefähigkeit steigert und das Verständnis sowie das Urteilsvermögen verbessert; all das, sagen sie, sei für sie auch in ihrem Verhältnis zu Mann und Kindern ein Gewinn, und darum sei auch ihre Ausbildung keinesfalls vertan, selbst wenn sie von ihr beruflich keinen Gebrauch gemacht hätten.

Das kann nicht bestritten werden. Sicherlich ist die Ausbildung für einen Beruf nur eine Seite der akademischen Bildung; die Entwicklung charakterlicher und geistiger Kräfte ist eine andere, die nicht unterschätzt werden darf. Je mehr für das Universitätsstudium geeignete Menschen studieren können, um so besser ist es für die Gesellschaft. Doch solange die Zahl der Studienplätze begrenzt ist und die Öffentlichkeit weitgehend die Kosten einer solchen Ausbildung trägt, werden jene, die die Geldmittel verwalten, pflichtgemäß darauf achten, daß das in der Universitätsausbildung investierte Geld möglichst große Erträge abwirft. Man kann ihnen keine Vorwürfe machen, wenn sie von denen, die den Vorteil einer akademischen Bildung genießen, einen Beitrag zur gesellschaftlichen Arbeit erwarten. Wenn die Frau unter gleichen Bedingungen zum Universitätsstudium zugelassen worden ist, kann sie sich entsprechenden Vergleichen mit dem Mann nicht entziehen. Sie darf daher nicht überrascht sein, wenn man die kultivierten und gebildeten Mütter – so wünschenswert sie auch sein mögen – lediglich als ein Nebenprodukt, aber nicht als Hauptziel der akademischen Erziehung betrachten kann.

9

Die nächsten Schritte

Man kann die Tatsache nicht übersehen, daß sich die Frau noch nicht in beiden Welten »zu Hause« fühlt. Ihre psychologischen Konflikte beruhen auf ihrer wirtschaftlich und sozial unsicheren Stellung. Will man sie vollkommener in unsere Gesellschaft eingliedern, als es bisher geschah, so werden Änderungen in der persönlichen Einstellung von Mann und Frau, Anpassung des Arbeitsmarktes und behördliche Maßnahmen gleichermaßen notwendig sein.

Es ist ein hoffnungsvolles Zeichen, daß in allen drei Bereichen die Angleichung an die sozialen Erfordernisse ständig fortschreitet, wenn auch oft zögernd und nicht koordiniert. Die bereits getroffenen Maßnahmen bilden die beste Ausgangsposition für eine weitere Entwicklung, weil sie oft die rechte Richtung weisen und uns mit einem Vorrat an Erfahrung versehen, aus dem wir schöpfen können. Wir wollen darum über diese Maßnahmen einen kurzen Überblick geben.

DIE NOTWENDIGE PERSÖNLICHE ANPASSUNG

Die erforderlichen Änderungen in der Einstellung der Frau sind in vielen Teilen dieses Buches dargelegt oder indirekt berührt worden. Sie können unter den folgenden Punkten kurz zusammengefaßt werden:

- Planung für die verschiedenen Lebensabschnitte
- Einstellung zum Beruf
- Berufswahl

In einer so langen Lebensspanne, wie sie die Frau heute unter normalen Umständen erwarten kann, wird das Aufziehen der Kinder kaum mehr als ein Drittel des Erwachsenendaseins in Anspruch nehmen. Die Frau sollte ihr Leben daher als eine Folge von drei Abschnitten ins Auge fassen, deren jeder vorwiegend von einer Aufgabe beherrscht wird: Auf eine Periode der Erziehung und Ausbildung folgen – wenn möglich – Jahre, die dem Aufziehen der Kinder gewidmet sind; diesem wiederum folgt eine Periode, in der die vorangegangene Ausbildung und Erfahrung in größerem Maße für die Gesellschaft eingesetzt wird. Erziehung, Familie und Beruf können in *einem* Leben zu einem harmonischen Ganzen vereinigt werden, wenn man jedem dieser Bereiche in zeitlicher Folge seinen eigenen Platz zuweist.

In der Praxis wird heute oft nach dieser Regel gehandelt, jedoch weniger im Rahmen eines überlegten Lebensplanes als vielmehr aus dem Verlangen nach einer nützlichen und interessanten Betätigung, das Frauen in mittleren Jahren haben. Der Gedanke an eine solche Einteilung des Lebens ist noch zu neu, um als ein natürlicher Rhythmus anerkannt zu werden.

Wenn jedoch die Frau diesen Zyklus von Anfang an vor Augen hätte, könnte sie ihrem Leben einen vernünftigeren Plan zugrunde legen, als sie es jetzt tut. Sie stände nicht mehr unvorbereitet vor der Mitte ihres Lebens. Und sie könnte manche Sorgen und Enttäuschungen vermeiden, wenn sie nicht versuchte, zu viele Dinge auf einmal zu tun – oder fürchtete, wenn sie das eine tue, das andere zu versäumen. Statt dessen könnte sie sich der jeweils vordringlichen Aufgabe widmen, im Bewußtsein dessen, daß sie ein langes Leben zu erwarten hat, in dem sich alle Ziele, in einem Rhythmus, der ihrem Lebensalter und ihrer Konstitution am besten angemessen ist, verwirklichen lassen.

Wenn die Frau in der Gesellschaft einen ihren Fähigkeiten gemäßen Platz einnehmen will, ist es unter anderem wichtig, daß sie eine realistischere Einstellung zu ihrem Beruf hat. Man wird sie in ihrem Beruf nur dann ernst nehmen, wenn sie gelernt hat, ihre Tätigkeit nicht als bloßes Geldverdienen, sondern als ein *gagner sa vie* zu betrachten, wie die Franzosen es nennen.

In einer äußerst interessanten Studie[1] über die berufliche Stellung der Frauen in Frankreich und deren Zusammenhang mit dem Fortbestand der traditionellen Vorstellung von der Aufgabe der Frau erörtern die Verfasser die Tatsache, daß trotz der sehr beachtlichen Mitarbeit der Französin in Industrie, Handel, öffentlichen Diensten und den freien Berufen die meisten Frauen in den untersten Berufsstufen zu finden sind. Sie weisen darauf hin, daß 1950 in den Lehrlingsschulen *(centres d'apprentissage)* die Zahl der Mädchen 55 000 (im Vergleich zu 86 000 Jungen) betrug, und daß von diesen 55 000 Mädchen 35 000 als Schneiderinnen und 11 000 für Büroberufe ausgebildet wurden. In der Metallindustrie, wo die Belegschaften zu 13 vH aus Frauen bestehen, bildet die Zahl der weiblichen Lehrlinge nur 0,37 vH der Zahl der Mechanikerlehrlinge und 0,63 vH der elektrotechnischen Lehrlinge. Somit leisten die Frauen in den meisten Industriezweigen ungelernte oder angelernte Arbeit, und zwar vor allem darum, weil ihre Arbeit und ihr Verdienst als Nebenbeschäftigung zu ihrem Familienberuf angesehen werden.

Ein treffendes Beispiel für die fortlaufende Vergeudung beruflicher Ausbildung liefern in Frankreich die Pharmakologen. An den Studierenden dieser Fachrichtung haben die Frauen den größten Anteil (53,5 vH im Jahre 1950); unter den im Beruf stehenden Apothekern stellen sie nur

1. Von M. Guilbert und V. Isambert-Jamati, a. a. O.

22 vH. Selbst wenn die jetzige Generation der Studierenden besser abschneiden sollte, ist es doch sehr enttäuschend, daß auf einem Gebiet von so großer Bedeutung für die Allgemeinheit die Arbeit der Professoren und die Beschaffung teurer Laboratoriumsausrüstungen so wenig bleibenden Gewinn einbringt.

Der erste Punkt, der den jungen Mädchen eindrücklich vor Augen geführt und von den Berufsberatern ganz besonders betont werden sollte, ist folglich der, daß es für sie besser ist, ihren Beruf ernst zu nehmen als ihn unter dem Vorbehalt zu ergreifen: »Natürlich kann ich jederzeit ausscheiden, wenn ich heirate.« Die Frauen würden ein viel wertvollerer Bestandteil des Arbeitsmarktes sein und dementsprechend auch mehr Aussichten haben, wenn es mehr von ihnen gäbe, die den größten Teil ihres Lebens ernsthaft ihrem Beruf widmeten, wobei eine Unterbrechung von einigen Jahren durchaus zugestanden werden kann.

Berufswahl

Ein zweiter, gleich wichtiger Punkt ist der, daß in Zukunft die Frauen mehr mit dem Herzen dabei sein sollten, wenn sie eine Berufslaufbahn wählen. Ihre Wahl muß natürlich in erster Linie von ihrer Begabung und Neigung sowie den ihnen offenstehenden Möglichkeiten abhängen. Innerhalb dieses Spielraums sollten die Mädchen jedoch mehr als die Jungen ihre Aussichten vor dem Hintergrund ihrer zukünftigen Verantwortung für eine Familie sehen. Diese Forderung wird vom praktischen gesunden Menschenverstand diktiert – obgleich dies für manche Idealistin, die eine vollkommene und unbedingte Gleichberechtigung der Geschlechter erhofft hatte, enttäuschend sein mag. Wenn die Benachteiligung der Frau, der man noch immer in vielen Berufszweigen begegnet, beseitigt werden soll, müssen die Frauen mit den Männern unter gleichen Bedingungen in Wettbewerb treten können. Dabei ist die Fähigkeit, auf lange Sicht Pläne zu machen, einen gewählten Beruf auch auszuüben und für die Zeit und das Geld, die in die Ausbildung gesteckt wurden, eine Gegenleistung zu erbringen, von besonderer Bedeutung.

Die Frauen könnten auf ihrem Wege zur Emanzipation ein entscheidendes Hindernis umgehen, wenn sie Beschäftigungen wählten, die sie nach ihrer Heirat fortführen oder nach einer mehrjährigen Unterbrechung wieder aufnehmen können.

Dies braucht nicht auf eine neue Arbeitsteilung zwischen den Geschlechtern hinauszulaufen. Noch weniger würde es den Verzicht auf das weibliche Ideal der Gleichberechtigung bedeuten, denn »gleiche Chancen« gehören untrennbar zu unserer demokratischen Ideologie. Aber es hat keinen Zweck, unsere Augen vor den Tatsachen des Lebens zu verschließen, um einem reinen Ideal nachzujagen. Es kann durchaus sein, daß die weiblichen Ideale nach den Erfahrungen von Vergangenheit und Gegenwart heute gewisser Einschränkungen bedürfen. So wurde zum Beispiel den emotionalen Bedürfnissen der Frau von den ersten Frauenrechtlerinnen nicht genügend Beachtung geschenkt. Ihre Forderung nach dem Recht auf Arbeit und eigenen Besitz für die Frau hat das ebenso wichtige Recht der berufstätigen Frauen, zu heiraten und Kinder zu haben – sofern sie es wollen – überschattet.

Es muß erkannt und offen zugegeben werden, daß alle unsere demokratischen Ideale Gefahren mit sich bringen. Untersuchungen von gleichem Wert wie Erich Fromms *Fear of Freedom* (*Die Furcht vor der Freiheit*) könnten und sollten über die gesellschaftlichen und psychologischen Probleme geschrieben werden, die den Idealen der Gleichheit und Brüderlichkeit ebenso wie dem der Freiheit innewohnen. Die Folgerung, die man aus der Einsicht in die gegebenen Schwierigkeiten ziehen sollte, besteht gewiß nicht in der Preisgabe dieser Ideale, sondern darin, die Gefahren ins Auge zu fassen und zu versuchen, sie zu überwinden.

Den Mädchen, die eine besondere Begabung und ein überragendes Interesse für die traditionell männlichen Berufe zeigen, darf gewiß nicht der Mut genommen werden, ihren Neigungen zu folgen. Es wäre zum Beispiel falsch, eine Frau, die sich zur Rechtsanwältin berufen fühlt, zu überreden, sich als Fröbelsche Kindergärtnerin ausbilden zu lassen, nur weil sie hofft, bei passender Gelegenheit zu heiraten und wenn möglich Kinder zu bekommen. Auf diese Weise kann eine Frau, die andernfalls eine brauchbare oder gar ausgezeichnete Rechtsanwältin geworden wäre, für den Rest ihres Lebens dazu verurteilt sein, eine mittelmäßige und innerlich unzufriedene Kindergärtnerin abzugeben, wenn sich ihre Hoffnung auf eine etwaige Flucht in die Ehe nicht erfüllt hat. Und es ist jedenfalls eine grausamere Enttäuschung, alle Hoffnung auf die Ehe gesetzt zu haben und sie dann nicht verwirklichen zu können, als eine vielversprechende Karriere im Falle einer Heirat aufgeben zu müssen.

Die Mehrzahl aller Mädchen fühlt sich jedoch nicht zu einem bestimmten Beruf gedrängt. Ihre geistigen und manuellen Fähigkeiten können in der Regel auf jedem der mannigfaltigen Gebiete genutzt werden, für das ihr Interesse geweckt wird. Dies sind die Mädchen, die eine Berufsberatung brauchen und dabei in die hier angedeutete Richtung gewiesen werden sollten.

Wenn dabei im Endergebnis viele Frauen vernünftigerweise einen der traditionellen weiblichen Berufe wählten würden, schadete dies nach unserer Meinung keineswegs der »Sache der Frau«, wie es manche eifrige Frauenrechtlerin der älteren Schule wohl glauben mag. Offensichtlich eignen sich nicht alle Berufe gleich gut für eine Verbindung mit dem Familienleben. Berufe, die viele Reisen notwendig machen, die lange oder unregelmäßige Arbeitszeiten mit sich bringen oder besonders diffizile Fertigkeiten erfordern, die in Zeiten, in denen sie nicht angewandt werden, verlorengehen können, sind in dieser Hinsicht ungeeignet. Berufe, wie der einer Chirurgin oder Diplomatin, lassen sich nur schwer mit der Verantwortung für eine Familie vereinbaren.

Dennoch bleibt für die Wahl der einen oder anderen Berufsart ein weiter Spielraum. An dem einen Ende dieser Skala steht der Berufstyp, der viele Jahre hindurch tagaus, tagein die Zeit des in ihm Tätigen völlig in Anspruch nimmt. Wenn solche Berufe manchmal von Männern ohne Rücksicht darauf gewählt werden, daß sie dem Familienleben kaum Raum lassen, so können sie auch von Frauen ergriffen werden, aber nur dann, wenn sie bereit sind, unter gleichen Bedingungen wie die Männer zu arbeiten.

Das andere Extrem bilden Tätigkeiten, die so leicht mit Ehe und Mutterschaft zu verbinden sind, daß die Frau, um es bildlich auszudrücken, sie »mit einer Hand an der Wiege« ausüben kann. Das Lehramt zum Beispiel, vor allem in Kindergarten und Grundschule, scheint dem Ideal am nächsten zu kommen, weil die Arbeitszeit für Mutter und Kinder mehr oder weniger die gleiche ist: Sie können zusammen zur Schule gehen, ihre Ferien fallen zeitlich zusammen, und bei ihrer Arbeit kann ihnen ein gemeinsames Interesse wechselseitig helfen.

Nicht viele Berufsarten sind so gut auf junge Ehefrauen zugeschnitten, aber es gibt doch verschiedene Tätigkeiten, die sie ohne Bedrängnis für sich selbst und ohne üble Auswirkungen auf ihre Familie ausüben können, beispielsweise die Betreuung eines privaten Kindergartens, die Leitung eines in der Nähe gelegenen Geschäftes, die Bedienung einer Tankstelle und verschiedene Arten der Heimarbeit – von der Schneiderei, der Anfertigung von Lampenschirmen oder Einzelteilen für die Industrie, von Strumpfreparaturen oder Maschineschreiben bis zum Korrekturlesen, zum Übersetzen und zu literarischem oder künstlerischem Schaffen. Es ist jedoch richtig, daß viele geistige Berufe einen Grad der Konzentration erfordern, den man nur schwer aufbringt, wenn die laufenden häuslichen Verpflichtungen ebenfalls Aufmerksamkeit erheischen. Obgleich die Frau bei schriftstellerischer Tätigkeit oder bei Forschungsarbeit zu Hause mehr als in anderen Berufen Gelegenheit hat, ihre kleinen Kinder zu versorgen, wird sie, sofern sie im Haushalt über keine Hilfe verfügt, eine eiserne Entschlossenheit brauchen, um ihren Arbeitsplan einhalten zu können. Es ist gewiß leichter, die Mutterschaft mit einer Nadelarbeit als mit dem Schreiben von Romanen zu verbinden.

Zum Glück liegen bei den meisten Arbeitsgebieten die mannigfachsten Berufe zwischen den beiden Extremen, so daß die Frauen unter ihnen wählen können, um ihre Zukunftspläne mit ihren persönlichen Verhältnissen in Einklang zu bringen.

Abgesehen von den vielen traditionell weiblichen Tätigkeiten, wie Sozialfürsorge, Krankenpflege, Schneidern, Kochen, Leitung von Hotels, Restaurants oder Heimen, Kinderbetreuung usw., gibt es einige, in den meisten Ländern als typisch männlich geltende Beschäftigungen, wie die eines Immobilienmaklers, Hausverwalters und andere, die sich relativ leicht mit den Pflichten gegenüber der Familie verbinden lassen und die Kenntnisse verlangen, für die die Erfahrung in der Haushaltsführung einen Gewinn bedeutet. Sie sollten sich daher als Berufe speziell für Frauen mittlerer Jahrgänge gleichfalls empfehlen.

Dagegen bietet der Beruf der Stenotypistin, der zur Zeit so viele weibliche Arbeitskräfte aufnimmt, für Frauen mit Heiratsabsichten auf die Dauer nur mäßige Aussichten. Diese Art Tätigkeit ist bei der Haushaltsführung nicht zu verwenden, und die manuelle Fertigkeit leidet unter einer längeren Pause. Und obgleich man einen gewissen Teil an Schreibarbeit nebenberuflich oder in Form einer Halbtagsarbeit leisten kann, wenn eine ganztägige Beschäftigung als Sekretärin nicht mit den häuslichen Verpflichtungen in Einklang zu bringen ist, erscheint die Menge der auf nebenberuflicher Grundlage verfügbaren Arbeit unendlich klein im Vergleich zu der großen Anzahl von Frauen, die sie übernehmen möchten und könnten.

Erhaltung und Verbesserung von beruflichen Fertigkeiten

Die Jahre, die die Frau zu Hause mit der Betreuung ihrer Familie verbringt, braucht man nicht als für die übrige Gesellschaft verloren zu betrachten, sofern die Frau während dieser Zeit zugleich bemüht bleibt, ihre beruflichen Fertigkeiten zu erhalten. Die Zeit, die ihr die Hausarbeit und ihre Kinder übriglassen, kann mit großem Nutzen zu Studien und für die Vervollkommnung ihres beruflichen Könnens verwandt werden. Vorträge, Clubabende, Fachzeitschriften-Abonnements, Radiosendungen, Fernkurse und Lektüre verschaffen dazu nützliche Gelegenheiten, wenngleich bis jetzt nur wenige Frauen davon systematisch Gebrauch machen.

Die Gelegenheiten sind aber noch lange nicht umfassend genug, und, was schlimmer ist, die Frauen sind sich noch nicht darüber klar geworden, daß sie sich an der Gesellschaft versündigen, wenn sie das in sie investierte Kapital beruflichen Könnens vergeuden. Eine zunehmende Anzahl von ihnen erwacht jedoch schon zu dieser Erkenntnis und versucht, sich auf jene späteren Lebensjahre, in denen es sie nach einer Zeit und Denken ausfüllenden Beschäftigung verlangen wird, vorzubereiten. Eine von diesen Frauen faßte die Gründe, die sie zum Besuch einer Abendschule bestimmten, wie folgt zusammen: »Die Aussicht, entweder Verkäuferin zu werden oder meine Tage in Frauenclubs zu verbringen, ist zu schauderhaft, als daß ich sie in Betracht ziehen könnte. Außerdem wird mein Mann, wenn meine Kinder einmal aus dem Gröbsten heraus sind, mir geistig weit voraus sein, wenn ich mich nicht bemühe, durch geistiges Training mit ihm Schritt zu halten.«

Wenn eine solche Einstellung zu den »Familienjahren« sich mehr verbreitete und wenn die Frau sich weigerte, »beiseitegelegt« zu werden, sobald sie eine Familie hat, würde das gewiß dazu beitragen, den Hausfrauen und den Frauen ganz allgemein eine weniger beschwerte, zufriedenere und selbstbewußtere Haltung zu geben.

Hier liegt eine Aufgabe für die Frauenorganisationen. Sie nämlich könnten das Berufsethos der verheirateten Frauen durch die Einführung und Organisierung von Übungskursen lebendig erhalten und damit ihre Mitglieder anspornen, ihr Wissen zu vertiefen und ihr berufliches Können nicht verrosten zu lassen. Gleichzeitig würden sie denen, die sich dazu eignen, Gelegenheit geben, das eigene Wissen anderen mitzuteilen.

Einige dieser Organisationen sind über das ganze Land verbreitet und haben auch in kleineren Gemeinden Zweiggruppen. Sie vermögen auch gerade jene Frauen zu erreichen, denen die Möglichkeiten der Großstadt nicht zugänglich sind.

Frauenschulen und Fortbildungsschulen könnten ebenfalls dabei behilflich sein – nicht nur, indem sie ihren Schülerinnen ein Berufsethos einprägen, sondern auch durch Übungs- und Wiederholungskurse für »Mütter außer Dienst«, nämlich Frauen, die nach mehrjähriger Pause wieder ihren Beruf aufnehmen wollen.

Es bestehen viele Institute für Erwachsenenbildung, die auf allen möglichen Fachgebieten Gelegenheit zu praktischer wie auch theoretischer Ausbildung geben. Sie würden den Frauen und der Gesellschaft einen Dienst erweisen, wenn einige ihrer Abendklassen sich um die besonderen Bedürfnisse verheirateter Frauen bemühten, die sich auf die spätere Wiederaufnahme ihrer erlernten Berufe vorbereiten wollen. Einige Organisationen haben auch erfolgreiche Versuche mit Familien-Sommerschulen gemacht, in denen die Eltern Vorträge besuchen können, während die Kinder von ausgebildetem Personal betreut werden. Das »Sommerinstitut für Familie und Gemeinschaftsleben« (*Summer Institute for Family and Community Living*) am

Vassar College, New York, ist vielleicht das bekannteste und fortschrittlichste dieser Art. Dabei ist es nicht das einzige. Auch in Großbritannien gibt es eine Reihe von Familien-Sommerschulen, die vom Arbeiterbildungsverein (*Worker's Educational Association*) und einer Vielzahl kirchlicher Organisationen aufgezogen wurden. Ähnliche Kurse für Ehepaare gibt es in Schweden; in ihnen werden neben einer Reihe von allgemeinen Fächern auch häusliche und Familienprobleme erörtert.

Solche und andere Lehrgänge bieten Gelegenheiten, die von verheirateten Frauen weitgehend in Anspruch genommen werden sollten, wenn sie Wert darauf legen, geistig beweglich zu bleiben und ihren Horizont zu erweitern. Hervorragende Beispiele liefern die »Weiterführenden Bildungspläne« (*Continuing Education Schemes*), die viele amerikanische Colleges aufgestellt haben. Diese verbinden Universitätsbildung mit beruflichem und kulturellem Stoff und sind speziell auf die Bedürfnisse von verheirateten Frauen abgestellt, die sich nach einer »zweiten Chance« umsehen.

Die Gewerkschaften könnten ebenfalls eine wichtige Rolle dabei spielen, das Interesse der Frauen an ihrem Beruf wachzuhalten, indem sie für junge Frauen auf »Familien-Urlaub« Sonderkurse einrichten; auch sollten sie sich zu einer Satzungsänderung bereitfinden und solchen Frauen zu ermäßigten Beiträgen die Mitgliedschaft ermöglichen. Sie könnten so das Interesse der Frauen an der Gewerkschaftsorganisation steigern, das im allgemeinen weit unter dem der männlichen Kollegen liegt, obgleich sich die Zahl der weiblichen Mitglieder seit Kriegsende beträchtlich erhöht hat.

Da die Nachfrage nach gelernten Arbeitskräften in allen hochindustrialisierten Ländern ansteigt, ist es kaum zweifelhaft, daß sich die Möglichkeiten der Berufsausbildung nicht nur für Schulabgänger, sondern auch für Frauen in reiferen Jahren ausweiten werden.

Die Liste der notwendigen Wandlungen in der persönlichen Einstellung der Ehepartner wäre unvollständig, wenn sie nicht auf einige Änderungen hinwiese, die sich im Denken und in den Gewohnheiten des Mannes vollziehen müssen.

Dazu gehört vor allem die Einsicht, daß die patriarchalische Familie, in der die Aufgaben geteilt sind zwischen einem sorgenden, schützenden Vater und einer haushaltenden, ergebenen Mutter, sich überlebt hat – auch wenn sie zu ihrer Zeit noch so befriedigend funktioniert haben mag. Es ist heute nicht mehr das Monopol des Mannes, den Lebensunterhalt zu verdienen, und die Versorgung des Haushalts sollte nicht länger das Monopol der Frau sein.

Die meisten Männer können sich jedoch nur schwer an diesen Gedanken gewöhnen, und man hat sie nicht dazu erzogen, mit den praktischen Folgen fertigzuwerden. Viel zu viele glauben immer noch, ihre Selbstachtung verlange es, daß sie allein ihre Familie ernähren; viel zu viele verlassen sich darauf, daß die Frau ihnen die täglich wiederkehrenden Arbeiten für ihre persönlichen Lebensbedürfnisse abnimmt. Die Jungen sollten in der Schule, ebenso wie die Mädchen, mit den verschiedenen Hausarbeiten vertraut gemacht werden, wie es in Schweden bereits geschieht. Dies ist der Preis, für den sie ihre Unabhängigkeit von Köchinnen, Putzfrauen und jemandem, der ihre Kleidung in Ordnung hält, erkaufen können. Man sollte ihnen tief einprägen, daß für den Haushalt Mann und Frau gemeinsam verantwortlich sind.

Heutzutage glauben wir, daß Eheleute Partner sind; dies ist die einzige Form der Ehe, die mit der demokratischen Gedankenwelt zu vereinbaren ist. Aber die unselige Verbindung des Ideals der Partnerschaft mit dem Fortbestehen der patriarchalischen Familie hat zu vielen Reibungen geführt und die heutige Ehegemeinschaft einer schweren

Belastung ausgesetzt. Diese Spannung wird nur dann überwunden werden, wenn zwischen den Eheleuten eine gerechtere Verteilung von Arbeit und Muße erfolgt, wenn sie eine gemeinsame Interessenebene finden, und wenn sie die Verantwortung für Heim und Familie zusammen tragen.

Die psychologischen Voraussetzungen für eine neue Familienform sind bei den jungen Paaren im Wachsen begriffen. Die Berufstätigkeit der Frau, verbunden mit dem Mangel an Haushaltshilfen, hat zahlreiche Ehemänner in Küche und Kinderstube geführt. Das trifft insbesondere auf Akademiker- und Mittelstands-Familien zu.

Bei der heutigen Arbeitszeit, die sich oft noch um erhebliche Anfahrtszeiten verlängert, entsteht die neue Partnerschaft im Haushalt weit häufiger im Zeichen von Plackerei und Müdigkeit als in jenem glücklichen Zusammenwirken und einer Art »schöpferischer Familienarbeit«, die wir erhoffen.

Diese negativen Verhältnisse sind, wie wir glauben, vorübergehend; sie kennzeichnen die augenblickliche Übergangszeit. In Gebieten, wo die Berufstätigkeit verheirateter Frauen eine lange Tradition hat, wie zum Beispiel in Bezirken mit viel Textilindustrie, sind diese Schwierigkeiten schon heute nicht mehr akut. »Hier jedoch gibt es günstige Gemeinschaftseinrichtungen«, schreibt Dame Mary Smieton, damals Unterstaatssekretärin im Arbeitsministerium[2]. »Das öffentliche und das soziale Leben ist so eingerichtet, daß es den Gegebenheiten Rechnung trägt, denn bei der weitverbreiteten Berufstätigkeit der verheirateten Frauen sind diese sowie ihre Familien unbewußt in rationellen Methoden der Haushaltsführung geübt.« Es liegt nahe, hieraus zu schließen, daß ähnliche Anpassungen

2. *Problems of Women's Employment in Great Britain,* von Dame Mary Smieton, *International Labour Review,* Band LIX, Nr. 1, Januar 1954.

überall dort erfolgen werden, wo die Berufstätigkeit verheirateter Frauen sich ausbreitet.

ANPASSUNGEN AUF DEM ARBEITSMARKT

Bei einer Fortdauer der Vollbeschäftigung und der augenblicklichen Bevölkerungsentwicklung wird es nötig sein, auf alle irgend verfügbaren Arbeitskraftreserven zurückzugreifen. Zu diesen gehören in erster Linie die verheirateten Frauen. Viele von ihnen brennen darauf, berufstätig zu sein, und viele andere wären auch dazu bereit, wenn es ihnen erleichtert würde, ihre Familienpflichten mit einem außerhäuslichen Beruf zu verbinden. Man sollte ihnen helfen, sich selbst zu helfen.

Auf lange Sicht hinaus wird wahrscheinlich die wirtschaftliche Notwendigkeit eindringlicher als alle in diesem Buch betonten sozialen Argumente die Arbeitgeber und die amtlichen Stellen davon überzeugen, daß etwas geschehen muß in bezug auf Arbeitsstunden, Ausbildungskurse und Einführung von Sozialeinrichtungen, um der verheirateten Frau die Annahme einer Beschäftigung zu ermöglichen. In Friedenszeiten sollte es leichter sein als im Krieg, solche Maßnahmen zu treffen, auch wenn das Bedürfnis nach ihnen weniger dringlich empfunden wird.

Teilzeitarbeit

Im Hinblick auf den sehr verbreiteten Wunsch verheirateter Frauen nach einer Erwerbstätigkeit wird die Teilzeitarbeit von vielen als Lösung dieses Problems befürwortet.

Die Teilzeitarbeit bietet den Frauen tatsächlich zahlreiche Vorteile. Sie ermöglicht es ihnen, mit dem Arbeitsgebiet in Verbindung zu bleiben, für das sie ausgebildet worden sind. Sie erlaubt den Müttern, von der Arbeit zurück zu sein, wenn ihre Kinder aus der Schule kommen. Sie unterbricht die Eintönigkeit unablässiger Hausarbeit, ohne dabei das tägliche Arbeitspensum allzusehr zu beeinträchtigen. Sie hilft, eine gewisse Arbeitsdisziplin zu bewahren, an der es im Tagesablauf einer Hausfrau oft fehlt, so daß es ihr später schwer werden könnte, nach jahrelangem Aussetzen die Zeit wieder straff einteilen und mit anderen beruflich zusammenarbeiten zu müssen.

Aus all diesen Gründen scheint die Teilzeitarbeit eine gute Übergangslösung für jene Frauen zu sein, die später wieder ganz in ihren Beruf zurückkehren möchten. Wenn man die Teilzeitarbeit als eine Art von verlängertem Wiederholungskursus betrachtet, mag sie einige Opfer nicht nur seitens der Frau, sondern auch seitens des Arbeitgebers wert sein. Als eine dauernde Beschäftigungsart für verheiratete Frauen erscheint sie uns dagegen weder brauchbar noch erwünscht; es besteht zudem die Gefahr, daß durch eine Überbewertung dieser Beschäftigungsart durch manche Stellen als »die« Lösung des Problems der verheirateten Frau im Beruf, schließlich die Frauen in eine Sackgasse gelockt werden. Denn die meiste Arbeit in unserer Gesellschaft ist so organisiert, daß sie wöchentlich einen 40- bis 48stündigen Einsatz verlangt. Mit Ausnahme von einigen besonderen Arbeitsgebieten, in denen die Teilzeitarbeit einem echten Bedürfnis[3] entspricht, hat sie nur Hilfs- oder Ergänzungscharakter neben der normalen Arbeitswoche. Es kann natürlich zutreffen, daß bei vielen Beschäftigungsarten – zumal mit Routine-Charakter – zwei Personen, die jeweils eine halbe Schicht arbeiten, jede für sich mehr leisten als eine Person, die den ganzen Tag arbeitet. Es wäre jedoch aus Gründen, die in anderem Zusammenhang genannt wurden, vollkommen unrealistisch, zu erwarten, daß der Arbeitgeber die Arbeit zwischen zwei Arbeitskräften aufteilen wird, solange er eine Person für die volle Arbeitszeit bekommen kann. Die Anzahl der verfügbaren Teilzeitstellen wird zwangsläufig immer begrenzt bleiben.

3. Beispiele siehe Seite 181 f.

Auch werden die sozialen Anpassungsmaßnahmen, die nötig sind, um der Frau das Verbleiben im Beruf zu ermöglichen, kaum gemacht werden, wenn die Frau weiterhin nur als Hilfskraft und nicht als vollwertige Arbeitskraft angesehen wird. Die Schwierigkeiten jener verheirateten Frauen, die Beruf und Familie zu vereinbaren suchen, werden damit verewigt.

Längerer Urlaub bei Mutterschaft

Es ist eine dringende Forderung an alle Arbeitgeber, die Frauen beschäftigen, sie eine gewisse Zeit vor und nach der Geburt zu beurlauben, und es gibt in allen Ländern die entsprechenden Bestimmungen. Sie werden hier nicht einzeln angeführt, weil die Unterschiede in der Länge der Schutzfrist in den verschiedenen Ländern ohne größere Bedeutung sind. In jedem Falle ist eine Mindestzeit gesetzlich festgelegt, die man als notwendig erachtet, um die Gesundheit von Mutter und Kind zu schützen.
Der Mutterschutz ist vor einiger Zeit wieder im Internationalen Arbeitsamt (I.L.O.) erörtert worden, wobei die Mutterschutz-Konvention von 1919 revidiert wurde. Eine erhebliche Ausdehnung der geltenden Schutzfrist vor und nach der Entbindung wurde nicht vorgeschlagen. Die meisten Regierungen erstrebten eine größere Beweglichkeit bei der Verteilung des Zwölf-Wochen-Urlaubs, der bisher auf Grund der Konvention zu gleichen Teilen vor und nach der Geburt des Kindes zu gewähren ist. Ganz allgemein wurde befürwortet, den überwiegenden Teil des Urlaubs lieber nach der Entbindung zu gewähren als vorher; das beweist einen Wandel in der sozialen Einstellung, weil damit nicht mehr die schwangere Frau, die heutzutage allgemein bei guter Gesundheit ist und vor der Niederkunft freie ärztliche Betreuung genießt, sondern das Wohl des Säuglings im Vordergrund steht. Dieses Wohl sah man jedoch noch im Jahre 1952 hauptsächlich im Stillen, weit

mehr jedenfalls als in dem allgemeinen Anspruch des Säuglings auf die Anwesenheit der Mutter, die für die seelische Gesundheit und glückliche Entwicklung des Kindes so sehr zu wünschen ist.

Vom Standpunkt der Familie aus sind die heutigen Bestimmungen noch keineswegs ideal. Ein Mutterschaftsurlaub von einem Jahr oder auch von zwei Jahren wäre eher angemessen. Wir schlagen nicht vor, die Urlaubsbestimmungen ganz allgemein gesetzlich zu erweitern oder den Arbeitgebern diese Sonderbelastung aufzubürden; unsere Empfehlung sollte jedoch in einem künftigen Stadium der Gesellschaft, in dem man die Interessen der Familie bei den sozialen Überlegungen im Auge behalten wird, erwogen werden. Wenn man die einzelnen Interessen im Hinblick auf den Arbeitsplatz, das Kind und die Frau sorgfältig gegeneinander abwägt, wird man zweifellos eine längere Unterbrechung der Beschäftigung als die heutige gesetzliche Mindestzeit für durchaus angemessen halten.

In Frankreich sind Bestimmungen über unbezahlten »Sonderurlaub« von unterschiedlicher Länge, über den gesetzlichen Mutterschaftsurlaub hinaus, in zahlreichen kollektiven Abkommen festgelegt worden. Das großzügigste von diesen betrifft Beamtinnen, die bis zu zwei Jahren unbezahlten Urlaub nehmen können, der sich bei jedem Kind erneuert, so daß unter gewissen Umständen z. B. eine Mutter von vier Kindern einen fortlaufenden Urlaub bis zu acht Jahren bekommen kann.

Die Parallele zu dem »Sabbat-Urlaub«[4] könnte in diesem Zusammenhang erwähnt werden. Man kann aber nicht ehrlich behaupten, daß ein Mutterschaftsurlaub von ein oder zwei Jahren die gleiche anregende Wirkung haben würde – obwohl die Hingebung an diese schöpferische Aufgabe einen vorteilhaften Einfluß auf viele Arbeitsarten ausüben könnte. Der regenerierende Wert eines solchen

4. Englische und amerikanische Universitäten gewähren ihren Professoren jedes siebente Jahr einen ganzjährigen Forschungsurlaub.

Berufswechsels oder anderer Ruhepausen müßte noch erforscht werden. Die Annahme, daß Frauen durch das Aufziehen ihrer Kinder nicht nur reiche Erfahrungen gewinnen, sondern auch für spätere Zeiten eine gesteigerte Leistungsfähigkeit erwerben, mag utopisch erscheinen. Es dürfte sich aber eine Erörterung der Frage lohnen, ob nicht die Zeit der Familienpflichten mit der Zeit der Berufspflichten für die Frau in einer Weise in Einklang gebracht werden könnte, die ihre Leistungsfähigkeit und Freude weit mehr steigern würde, als es unter den gegenwärtigen Verhältnissen möglich ist.

Das mag dahingestellt bleiben. Wenn es stimmt, worauf neuere Richtungen der Kinderpsychologie hinweisen, daß das Kind ein deutliches seelisches Bedürfnis nach der Anwesenheit der Mutter hat, und zwar während einer längeren Zeit, als es die jetzigen Mutterschutz-Gesetze vorsehen, dann müssen alle, die am Wohl der kommenden Generation interessiert sind, und alle für die Arbeitsbedingungen Verantwortlichen diesen Tatsachen ins Gesicht sehen.

Nachschulung der Frauen über Vierzig für die Wiederbeschäftigung

Wenn uns die Teilzeitarbeit nur als eine vorübergehende Lösung erscheint, welche anderen Möglichkeiten gibt es dann unter den jetzigen Bedingungen?

Da ist einmal die fortgesetzte Ganztagsbeschäftigung, die nur kurze Unterbrechung erfährt, wenn ein Kind geboren wird. Zu einer solchen Verhaltensweise werden viele Frauen aus wirtschaftlichen Gründen gezwungen sein. Auch scheint es in manchen Gegenden unter den Industriearbeiterinnen eine überlieferte Gewohnheit zu sein, die Arbeit nach der Geburt des ersten Kindes fortzusetzen und sie erst aufzugeben, wenn sie das zweite Kind bekommen.

Ferner gibt es Frauen, die so sehr an ihrem Beruf hängen, daß sie unglücklich und manchmal sogar verbittert sind, wenn sie ihn aufgeben und sich auf die Häuslichkeit beschränken müssen. Diese Frauen sollten, in ihrem eigenen wie im Interesse ihrer Kinder, sich lieber eine geeignete Vertretung für den Haushalt besorgen und weiter berufstätig bleiben. Sonst könnten die Kinder das Opfer der mütterlichen Ressentiments werden.

Von diesen Fällen abgesehen, hält man es allgemein für wünschenswert, daß die Mutter ihre Zeit ausschließlich den Kindern widmet, zumindest bis sie in einen Kindergarten gehen, und vielleicht sogar länger. Dies würde bei der Durchschnittsgröße der heutigen Familie und bei dem durchschnittlichen Heiratsalter bedeuten, daß die meisten Frauen an die vierzig Jahre alt sein werden, ehe sie ihre unterbrochene Berufslaufbahn wieder fortsetzen können.

In diesem Alter ist es jedoch selbst heute ziemlich schwierig, eine neue Arbeit zu finden, obwohl Fachkräfte gesucht und die Arbeitgeber von offizieller Seite angeregt werden, die Altersgrenze dem dauernden Anstieg der durchschnittlichen Lebenserwartung anzugleichen.

Mit diesen Schwierigkeiten haben Männer wie Frauen zu kämpfen, aber vielleicht sind die Frauen in einem stärkeren Maße davon betroffen. Die Befürchtung, daß mit Frauen mittleren Alters schwer umzugehen sei, ist weitverbreitet; und die Tatsache, daß sie ziemlich lange aus der Übung sind, ist neben ihrem Alter noch ein weiteres Handikap.

Eine Antwort hierauf wäre die Einrichtung von Schulungs- und Nachhol-Kursen für ältere Jahrgänge, die wieder in den Arbeitsmarkt eingegliedert werden wollen.

Das Britische Gesundheitsministerium hat gezeigt, daß es sich dieses Bedarfs wohl bewußt ist. Veranlaßt durch den gegenwärtigen Mangel an Hebammen, hat es die Altersgrenze für die Hebammenausbildung von 40 auf 50 Jahre heraufgesetzt und Wiederholungskurse eingerichtet. In Schweden hat man solche Sonderlehrgänge für Säuglingsschwestern, Kindergärtnerinnen und Volksschullehrerinnen eingeführt. Was bei Lehrerinnen und Hebammen möglich ist, wäre natürlich auch bei anderen Berufsgruppen möglich, selbst wenn man es bisher noch nicht in einem größeren Umfange versucht hat.

Auch wo es keine Altersgrenze für die Zulassung von Studenten gibt, sind die vorhandenen Lehrgänge oft so übersetzt, daß ältere Bewerberinnen bei der Auswahl möglicherweise ihres Alters wegen nicht angenommen werden.

Das ist vor allem auf dem Gebiet der Sozialarbeit zu beklagen, wo reifere Frauen mit häuslichen Erfahrungen von besonderem Nutzen sein könnten. Heute, da sich der Wohlfahrtsstaat immer weiter ausbreitet und die freien Wohltätigkeitsorganisationen immer mehr an Bedeutung verlieren, werden für die meisten Zweige der Sozialarbeit Fachkenntnisse verlangt; es ist daher für jeden, der auf diesen Gebieten arbeiten will, äußerst wichtig, die vorgeschriebene Ausbildung zu haben. Wenn nun Frauen im vorgerückten Alter von einer solchen Fachausbildung ausgeschlossen werden, hindert man viele Menschen mit sonst ausgezeichneten Qualifikationen daran, die notwendige und nützliche Arbeit zu leisten. In zwanzig Jahren wird dieses Problem vielleicht nicht mehr bestehen, weil dann die meisten Frauen von vierzig Jahren eine ordnungsgemäße Berufsausbildung haben werden und ihre Kenntnisse nur noch einer Auffrischung bedürfen; gegenwärtig aber ist dieses Problem von großer Bedeutung.

Was für Sozialberufe gilt, gilt entsprechend auch auf anderen Gebieten. Für die Einstellung von Personal im Staats- und Kommunaldienst, und ebenso in großen Geschäfts- und Industriekonzernen, gibt es feste Vorschriften, die keine Ausnahmen zulassen. Bürokratismus und Gleichförmigkeit lassen dieses System leicht erstarren. Die gegenwärtige Entwicklung zu immer größeren Organisationen gewährt zwar jungen Leuten günstige Ausbildungs- und Aufstiegsmöglichkeiten, läßt aber kaum Möglichkeiten offen für den Eintritt von älteren Menschen.

Andere gegen eine Einstellung älterer Leute sprechende Umstände sind hinreichend bekannt: die relativ hohen Grundgehälter, Pensions- und Ruhestandsgelder; die Furcht, daß Menschen, die über ihre erste Jugend hinaus sind, sich nur schwer auf die neuen Verhältnisse und auf neue Gesichtspunkte einstellen könnten; außerdem zögert man, was die Schlüsselpositionen anbelangt, neue Leute dem alten Personal vor die Nase zu setzen und so den Aufstieg der Nachwuchskräfte zu blockieren.

Mit diesen Schwierigkeiten haben insbesondere die Frauen zu kämpfen, da unter ihnen eine vergleichsweise größere Anzahl als unter den Männern im Alter von 40 Jahren und mehr neu beginnen will. Diese Tatsachen werden deutlich durch die folgenden amerikanischen Erfahrungen illustriert[5].

»Als beispielsweise die Amerikanische Studiengesellschaft für das Kind (*Child Study Association of America*) zu Beginn des zweiten Weltkrieges die Einrichtung eines Lehrgangs zur Ausbildung von freiwilligen Hilfskräften für die Kinderbetreuung bekanntgab (für Frauen mit mindestens höherer Schulbildung und etwas Erfahrung mit Kindern), hoffte man, 25–30 Hilfskräfte anzuwerben. Am festgesetzten Tage erschienen über 300 ehemalige Lehrerinnen, Fürsorgerinnen, ausgebildete Pflegerinnen und eine Frau mit dem Dr. med. Viele davon hatten Kinder, die die Mutter nicht mehr den ganzen Tag brauchten, und alle waren rührend bemüht, irgend etwas Nützliches zu leisten. Von einer Bezahlung war keine Rede.«

In Großbritannien meldeten sich unlängst über 300 Personen mit wissenschaftlicher Berufsausbildung auf eine Zeitungsanzeige, in der Forschungsarbeit angeboten wurde, die sich zu Hause tun ließ. Mehr als die Hälfte der Bewerber waren verheiratete Frauen.

5. S. M. Gruenberg und H. S. Krech, *The Many Lives of Modern Woman*, New York 1952; ein Buch, das in leicht verständlicher Form viele der hier erörterten Fragen behandelt.

Die Arbeitsvermittlungsstellen sehen sich vor die Aufgabe gestellt, ältere Personen, und insbesondere ältere Frauen, unterzubringen. (In den USA und in Schweden wurden besondere Abteilungen bei den Arbeitsämtern speziell für diesen Vermittlungszweig eingerichtet.) Unter den Frauenberufen gibt es eine ganze Anzahl, die »altersgebunden« sind, denn manche eignen sich ausgesprochen für junge Frauen (z. B. Säuglingsschwester, Kindergärtnerin, Stenotypistin, Luftstewardeß, Friseuse usw.), bei anderen werden dagegen die älteren Jahrgänge bevorzugt. Zu diesen gehören viele leitende Stellen in Hotels, Restaurants und Wäschereien; das gleiche gilt für die Tätigkeit als Herbergsmutter, Vorsteherin eines der zahlreichen Heime, Küchenleiterin für die Schulspeisung, Kantinen- und Hausverwalterin, Eheberaterin und andere. Viele der Sozialberufe, die jetzt geschaffen werden, erfordern Fähigkeiten, über die die reife Frau mit hauswirtschaftlicher Erfahrung am stärksten verfügt. Es ist ein glückliches Zusammentreffen, daß der Bedarf an solchen Sozialeinrichtungen gerade zu einer Zeit auftritt, da so viele ältere Frauen vorhanden und auch bereit sind, eine Stellung anzunehmen. Auch in den herkömmlichen Berufen in Fabriken, Büros und Geschäften gibt es Beschäftigungsmöglichkeiten für ältere Frauen; man sollte ihnen jedoch Arbeitsplätze zuweisen, für die man die nötige Eignung erst mit den Jahren erwirbt; wo Ordnungssinn, Zuverlässigkeit und organisatorische Begabung mehr zählen als Schnelligkeit, Beweglichkeit und jugendlicher Charme.

In einem Bericht über »Die Beschäftigung von älteren Arbeitnehmerinnen«, der im Jahre 1955 auf der 9. Tagung der sich mit der Lage der Frau befassenden UN-Kommission vorgelegt wurde, stellte das Internationale Arbeitsamt eine »Bilanz« mit den Gewinn- und Verlustposten auf, die sich mit fortschreitendem Alter ergeben. Natürlich gilt diese Aufstellung für beide Geschlechter, auch wenn sich der Bericht speziell mit der Frau befaßt.

Auf der Verlustseite fällt der ältere Mensch in physischer und »psychomotorischer« Beziehung am stärksten ab. Das Nachlassen der Beweglichkeit, Ausdauer, körperlichen Kraft und exakten Schnelligkeit wird nur durch eine größere Verläßlichkeit wettgemacht.

In »moralischer« Beziehung verhält es sich dagegen umgekehrt. Verlustpunkte gibt es hier überhaupt nicht, und als Gewinn erscheinen Pünktlichkeit, Wertschätzung einer zu Ende geführten Arbeit und Sorgfalt im Kleinen.

Auf »geistiger« Ebene sollen sich Qualitäten wie Gedächtnis, Phantasie, Schaffenskraft und Anpassungsfähigkeit verschlechtern, während sich die Konzentration, die Umsicht und die planmäßige Arbeitseinteilung verbessern.

In der Spalte »Charaktereigenschaften« stehen verminderte Kontaktfähigkeit, Initiative, Eifer, Tatkraft, Vitalität auf der Sollseite des Hauptbuches – auf der Habenseite dagegen erhöhte Willigkeit, Geduld, Disziplin, Bedachtsamkeit, Zuverlässigkeit und Beständigkeit.

Zur Erläuterung dieser Gegenüberstellung verweist der Bericht des Internationalen Arbeitsamtes auf den »weiten Spielraum« für die Beschäftigung älterer Frauen in gelernten und verantwortlichen Tätigkeiten und bemerkt, daß die Aufstiegsmöglichkeiten für Frauen viel begrenzter sind als für Männer, und daß »infolgedessen weibliche Arbeitnehmer weniger Gelegenheit haben, ihre für das mittlere Alter charakteristischen Qualitäten beruflich voll einzusetzen«.

Man versucht – wenn auch zunächst behutsam –, den schon langwährenden Trend zu einer frühzeitigen Pensionierung ins Gegenteil umzukehren. Die Regierungen der hier behandelten Länder sind bemüht, der Öffentlichkeit die Dringlichkeit dieses Problems klarzumachen und die Arbeitgeber zu ermutigen, ältere Leute einzustellen. Es ist anzunehmen, daß sich unter dem Druck der bevölkerungs-

politischen Veränderungen ein entsprechender Wandel in der altersmäßigen Zusammensetzung der erwerbstätigen Bevölkerung vollziehen wird. Wenn dies eintrifft, wird das Problem der Beschäftigung von älteren Frauen als Teil eines allgemeinen Anpassungsvorganges gelöst werden.
In diesem Zusammenhang muß gesagt werden, daß eine frühere Pensionierung der Frauen als der Männer, wie sie in den meisten Ländern gesetzlich verankert ist, ungerechtfertigt ist. Diese Bestimmungen stammen aus einer Zeit, als die »Schwachheit des Weibes« einer allgemein geltenden Vorstellung entsprach, und als die Arbeitsbedingungen wesentlich schlechter waren als heute. Die Arbeitsplätze sind heute nicht mehr so ungesund und unfreundlich wie in den Anfängen der Industrialisierung; und der Mythos des »schwächeren Geschlechtes« ist von der Statistik widerlegt worden. Obwohl die Frau an Körperkraft oder in einzelnen Kraftleistungen wie Gewichtheben, Hochsprung und Leichtathletik im allgemeinen schwächer ist, zeigen die Zahlen doch, daß sie die Männer an Ausdauer, an Widerstandskraft gegen Krankheit und in der Fähigkeit zum Überleben übertrifft. Ihre Aussichten, bei guter Gesundheit ein hohes Alter zu erreichen, sind daher weit größer als die des Mannes, und es ist nicht einzusehen, warum sie früher in den Ruhestand treten sollte. In 15 Jahren wird ein Viertel aller Frauen über 60 Jahre alt sein. Dies allein ist ein hinreichender Grund, die Verlängerung ihres arbeitsfähigen Alters auf 65 Jahre zu einer Angelegenheit von dringlichem öffentlichem Interesse zu machen.

Die Lage des Arbeitsplatzes

In der Vergangenheit hat man sich nicht viele Gedanken darüber gemacht, wo die Frauen von Arbeitern eine Beschäftigung finden könnten. Man wählte die Bauplätze für Fabriken ohne Rücksicht auf menschliche Bedürfnisse, und es bestand die Neigung bei den einzelnen Industrie-

zweigen, sie jeweils in bestimmten Gegenden anzusiedeln, z. B. Stahlwerke in dem einen und Textilfabriken in einem anderen Gebiet.
Während des letzten Krieges förderten die Regierungen jedoch eine rationellere Verteilung der Fabriken, und eine Reihe von Industrien wurde dorthin verlagert, wo man Arbeitskraftreserven erwarten konnte. Dies war eines der Hauptmittel, die Frauen zum nationalen Einsatz zu bringen. Die Zahlen der Kriegsproduktion in verschiedenen Gebieten zeigen, daß der Anteil der weiblichen Beschäftigten an der Zahl der versicherten Arbeitnehmer stets in direktem Verhältnis zu den verfügbaren Arbeitsmöglichkeiten für Frauen in dem betreffenden Gebiet steht[6].
Wenn man also die Frauen zu außerhäuslicher Arbeit ermutigen will, dann werden ihnen die Arbeitgeber im Frieden nicht weniger als im Kriege halbwegs entgegenkommen müssen.
Ferner wäre es wünschenswert, wenn – wie in Frankreich – gesetzliche Bestimmungen gewährleisteten, daß im öffentlichen Dienst, im Lehrberuf usw. der Ehemann oder die Ehefrau einer in einem bestimmten Bezirk bereits beschäftigten Person bei der Stellenbesetzung in dieser Gegend einen gewissen Vorrang erhalten. In Ermangelung solcher Vorschriften haben viele Frauen, die sonst gern ihren Beruf beibehielten, keine andere Wahl als darauf zu verzichten, um nicht von ihrem Ehemann getrennt zu sein.
Ein beträchtliches Hindernis für die Erwerbstätigkeit verheirateter Frauen ist auch die zunehmende Entfernung zwischen Wohnung und Arbeitsplatz, die durch das gewaltige Wachstum der Städte und Industriezentren verursacht wird. Die Entwicklung des motorisierten Verkehrs hat die Tendenz begünstigt, die Wohnbezirke von den Arbeitszentren zu trennen, so daß häufig noch lange Fahr-

6. Vgl. *Employment of Women*, in *Planning*, Band XV, Nr. 285, Juli 1948.

zeiten zu den normalen Arbeitsstunden hinzukommen. Das erschwert natürlich das Leben der Frauen, die neben ihrer Arbeit im Büro oder in der Fabrik noch einen Haushalt zu führen haben.
Als einen Weg zur Überwindung dieser Schwierigkeiten hat man vorgeschlagen, daß die Entwicklung des modernen Verkehrs nun auch zur Dezentralisierung der Produktion dienen sollte, nachdem sie zuvor so viel zum Entstehen der Vororte beigetragen hat. Diese Verteilung der Produktion ließe sich erleichtern, wenn man kleine elektrisch betriebene Maschinen, die sich in Privatwohnungen aufstellen lassen, in verstärktem Maße einsetzen würde. Damit könnten Frauen, bei sich zu Hause verschiedene Artikel oder Teile von Artikeln herstellen; zugleich könnte es die Einrichtung von örtlichen Werkstätten fördern, die man genossenschaftlich betreiben kann[7].
Die technischen Möglichkeiten, einen solchen Plan auszuführen, sind tatsächlich vorhanden, es ist jedoch unwahrscheinlich, daß er jemals im Großen verwirklicht werden wird. Die Schwierigkeiten der Organisation und der wirksamen Kontrolle eines solchen Programms sind beträchtlich, ebenso wie die Kosten seiner Durchführung. Zudem würden die Gewerkschaften zweifellos diesen Plan mit dem gleichen Mißtrauen wie jede Art der Heimarbeit betrachten. Und obwohl der Handwebstuhl in den letzten Jahren wieder einen gewissen Modewert bekommen hat, verläuft doch die allgemeine Entwicklung heute in Richtung billiger Massenartikel.
Die Lösung unseres Problems scheint daher auf dem Gebiet der Stadtplanung zu liegen. Ihr Ziel ist, um mit den Worten eines Stadtplaners zu sprechen, »die Schaffung von Einrichtungen für die gesamten Lebensbedürfnisse, nicht nur eines guten gesellschaftlichen Lebens, sondern auch ei-

7. Ralph Borsodi, *Flight from the City: The Study of a New Way to Family Security,* New York 1933.

nes glücklichen und gesunden individuellen Leben[8]«. Aus diesem Grunde muß die heutige Planung die charakteristische Entwicklung der letzten 100 Jahre ins Gegenteil umkehren: Nämlich fort von den riesigen Großstadtgebilden, die sich in funktionell aufgeteilte Bezirke gliederten – in Geschäfts-, Bank- und Theaterviertel, in Elendsquartiere, Vorstädte mit reinem Wohncharakter usw. –, die sich alle auf die Leistungsfähigkeit der modernen Verkehrsmittel verlassen, aber dabei den Zeitverlust und die Nervenbelastung übersehen, die mit deren häufiger Benutzung verbunden sind.

Aber dieses Thema gehört nicht in das Kapitel »Anpassungen auf dem Arbeitsmarkt«, sondern zu dem weiteren Gebiet der Verantwortung öffentlicher Stellen.

SOZIALE ANPASSUNGEN

Wohnungen für berufstätige Frauen

Die Städteplaner haben endlich die soziologische Tragweite ihrer Aufgaben begriffen und sind zu der Erkenntnis vorgedrungen, daß ein Gemeinwesen ohne einen für seine Entwicklung günstigen Standort nicht bestehen kann. Die neuen Städte, die man in den vergangenen Jahren gebaut hat, um die Ballungsgebiete zu entlasten, werden heute nicht mehr als reine Gartenvorstädte, sondern als geschlossene Wohnbezirke geplant. Sie umschließen Gemeinschaftseinrichtungen, Schulen, Spielplätze, Läden und kleine Gewerbebetriebe, ebenso wie Wohnhäuser. Die ideale Stadt sollte verschiedene Häusertypen für verschieden große Familien umfassen, wie es einige der besten Stadtplanungen verwirklicht haben: Einfamilienhäuser für größere Familien; Reihenhäuser mit dazugehörigen Gärten und einem Kindergarten am Ende der Straße für Familien mit kleinen Kindern; Häuserblöcke mit abgeschlossenen

8. Thomas Sharp, *Town Planning*, Harmondsworth 1945.

Mietwohnungen, in denen Gemeinschaftseinrichtungen, wie Wäschereien usw. vorhanden sind, und wieder andere, in denen es Appartements mit Bedienung sowie Restaurants und Speiseaufzüge gibt. Die Abhängigkeit der Familie von der Frau und Mutter als ganztägig in ihrem eigenen Haushalt Tätige würde sich dementsprechend wandeln.

Die meisten und selbst die besten Pläne werden sehr stark beeinflußt von dem traditionellen Bild der Frau, die sich ausschließlich den häuslichen Pflichten widmet und den lieben, langen Tag zur Verfügung steht. »Servicehäuser«, in denen fertige Mahlzeiten, Wäschereien, Tageskindergärten usw. zu einem erschwinglichen Preis für die dort lebenden Familien zur Verfügung stehen, werden in den meisten großen Städten gebaut, aber sie sind noch nicht in ausreichender Zahl vorhanden, um den bestehenden Bedarf zu decken.

Es hat keinen Sinn, die Tatsache zu übersehen, daß jede dritte verheiratete Frau einer Arbeit außerhalb ihres Heims nachgeht. Auch sind nicht alle Frauen gute Hausfrauen oder finden an der Häuslichkeit Vergnügen, so anziehend der Anblick eines gut geführten und mit liebevoller Sorgfalt geleiteten Haushalts immer sein mag. Offensichtlich sind Mietblöcke und Gemeindehäuser nicht nach jedermanns Geschmack, aber sie sind auch nicht für jeden gedacht. Wichtig ist nur, daß Wohnungen zu haben sind, die den besonderen Bedürfnissen der verschiedensten Menschen gerecht werden, und daß Architekten und Städteplaner die Frauen nicht weiterhin zwingen, in überlebten Rollen zu verharren.

Natürlich ist es schwieriger, in den bestehenden alten Städten einen modernen Wohnungsbau nicht nur unter gesundheitlichen, sondern auch unter sozialen Gesichtspunkten zu planen und Wohn- und Geschäftsviertel vernünftig zu verteilen. Es kann jedoch auch hier viel getan werden, und es wird auch viel getan. Vielen Stadtverwaltungen ist es jetzt klar geworden, daß man zumindest bei der zukünftigen Planung die Fehler der früheren zufälligen Entwicklung vermeiden sollte, und sie werden hierin von den Regierungen unterstützt.

Die Warenverteilung

Eine bessere Planung ist auch auf dem Verteilungssektor sehr vonnöten. Während man in der Produktion durch Zeit- und Bewegungsstudien sowie durch die Anpassung der Maschinen Sekunden einspart, verschwendet man ganze Stunden bei der Verteilung. Hat man jemals die Zeit ermittelt, die vor allem die Frau aufwenden muß für den Weg zu den Geschäften, für die Wartezeit, das Auswählen der Ware und das Heimtragen? Niemand hat sich bisher die Mühe gemacht, weil die Zeit der Hausfrau kein Geld kostet, und weil den Frauen angeblich das Einkaufen an sich schon großen Spaß macht.

Viel Zeit und Arbeitskraft könnte gespart werden, wenn die Hausfrau sich angewöhnte, ihre Einkäufe für den hauswirtschaftlichen Grundbedarf auf eine einzige »Tour« je Woche zu beschränken. Das würde vollkommen genügen, sie mit dem Warenangebot und den letzten Preisen vertraut zu machen. So könnte sie eine Liste der benötigten Waren aufstellen und sich diese ins Haus liefern lassen. Selbstbedienungsläden sind eine weitere Möglichkeit, um bei Haushaltseinkäufen Zeit zu sparen.

Viel Ärger und manche Schwierigkeiten in den Hauptgeschäftsstunden ließen sich vermeiden, wenn die Läden zu den Zeiten offen wären, in denen die arbeitende Bevölkerung dienstfrei ist. Das würde nicht nur den Verbrauchern zugute kommen, sondern auch den Interessen der Geschäftsleute dienen. Augenblicklich sind die meisten Läden geschlossen, wenn die Berufstätigen frei sind, wodurch das Geldausgeben überwiegend auf die Hausfrauen beschränkt wird. Nur unter großen Schwierigkeiten kommt ein Mann dazu, seiner Frau beim Aussuchen eines neuen Möbelstükkes oder einer Tapete für die gemeinsame Wohnung zu helfen. Die Friseure sind während der Tischzeiten nicht genügend verfügbar, um alle die berufstätigen Frauen zu bedienen, denen die Haare geschnitten und gewaschen werden müssen. Es ist für eine berufstätige Frau geradezu eine Staatsaktion, sich einen Mantel oder einen Hut zu kaufen, denn meist muß sie mehrmals ohne Mittagessen auf die Suche gehen, sich mühsam einen Weg durch überfüllte Warenhäuser und Straßen bahnen, oder sie muß sich eigens dafür freinehmen.

Es werden jetzt Versuche unternommen, dieses Problem zu lösen: Die Geschäfte im Londoner Westend sind einmal wöchentlich bis 19 Uhr geöffnet (und wie überfüllt sind sie in dieser Extrastunde!), und einige kleine Lebensmittelläden und Waschsalons schließen zweimal wöchentlich ein bis zwei Stunden später als gewöhnlich. In Frankreich sind die Läden zu ganz unkonventionellen Zeiten, wie abends und Sonntagmorgens, geöffnet und stattdessen an einem Wochentag geschlossen. Und in den Vereinigten Staaten, wo die Supermärkte neue Möglichkeiten der rationellen Lebensmittelverteilung erschlossen haben, sind viele Lebensmittelgeschäfte bis in den späten Abend geöffnet. Das sind alles willkommene Zeichen der Einsicht, daß sehr viele potentielle Kunden zu den üblichen Geschäftsstunden an den Schreibtisch oder die Werkbank gebunden sind. In einer Zeit des Sozialschutzes und mächtiger Gewerkschaften braucht man heute nicht mehr zu fürchten, daß beweglichere Verkaufsstunden zugleich eine längere Arbeitszeit für die Verkäufer nach sich ziehen müßten.

Die Rationalisierung der Hausarbeit

Die vergangenen Jahrzehnte brachten fortlaufend neue Erfindungen, die die Hausarbeit verkürzen sollten. Ein wahres Füllhorn von Industrieerzeugnissen ergoß sich und wurde bereitwilligst aufgenommen: Waschmaschinen und

Staubsauger, elektrische Mixer und Tauchsieder, eine Vielfalt von Konfektionskleidung in allen Preislagen, Textilien, die nicht gebügelt und kaum gestopft zu werden brauchen; eingedoste, tiefgekühlte und getrocknete Lebensmittel in hervorragenden Qualitäten; geputztes, hygienisch verpacktes Gemüse; halb gebackenes Brot, das nach wenigen Minuten im Backofen gar und knusperig ist; Dampfdrucktöpfe, fertige Kuchenteige, Reinigungsmittel usw. Diese Dinge und unzählige andere kleinere Haushaltsgeräte und Zubehör sollten es möglich machen, einen Haushalt in einem Bruchteil der früher benötigten Zeit angemessen zu versorgen.

Wir haben jedoch in einem früheren Kapitel festgestellt, daß das Ergebnis anders aussieht, und daß die Durchschnittshausfrau immer noch mehr als 60 Stunden in der Woche arbeitet. Ein Teil dieser Zeit läßt sich nicht vermindern, vor allem soweit es sich um die Betreuung kleiner Kinder handelt, obwohl auch hier die Zusammenarbeit mit Nachbarinnen ab und an den Müttern einen freien Nachmittag verschaffen kann. Solche Fälle von organisierter Gemeinschaftshilfe unter den Frauen sind uns aus Schweden und den USA bekannt, wo sie sich zu jedermanns Zufriedenheit bewährt haben. Eine stärkere Zusammenarbeit der Hausfrauen könnte auch eine Reihe von anderen häuslichen Problemen lösen, jedoch wird dies verhindert, weil man in unserer Gesellschaft der Abgeschlossenheit des Heims einen so hohen Wert beimißt.

Die Hausarbeit im engeren Sinne kann jedoch bei guter Einteilung ohne Schaden für das Heim verkürzt werden. Berufstätige Frauen bringen es gewöhnlich – und oft ohne häusliche Hilfe – fertig, ihren Haushalt in sehr viel kürzerer Zeit als die Voll-Hausfrau zu besorgen. Wenn keine kleinen Kinder zu versorgen sind, ist die Zahl der benötigten Hausarbeitsstunden vor allem zu einer Frage der richtigen Organisation geworden. Natürlich spielt außerdem auch eine gute Ausstattung des Haushalts eine Rolle, wozu

Warmwasserversorgung, Elektrizität, Zentralheizung, moderne Fußböden und eine arbeitsparende Kücheneinrichtung gehören. In den letzten Jahren ist auf diesem Gebiet eine Menge wissenschaftlicher Forschungsarbeit geleistet worden, und die Propaganda mittels Anzeigen und amtlicher Aufklärung hat das Interesse der modernen Hausfrau an den Möglichkeiten, die Hausarbeit zu rationalisieren, geweckt. Allerdings findet man heute dieses Interesse vor allem in jenen Kreisen, die nicht mehr wie früher die gewohnten hauswirtschaftlichen Arbeitskräfte bekommen können.

Die Möglichkeiten für eine wesentliche Verringerung der Hausarbeitszeit sind heute also vorhanden, aber es wird von ihnen nur dann Gebrauch gemacht, wenn dafür ein bestimmter Anlaß vorhanden ist. Eine Hausfrau mag noch so sehr über die vielen Stunden klagen, die sie mit Waschen, Saubermachen, Bohnern, Einkaufen, Kochen usw. zubringen muß, sie wird nur dann etwas dagegen *tun*, wenn sie ein festes Ziel hat, für das es sich lohnt, Zeit zu sparen, sei es Tennisspielen, ins Kino gehen oder einen Beruf ausüben. In den Augen vieler Frauen wäre es nicht nur sinnlos, sondern unvertretbar, die Arbeitszeit einzuschränken, ohne eine bessere Verwendung für ihre Zeit zu haben. Da die Werte unserer Gesellschaft nach dem Nützlichkeitsprinzip gemessen werden, gilt bei den meisten ein Gewinn an Muße nicht als Selbstzweck; im Gegenteil, man neigt dazu, diesen Gewinn moralisch zu mißbilligen. In der Regel wird eine Hausfrau es als Pflicht betrachten, eher Geld als Zeit zu sparen, und sie wird die höheren Kosten für halbfertiges Essen und andere zeitsparende Erfindungen vermeiden, solange sie durch den Einsatz eigener Kraft und Arbeit die gleichen Ergebnisse erzielt.

Aus diesen Gründen ist es falsch, die vielen Arbeitsstunden, die die Hausfrauen gegenwärtig für die Hausarbeit aufwenden, als Argument gegen die Berufstätigkeit der verheirateten Frauen ins Feld zu führen, wobei man davon ausgeht, daß die derzeitige durchschnittliche Arbeitswoche als Minimum nötig ist, um einen Haushalt angemessen zu führen. Wie eine Tabelle an anderer Stelle dieses Buches gezeigt hat[9], ist die Zahl zusätzlicher Arbeitsstunden berufstätiger Hausfrauen im Vergleich zu denen von Voll-Hausfrauen sehr gering. Das erläutert recht anschaulich, wieweit die Hausarbeit verringert werden kann, wenn sie rationell und nach einem bestimmten Zeitplan getan wird.

Eine merkliche Verkürzung der Hausarbeitsstunden wird daher aus den vorgenannten Gründen nicht automatisch eintreten, selbst wenn noch mehr und immer bessere Haushaltsgeräte erfunden würden. Denn die Hausfrau wird eher das Hauptgewicht von einer hauswirtschaftlichen Arbeitsart auf die andere verlagern, oder das Gesamtniveau ihres Haushalts heben, als daß sie weniger Zeit auf die Hausarbeit verwenden wird.

Wie keine andere Beschäftigung verleitet Hausarbeit schon an sich zu einer Vergeudung von Zeit und Kraft. Frauen, die sich nie an einen strengen Stundenplan gewöhnen mußten und die nicht das Beispiel anderer, die das erfolgreich taten, aus der Nähe erlebt haben, ahnen gewöhnlich gar nicht, was man alles bei richtiger Organisation in weit kürzerer Zeit schaffen kann.

Dennoch wird sich eine stärkere Rationalisierung der Hausarbeit durchsetzen, die sich vor allem aus einer für unsere Zeit charakteristischen neuen Einstellung zur Arbeit ergibt und die sich auch schon im Haushalt bemerkbar zu machen beginnt. Mag dies gut sein oder schlecht – wir denken heute wirtschaftlich, und das heißt, wir möchten mit jeder getanen Arbeit den höchstmöglichen Ertrag erzielen. Denn anders als unsere Vorfahren halten wir Geschäftigkeit an sich nicht mehr für eine Tugend, sondern wir beurteilen jede Arbeit nach ihrem Erfolg.

9. Vgl. Seite 74.

Mit der Einführung von Maschinen in den Haushalt – die durch die Mithilfe des Mannes bei der Hausarbeit gefördert wurde und die ihrerseits mithilft, den Mann an der Hausarbeit zu interessieren –, greift das Leistungsprinzip von der Werkstatt und der Fabrik auch auf den Haushalt über. Die Idealhausfrau verbringt nicht mehr den größten Teil des Tages mit Saubermachen und Kochen, sondern erreicht das erstrebte Ergebnis mit einem Minimum an sichtbarem Aufwand. Als Folge hiervon hat der Nimbus der Hausarbeit als Ganztagsbeschäftigung eine weitere Einbuße erlitten. In dieser niedrigen Einschätzung und in der geringen Produktivität ihrer Arbeit ist nicht zuletzt die heutige Unzufriedenheit der Hausfrauen begründet. Sie fühlen, daß sie im Vergleich zu den vielen Stunden der Plackerei zu wenig aufzuweisen haben. Viele von ihnen hoffen, in einer Erwerbsarbeit die Befriedigung zu finden, die ihnen nicht mehr aus der häuslichen Arbeit erwächst.

Öffentliche Einrichtungen zur Erleichterung der häuslichen Arbeitslast

Die moderne Hausfrau wird bei ihren gewohnten Aufgaben von einer Reihe fremder Stellen unterstützt. Früher waren dies zumeist nur gewerbliche Unternehmen, wie Wäschereien, Fensterreinigungsinstitute, Bäckereien, Reparaturwerkstätten und die verschiedensten Industriebetriebe, die gebrauchsfertige Lebensmittel und Bekleidung herstellten.

Die vom Staat oder den Kommunen geschaffenen öffentlichen Einrichtungen, die einige häusliche Funktionen übernehmen, sind eine verhältnismäßig neue Erscheinung (abgesehen von der Müllabfuhr, der Wasserversorgung und den Schulen, um auch diese hier mit aufzuführen).

Die Anzahl der kommunalen Einrichtungen, die besonders dazu bestimmt sind, der Familie zu helfen und der Hausfrau einen Teil ihrer Last abzunehmen, hat in den letzten

Jahren erheblich zugenommen, vor allem in und nach dem zweiten Weltkrieg. Die wichtigsten von ihnen sollen hier kurz angeführt werden, um zu zeigen, was getan werden kann.

Einrichtung von Kantinen

Um Zeit zu sparen, Fahrten in der Mittagszeit zu vermeiden und in einer Zeit des Mangels und der strengen Lebensmittelrationierung die häusliche Speisekammer zu ergänzen, förderte die britische Regierung während des Krieges in großem Maße die Einrichtung von Werks- und Bürokantinen. Jede Firma, die Regierungsaufträge hatte und mehr als 250 Leute beschäftigte, konnte auf Grund der Vorschriften für kriegswichtige Betriebe (*Essential Works Orders*) verpflichtet werden, eine Kantine einzurichten. Aber auch viele kleinere Betriebe und Büros, in anderen Ländern ebenso wie in Großbritannien, haben für ihre Belegschaft Kantinen geschaffen, die sich für alle Betroffenen als bequem erwiesen und darum meistenteils nach dem Kriege[10] beibehalten wurden. Sie helfen der Familie sowohl durch die Verabreichung eines billigen außerhäuslichen Mittagessens an zumindest ein Haushaltsmitglied als auch gegebenenfalls durch eine Verkürzung der täglichen Arbeitszeit, weil die Mittagspause dadurch eingeschränkt werden kann.

Schulspeisung

In ähnlicher Weise können jetzt auch die jüngeren Familienmitglieder kostenlos oder für einen Anerkennungsbetrag in der Schule zu Mittag essen, so daß zu Hause nur noch für die Hausfrau selbst und die Kleinkinder ein Mit-

10. Für eine Beschreibung der herrschenden Verhältnisse in mehreren Ländern siehe *Facilities for Women Workers with Home Responsibilities*, in *International Labour Review*, Bd. LXIII, Nr. 3, 1951.

tagessen zubereitet werden muß; falls sie keine kleinen Kinder hat und einem Beruf nachgehen möchte, ist sie von einer Pflicht befreit, die sonst sehr ins Gewicht fiel.

Die Bereitstellung von Schulmahlzeiten hat ihre längste Geschichte in Frankreich, wo bereits im Jahre 1870 die erste Schulkantine eingerichtet wurde. Zunächst war sie dazu bestimmt, die bedürftigsten Arbeiterfamilien zu unterstützen; jedoch breitete sich diese Einrichtung seit 1881 nicht nur in Paris, sondern auch in der Provinz ständig aus und ist jetzt reich und arm gleichermaßen zugänglich. Das frühzeitige Bedürfnis nach derartigen Einrichtungen beruht auf der langen Tradition, die die Berufstätigkeit verheirateter Frauen in Frankreich hat.

In anderen Ländern erkannte der Staat erst später die Notwendigkeit, Kinder in der Schule aus öffentlichen Mitteln zu verpflegen, um die zu Hause oft unzulängliche Ernährung zu ergänzen. In den Vereinigten Staaten wurde der Grundstein zu dem staatlich geförderten Schulspeisungsprogramm durch ein Gesetz von 1935 gelegt, das das US-Landwirtschaftsministerium ermächtigte, für diesen Zweck landwirtschaftliche Erzeugnisse zur Verfügung zu stellen. Der Anlaß zu dieser gesetzlichen Regelung war zunächst nicht so sehr die Sorge für das Wohlergehen der Kinder, sondern eher die Notwendigkeit, eine bessere Verteilung der Agrarüberschüsse zu erreichen. Trotzdem hat sich das aus Staatsmitteln geförderte Schulspeisungsprogramm, das aus diesen Anfängen entstand[11], für alle Familien mit Kindern als äußerst wertvoll erwiesen, besonders in Gebieten mit einer beträchtlichen Zahl von berufstäti-

11. Das Nationale Schulspeisungsgesetz vom Juni 1946 sieht eine vom Landwirtschaftsministerium durchgeführte Zuteilung von Bundesmitteln an die Bundesstaaten vor, aus denen Lebensmittel, Einrichtungen und Personal für das Schulspeisungsprogramm beschafft werden sollen. Diese Mittel sind Beihilfen an die Bundesstaaten, die nach der Zahl der gemeldeten Schulkinder und dem Pro-Kopf-Einkommen des betreffenden Staates bemessen sind, und die aus Mitteln der einzelnen Staaten ergänzt werden müssen.

gen Müttern, denn es erspart diesen wenigstens zum Teil die Mühe, für ihre schulpflichtigen Kinder ausreichende Mahlzeiten zu bereiten.
In Großbritannien wie auch in Schweden haben die Regierungen allen Schulen die Ausgabe von Mittagessen zur Pflicht gemacht. Das englische Schulgesetz von 1944 überträgt die Durchführung den lokalen Schulbehörden und sieht Schulmahlzeiten als Ergänzung der häuslichen Kost vor. Da jedoch die Schaffung geeigneter Räumlichkeiten, die Knappheit an Baumaterial, der Mangel an Arbeitskräften usw. Schwierigkeiten bereiten, verfügen noch nicht alle Schulen des Landes über Kantinen, aber die meisten sind bereits für diesen Zweck ausgerüstet. Ähnlich verhält es sich in Schweden, wo es schon vor dem Kriege verschiedene Aktionen zur Abgabe von Schulmahlzeiten an bedürftige Kinder gab, die während des Krieges auf alle Kinder in »bedürftigen Gemeinden« ausgedehnt wurden. Im Jahre 1946 beschloß das Parlament, täglich kostenlos an jedes Kind in jeder Schule ein warmes Mittagessen zu verabreichen, das die Hälfte des täglichen Kalorienbedarfs und den vollen Tagesbedarf an bestimmten Vitaminen und Mineralien liefern soll. Die Schulbezirke verfügen zu diesem Zweck über Subventionsmittel für die Errichtung von Gebäuden. In den meisten Schulen wird dieses Programm bereits durchgeführt.

Tageskrippen und Kindergärten

Obgleich man sich allgemein darüber einig ist, daß Kleinkinder nach Möglichkeit zu Hause unter der persönlichen Pflege ihrer Eltern aufwachsen sollten, wird doch schon lange, bevor das Kind für normale Schulerziehung alt genug ist, ein Stadium erreicht, in dem es nach der Gesellschaft anderer Kinder verlangt und daraus Nutzen zieht. Bei der heutigen Familiengröße ist der Umgang mit anderen Kindern nur möglich, wenn sie täglich für ein paar

Stunden das Haus verlassen. Um ihnen dazu unter der Aufsicht von Fachkräften Gelegenheit zu geben, hat man eine große Anzahl Kindergärten gegründet und ferner an die Grundschulen Säuglings- und Kinderkrippen angeschlossen.

Kinderkrippen und Tageskindergärten haben verschiedene Aufgaben. Sie erfüllen bestimmte soziale Bedürfnisse und müssen in diesem Zusammenhang gesehen werden. Zweifellos bedeuten sie für berufstätige Mütter eine große Hilfe, und das wurde berücksichtigt, als man im Kriege dem Einsatz der Frauen eine überragende Bedeutung beimaß. In Großbritannien und in den Vereinigten Staaten wurden diese Tagesstätten zur Betreuung noch nicht schulpflichtiger Kinder während des zweiten Weltkrieges entwickelt und staatliche Mittel dafür bereitgestellt. Bei Kriegsende wurden die Bundesmittel in den Vereinigten Staaten gestrichen, und in Großbritannien kürzte man die den Lokalbehörden gewährten Zuschüsse auf die Hälfte. Die Zahl der Tageskrippen hat sich infolgedessen beträchtlich verringert. Es sind uns jedoch in beiden Ländern Fälle bekannt, wo örtliche Unternehmer oder Frauenorganisationen auf den rettenden Gedanken kamen, solche Krippen zusammen mit den Kommunalbehörden weiterzuführen. Das Gesetz betreffs Kindergärten und Kinderbetreuer (*Nurseries and Child Minders Regulation Act*) von 1948 hat es den örtlichen Gesundheitsbehörden zur Pflicht gemacht, Kindergärten und Kinderbetreuer (das sind Personen, die Kinder unter 5 Jahren tagsüber oder jeweils bis zu höchstens 6 Tagen in ihrem Hause aufnehmen und betreuen), zu registrieren und eine entsprechende Aufsicht aufzuüben.

In ähnlicher Weise hat in Schweden die Sozialbehörde einen Plan für Kinder-Tagesheime gefördert, nach dem Privathäuser, die eine gewisse Anzahl von Kindern aufnehmen, registriert und unter die Aufsicht der örtlichen Kinder-Wohlfahrtsbehörden gestellt werden. Eine 1948 in Stockholm vorgenommene Untersuchung, die die Betreuungsmaßnahmen für Kinder berufstätiger Mütter ermitteln sollte, brachte die folgenden Ergebnisse: Die Untersuchung erstreckte sich auf 11 000 Mütter noch nicht schulpflichtiger Kinder; von diesen hatten 24 vH irgendeine Erwerbsarbeit, aber nur 15 vH unter ihnen übten einen ganztägigen Beruf aus. Von den berufstätigen Müttern wußten 41 vH ihre Kinder zu Hause in der Obhut von Verwandten oder Hausangestellten, 23 vH hatten sie tagsüber bei Verwandten oder anderen Leuten, und weitere 23 vH brachten ihre Kleinkinder in Tageskrippen unter. Die restlichen 13 vH sind Mütter, deren Kinder sie zum Arbeitsplatz begleiten, in einem Kinderheim untergebracht sind, täglich ein paar Stunden im Kindergarten verbringen oder vor dem normalen Schulalter (das in Schweden sieben Jahre ist, aber für frühentwickelte Kinder auf sechs Jahre herabgesetzt werden kann) in die Schule aufgenommen wurden.

In Frankreich gibt es für noch nicht schulpflichtige Kinder mannigfache Einrichtungen. Kinderkrippen und Säuglingsheime, die der Aufsicht des Gesundheitsministeriums unterstellt sind, nehmen Kleinkinder unter zwei Jahren in Obhut. 1949 betreuten annähernd 650 solcher Anstalten 20 000 Kleinkinder (von insgesamt 1 305 000 Kinder im Alter von 0 bis 2 Jahren); zur selben Zeit gab es 3653 Kindergärten für Kinder zwischen 2 bis 6 Jahren, die als öffentliche Einrichtungen der Aufsicht des Erziehungsministeriums unterstanden; insgesamt hatten sie etwa 404 000 Kinder in ihrer Obhut. Außerdem bestehen Privatkindergärten, von denen es im Jahre 1949 allein im Département Seine 108 mit 4400 Schülern gab (die Gesamtzahl der Kinder von 0 bis 7 Jahren betrug damals 2 600 000)[12].

Daß diese Einrichtungen notwendig sind, ergibt sich aus den Meinungsbefragungen von Frauen noch deutlicher als

12. Die Angaben sind einem Bericht der *Organisation Mondiale pour l'Education Préscolaire* (OMEP) über die Erziehung noch nicht schulpflichtiger Kinder entnommen.

aus der Zahl der Mütter, die sich ihrer bedienen. Eine dieser Befragungen[13] zeigte, daß die große Mehrheit der französischen Frauen (72 vH) Kinderkrippen schätzte und mehr davon wünschte. Bezeichnenderweise wurden die Krippen mehr von solchen Frauen befürwortet, die selber davon Gebrauch gemacht hatten, als von denen, für die das nicht zutraf (14 vH benutzten sie zur Zeit der Befragung, 12 vH hatten sie früher benutzt, und 74 vH hatten damit keine Erfahrungen). Unter sozialpolitischem Aspekt ist vielleicht das folgende Ergebnis am interessantesten: 51 vH der befragten berufstätigen Mütter wären gezwungen, ihren Beruf aufzugeben, wenn es nicht Kinderkrippen gäbe; und 22 vH der nicht-berufstätigen Mütter würden daran denken, ihren Beruf wieder aufzunehmen, wenn Krippen für sie erreichbar wären[14].

Da es gewöhnlich nicht der Regierungspolitik entspricht, junge Mütter zur Berufstätigkeit zu ermutigen, wird es oft der örtlichen Initiative – z. B. von Industrieunternehmen, Frauenorganisationen oder anderen interessierten Stellen – überlassen bleiben, Tageskrippen oder Spielzentren dort, wo ein nachweislicher Bedarf dafür besteht, einzurichten. So sind zum Beispiel infolge der vielen Studentenehen Kinderkrippen an den schwedischen Universitäten geschaffen worden. Wenn solche Initiative entfaltet wird, werden ihr die örtlichen Verwaltungsstellen in der Regel nicht ihre Unterstützung versagen.

Hilfe im Haushalt

Die überlieferte Art der Entlastung von den häuslichen Pflichten ist oder war vielmehr die Beschäftigung einer Haushälterin oder eines Mädchens. Für berufstätige Frauen

13. Siehe *Population*, Paris 1948, Nr. 3.

14. Eine Darstellung der internationalen Situation im Hinblick auf Kinderkrippen und Kindergärten findet sich unter *Child Care Facilities for Women Workers* in *International Labour Review*, Bd. LXII, Nr. 5, 1950.

könnte dies die ideale Lösung sein. Auch vom allgemeinen Standpunkt aus würde es eine befriedigende Arbeitsteilung bedeuten, weil sich die Frauen jeweils auf dem Gebiet spezialisieren könnten, für das sie die meiste Begabung und das größte Interesse haben.

In der Praxis ist das heute jedoch kaum durchführbar. Es ist in allen Industrieländern eine verbreitete Erfahrung, daß Hausangestellte immer schwerer zu finden sind. Obgleich sich die Bezahlung und die allgemeine Behandlung heutzutage sehr gebessert haben, machen die niedrige soziale Stellung und der Mangel an Unabhängigkeit die Hausarbeit wenig anziehend im Vergleich zu anderen Berufen, die jungen Mädchen offenstehen. Versuche, diese Situation durch die Vereinbarung fester Löhne und Arbeitszeiten sowie durch die Einrichtung von Ausbildungskursen und die Erteilung von Zeugnissen zu verbessern – all dies zielt auf eine Hebung der Hausarbeit auf das Niveau eines qualifizierten Berufes –, haben die Abneigung gegen eine Beschäftigung im Haushalt nicht ins Gegenteil zu verkehren vermocht. Sie haben jedoch erfolgreich die Nachfrage nach Hausangestellten durch die Erhöhung ihrer Unterhaltskosten vermindert.

Eine weitere Schwierigkeit besteht darin, daß die Hausangestellten, die es noch gibt, lieber in kinderlose Familien gehen, weil dort sowohl die Entlohnung besser als auch die Arbeit leichter und oft die Arbeitszeit kürzer ist.

Selbst wenn man die Verhältnisse ändern und die häuslichen Dienste zu einer Tätigkeit machen könnte, die im Wettbewerb um die Arbeitskräfte günstig liegt (was zur Zeit eine rein theoretische Annahme ist), bleibt die Frage offen, ob unter dem Gesichtspunkt der Wirtschaftlichkeit die Arbeit im Haushalt bei den gegenwärtigen technischen Verhältnissen produktiv genug ist, um ihre Kosten zu dekken. Es kann gut sein, daß die Abstellung einer Arbeitskraft für die Hausarbeit in einer einzelnen Familie sich als eine unwirtschaftliche Maßnahme erweist, wenn die benötigten Dienstleistungen überwiegend auch mit anderen verfügbaren Mitteln erreichbar sind.

Man kann natürlich dagegen einwenden, wenn die Hausarbeit die Zeit und Kraft einer Hausfrau wert ist, dann sollte sie auch die Arbeitskraft jeder anderen Frau wert sein. Unter den heutigen Bedingungen ist die Arbeit im Haushalt an sich aber kaum eine Ganztagsbeschäftigung, mag sie nun von einer Hausfrau oder einer bezahlten Hilfskraft geleistet werden. Im Falle der Hausfrau sind jedoch wirtschaftliche Erwägungen von untergeordneter Bedeutung. Neben der Verrichtung der vielen alltäglichen Aufgaben beruht der Wert ihrer Arbeit auf den ungreifbaren Qualitäten schöpferischer Art, die einen Haushalt erst zu einem Heim machen. Solche persönlichen Funktionen können nicht auf eine dritte Person übertragen werden, und sie sind es, die bisher die Frau außerhalb unseres Wirtschaftssystems gestellt haben. Gerade weil ihre Arbeit »unbezahlbar« ist, wird der wirtschaftliche Wert der Hausfrauen – so widersinnig dies auch klingen mag – oft so niedrig eingeschätzt.

Die Stundenhilfe im Haushalt, die wohl das Äußerste ist, was eine berufstätige Frau heute gewöhnlich erwarten kann, scheint alles in allem die am ehesten befriedigende Lösung zu sein. Und das nicht nur, weil man sich diese Art der Haushaltshilfe am leichtesten beschaffen kann; sondern weil es die produktivste Verwendung dieser Arbeitskraft ist, denn so kann eine Frau zwei und manchmal mehr Haushalte versorgen.

Während heute normalerweise jede Frau – ob berufstätig oder nicht – sich bei der Lösung ihres persönlichen Problems häuslicher Hilfe auf ihre eigene Findigkeit verlassen muß, stehen in vielen Ländern öffentliche Einrichtungen für plötzliche oder besondere Notfälle zur Verfügung. In allen hier behandelten Ländern besteht ein Hauspflegedienst, der ausgebildete Kräfte zur Betreuung alter und kranker Menschen ins Haus schickt, und der bei Todesfällen, bei vorübergehendem Ausfall oder Abwesenheit der Mutter die Hausarbeit übernimmt, um den Haushalt für die Kinder in Gang zu halten. In den Vereinigten Staaten hatten 1947 50 bis 60 Wohlfahrtsstellen einen solchen Dienst als Teil ihres Familienbetreuungswerkes. In Großbritannien, Frankreich und Schweden wurde die organisierte Hauspflege, die zunächst ebenfalls von privaten Stellen entwickelt worden war, ausgedehnt und bildet jetzt einen Teil des sozialen Sicherheitssystems. Diese Hilfsdienste werden entweder von Lokalbehörden oder anerkannten Wohlfahrtsorganisationen, die unter öffentlicher Kontrolle stehen, getragen und einheitliche Richtlinien für Tätigkeit, Ausbildung, Arbeitsbedingungen und Vergütung sind festgelegt worden[15].

Wenn diese Dienste auch gegenwärtig vor allem für Notfälle gedacht sind, so ist doch im Prinzip nicht einzusehen, warum nicht eine moderne Organisation des Haushaltsdienstes auf ähnlicher Basis geschaffen werden könnte, die den berufstätigen Müttern einen Kreis von gut ausgebildeten, professionellen, angemessen bezahlten Haushaltshilfen zur Verfügung stellt.

Dies klingt vielleicht, als schlüge man vor, die Frauen sollten einander gegenseitig ihre Wäsche waschen. Aber in Wirklichkeit würde eine solche Rationalisierung der Hausarbeit es den Frauen erlauben, sich dem Tätigkeitsgebiet zu widmen, das ihrer Eigenschaft und ihren Neigungen entspricht – und gleichzeitig würde dies ganz allgemein zu einer höheren Produktivität führen.

Wissenschaftliche Erforschung der Sozialprobleme von Frau und Haushalt

Wir haben einen Überblick über die Hauptarten der sozialen Einrichtungen gegeben, die heute zur Verfügung

15. Für Angaben über Hauspflegedienste vgl. *International Labour Review*, Band XVI, Nr. 1, 1947 und Band LXIII, Nr. 3, 1951.

stehen, um Mütter von einigen ihrer häuslichen Sorgen zu entlasten; überdies weisen diese Darlegungen auf die wunden Punkte hin, wo die Familie am dringendsten der Hilfe von außen bedarf. Sie zeigen zugleich, daß die Gemeinschaft immer dort eingesprungen ist, wo die Not am größten war. Die Gesellschaft hat tatsächlich die Aufgaben naher Verwandter übernommen, die früher in den meisten Familien vorhanden waren, es aber heute nicht mehr sind.

Die bestehenden Einrichtungen reichen aber kaum aus, um den gegenwärtigen dringendsten Bedürfnissen gerecht zu werden, und unter den heutigen Verhältnissen bleibt nur ein sehr geringer Spielraum, um den ständig wachsenden Anforderungen zu entsprechen. Sie bergen jedoch Ansätze zu einer weiteren Ausdehnung und können bei der Schaffung ähnlicher Einrichtungen als Muster dienen, wenn das unzweifelhaft vorhandene Bedürfnis danach deutlicher zutage tritt.

Welcher Art solche Bedürfnisse sind und in welchem Maße ihnen Rechnung getragen werden soll, ist eine Frage, die mit der allgemeinen Politik gegenüber der Erwerbstätigkeit verheirateter Frauen verbunden ist. Diese Politik ist bisher zwiespältig und im großen Ganzen schlecht unterrichtet gewesen.

Beim Schreiben dieses Buches war es eine ständige Quelle der Überraschung und des Bedauerns, daß wir praktisch bei jedem Punkt der Erörterung vergeblich nach Material Ausschau halten mußten, das wissenschaftlich gesammelt und ausgewertet gewesen wäre. Man verfügt über immer mehr reine Zahlen-Statistiken, aber es gibt kaum umfassende soziologische Studien, die allein die notwendigen Grundlagen für die Bewertung von Einzelerscheinungen liefern können.

Es gibt z. B. sehr wenige Unterlagen, mit deren Hilfe man beurteilen könnte, ob ein Zusammenhang zwischen der Berufstätigkeit der Frau und der Geburtenziffer besteht.

Selbst in der umfangreichen Untersuchung von Indianapolis[16], in der dreiundzwanzig Hypothesen bezüglich der sozial-psychologischen Faktoren, die sich auf die Kinderzahl auswirken, eingehend untersucht und ausgewertet wurden, hat man der Frage keine Beachtung geschenkt, ob etwa die derzeitige Berufsarbeit der Frau oder ihr Wunsch nach Beibehaltung des Berufes von Einfluß gewesen sein könnten. Wäre diese variable Größe in Verbindung mit den anderen untersucht worden, so hätten sich vielleicht manche wichtigen Parallelen ergeben, und die innere Einstellung der Frau zu dieser Frage wäre deutlich geworden. Es gibt keine zuverlässigen Erhebungen darüber, wie verbreitet der Wunsch der Frau nach einer außerhäuslichen Erwerbstätigkeit ist. Auch der Einfluß der Erziehung auf die Einstellung der Frauen zum Beruf müßte noch erforscht werden. Desgleichen scheint es an der Zeit zu untersuchen, ob – und in welcher Weise – die Töchter erwerbstätiger Mütter eine andere Einstellung zum eigenen Beruf haben als Mädchen mit einem traditionellen mütterlichen Vorbild vor Augen. Darüber, wie Frauen zwischen 50 und 65 Jahren im allgemeinen, und Witwen im besonderen, ihr Leben verbringen, gibt es keinen Bericht. Dringend vonnöten ist auch eine Untersuchung über den Einfluß, den die Berufstätigkeit der Mutter auf die Entwicklung ihrer Kinder ausübt, und wie sie auf andere Faktoren des familiären Bereiches einwirkt[17]. Wir wissen nicht, in welchem Ausmaß Kinder der verschiedenen Altersstufen die Zeit und Aufmerksamkeit der Mutter brauchen; oder ob ein Unterschied in der Ermüdbarkeit von Mann und Frau bei verschiede-

16. Die Zeitschrift *Millbank Memorial Fund Quarterly*, New York, hat eine Reihe von Berichten über diese Untersuchung veröffentlicht, die vom *Committee on Social and Psychological Factors Affecting Fertility* verfaßt wurde. Siehe Bde. XXXI, Nr. 3, 1953 und XXXII, Nr. 4. 1954.
17. Diese Lücke wurde z. T. ausgefüllt durch F. Ivan Nye und Lois W. Hoffmann, *The Employed Mother in America*, Chicago 1963.

nen Berufen besteht, und wenn ja, ob er mit den häuslichen Verhältnissen zusammenhängt.

Diese und eine Menge anderer Fragen bedürfen einer Beantwortung, wenn man die Bedeutung der heutigen Strömungen richtig verstehen will, und wenn die vorhandenen Spannungen, die sich aus ungeordneten Entwicklungen in den verschiedenen Teilen unseres Sozialwesens ergeben, vermindert werden sollen.

10

Ziele auf lange Sicht
Zusammenfassung und Schlußfolgerungen

Aus den vorhergehenden Kapiteln wird klar ersichtlich, daß die zunehmende Erwerbstätigkeit der Frau in allen fortgeschrittenen westlichen Ländern eine Entwicklung ist, die sich über viele Jahre hin erstreckt und nicht bloß ein vorübergehender Notbehelf, der sich aus den Kriegsereignissen oder aus anderen unglücklichen Umständen ergeben hätte. Aber abgesehen von den gelegentlichen Angleichungen, die wir im letzten Kapitel erörterten, ist eine grundlegende Neuordnung unserer Gesellschaft, die diese Entwicklung für alle Betroffenen erst nutzbar machen würde, nicht erfolgt.

WIRTSCHAFTLICHE KONSEQUENZEN AUS DER ZUNEHMENDEN WEIBLICHEN ERWERBSTÄTIGKEIT

Als Folge der bevölkerungspolitischen, technischen und wirtschaftlichen Entwicklungen ist ein relativer Mangel an Arbeitskräften in den Industrieländern zu einem chronischen Zustand geworden. Die allmähliche Zunahme der Arbeitskräfte, die sich in der Vergangenheit hauptsächlich aus dem Wachstum der Bevölkerung ergab, hat sich während der letzten Jahrzehnte verlangsamt, weil der Anteil der jungen Leute am Arbeitsmarkt durch ausgedehnte Erziehungs- und Ausbildungsperioden abnimmt, während der Anteil der alten Leute an der Gesamtbevölkerung im Steigen begriffen ist. Es liegt mehr und mehr an den Frauen, in der Industrie, im Geschäftsleben und in den akademischen Berufen in die Bresche zu springen, ebenso wie in dem ständig wachsenden Verwaltungsapparat, der das Räderwerk unserer komplizierten modernen Gesellschaft in Gang zu halten hat.

Diese langfristige Entwicklung, die ihren Ausgang von der Beschäftigung der, vom Standpunkt der Familie gesehen, »überschüssigen« Frauen nahm, hat mit den Jahren an Triebkraft gewonnen und jetzt den Punkt erreicht, wo praktisch alle unverheirateten Frauen entweder berufstätig sind oder sich für einen Beruf ausbilden lassen. Eine weitere Zunahme der weiblichen Berufstätigen kann daher nur aus den Reihen der verheirateten Frauen kommen und kommt tatsächlich auch schon seit geraumer Zeit dort her. Ermöglicht wurde dies dadurch, daß die Familie kleiner geworden ist und die häuslichen Tätigkeiten sich vermindert haben.

Der Lebensstandard eines Landes hängt in hohem Maße von dem Anteil der Erwerbstätigen an der Gesamtbevölkerung ab, oder anders ausgedrückt, von dem Verhältnis der produktiven zu der konsumptiven Bevölkerung. Es würde daher offensichtlich im allgemeinen Interesse liegen, einen besseren Gebrauch von dem weiblichen Arbeitskräftepotential zu machen – immer vorausgesetzt, daß dies ohne ernstlichen Schaden für andere menschliche Werte geschehen kann. Wir können uns den Ausfall einer so großen Zahl von möglicherweise produktiven Arbeitskräften einfach nicht leisten.

Die Tatsache, daß es auch heute noch in einigen Ländern viele Tausende von Männern gibt, die arbeitswillig sind, aber keine Arbeit finden können, entkräftet unsere Behauptung nicht. Der soziale Mißstand, für den die Massenarbeitslosigkeit ein Symptom ist, rührt nicht von einem Mißverhältnis zwischen einer gegebenen Arbeitsmenge und einem Überschuß an verfügbaren Arbeitskräften her. Es handelt sich hier nicht um einen Fehler in der Struktur, sondern in der Organisation der Gesellschaft, wenn sie es zuläßt, daß der wichtigste Aktivposten jeder Gemeinschaft – das produktive Leistungsvermögen ihrer Mitglieder –

ungenutzt bleibt. Die verheerenden Folgen der Massenarbeitslosigkeit, wie wir sie in der Vergangenheit erlebt haben und heute in einigen Teilen der Welt wieder miterleben, widerlegen das wirtschaftliche Argument nicht, daß die Wohlfahrt einer Gesellschaft davon abhängt, daß sie ihre werktätige Bevölkerung mit dem denkbar besten Nutzen einsetzt, und daß der Lebensstandard, dessen sich die Gemeinschaft als Ganzes erfreuen kann, um so höher ist, je mehr Menschen am Produktionsprozeß beteiligt sind; im Gegenteil, sie geben ihm noch mehr Beweiskraft.
Das Bedürfnis der Gesellschaft, alle verfügbaren Arbeitskraftreserven – ob männlich oder weiblich – bis zum letzten auszuschöpfen, trifft zusammen mit der Unterbeschäftigung der Frau. Die Verbindung dieser zwei Gegebenheiten verlangt nach einer Revision der althergebrachten, doch immer noch weitverbreiteten Ansicht, für die Frau sei die Ehe ein Beruf. Der Ausdruck »Unterbeschäftigung der Frau« bedarf einer Einschränkung: Natürlich sind nicht alle Frauen ständig unterbeschäftigt. Viele Hausfrauen werden sicherlich beteuern – und zwar mit Recht – daß die Betreuung eines Haushalts mit Kindern unter den gegenwärtigen Verhältnissen sehr wohl eine Vollbeschäftigung ist. Das läßt sich nicht bestreiten. Sieht man es jedoch im Blick auf die gesamte Lebensdauer, dann ist die Zeit der Vollbeschäftigung im Haushalt verhältnismäßig kurz. Wie wir bereits sahen, haben viele Frauen selber das Gefühl, ihre Kräfte zu vergeuden, und dies ist weitgehend der Grund für die gegenwärtige Unzufriedenheit vieler Hausfrauen. Auch wenn die meisten Frauen nicht über die Konsequenzen ihrer beträchtlich erhöhten Lebens- und Gesundheitserwartung nachdenken, ist es so.
Nur etwa ein Drittel aller Arbeitskräfte sind Frauen, obwohl sie mehr als die Hälfte der Bevölkerung bilden. Wenn gut geschätzt ein Viertel der verheirateten Frauen aktive Mutterpflichten hat oder im eigenen Haushalt ebenso produktiv tätig ist wie in früheren Zeiten, während ein

Drittel von ihnen eine Erwerbsarbeit angenommen hat, so bleibt immer noch eine große Reserve an Frauen meist mittlerer Jahrgänge, und zwar etwa 4 von 10 verheirateten Frauen, deren Arbeitskraft gegenwärtig nicht von Nutzen für die Gesellschaft ist.

Wenn dieser Anteil am Erwerbsleben (wie er hier für die USA, Frankreich, England und Schweden belegt ist) beträchtlich vergrößert werden könnte, dann wären ohne Zweifel die Menschen allgemein sowohl wirtschaftlich besser gestellt, als auch sozial und psychologisch mehr im Gleichgewicht.

Es muß etwas falsch sein an einer Gesellschaftsordnung, in der die Männer vor Überarbeitung und Sorgen eines frühen Todes durch Herzinfarkt sterben, während ihre Frauen und Witwen sich zusammenschließen und dagegen Einspruch erheben, daß es für sie keine Arbeitsmöglichkeiten gibt.

Eine kleine Rechnung, die von vorhandenen statistischen Unterlagen ausgeht, wird schnell verdeutlichen, welche großen Wirkungen mit vergleichsweise geringen Anstrengungen erzielt werden könnten. Angenommen, das durchschnittliche Heiratsalter – etwas höher angesetzt, als es sich aus den neuesten Statistiken ergibt – ist 25, und das Ruhestandsalter 65 Jahre, was bei der allgemein längeren Lebensdauer und besseren Gesundheit angemessen erscheint, dann hat die Durchschnittsfrau, wenn sie heiratet, 40 Jahre vor sich, in denen sie voll arbeitsfähig ist. Während dieser 40 Jahre sind $^2/_3$ aller verheirateten Frauen *nicht* erwerbstätig. Demnach entfallen im Durchschnitt auf jede verheiratete Frau 13 Arbeitsjahre gegenüber 26 Ehejahren, in denen sie nicht außerhäuslich arbeitet.

Wenn sich die letztere Periode um weitere 6 Jahre verkürzen ließe, wäre das Ergebnis erstaunlich. Die verheiratete Frau hätte immer noch durchschnittlich 20 Jahre Zeit, um ihre Kinder großzuziehen, was reichlich genug erscheint. Gleichzeitig würde der Anteil der verheirateten erwerbstätigen

Frauen von 33 auf 50 vH der erwerbstätigen Frauen insgesamt anwachsen, wodurch in Großbritannien 3 Millionen und in den Vereinigten Staaten 8,5 Millionen Menschen zusätzlich dem Arbeitsmarkt zugeführt würden. Die erwerbstätige Bevölkerung würde tatsächlich in jedem Lande, in dem der Stand der industriellen und sozialen Entwicklung ungefähr dem dieser beiden entspricht, um etwa 12,5 vH anwachsen.

SCHAUBILD 8

ERWERBS- UND NICHT-ERWERBSTÄTIGE IN GROSSBRITANNIEN, 1951

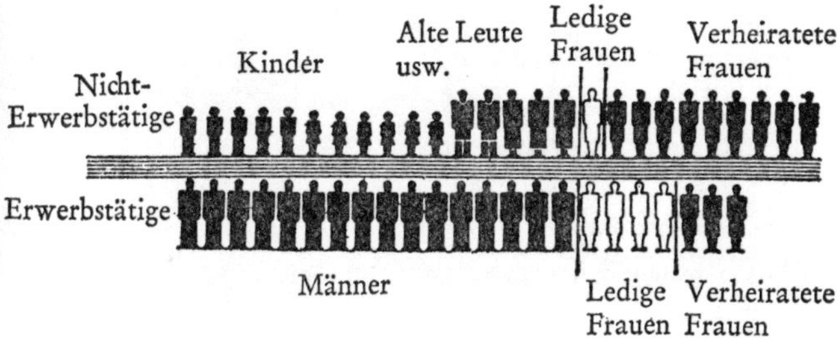

Veränderung bei Erwerbstätigkeit von 50 v. H. der verheirateten Frauen

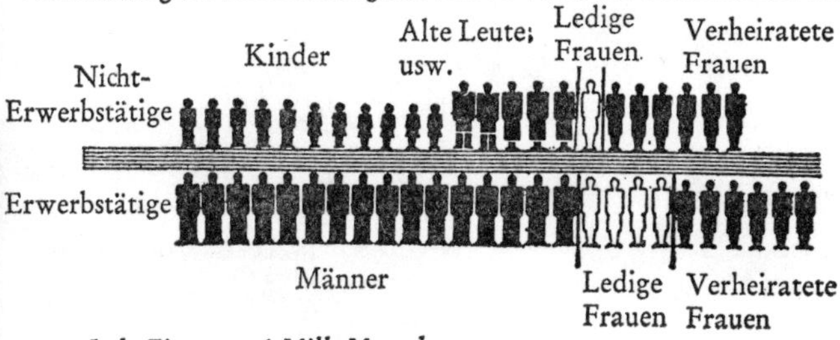

Jede Figur = 1 Mill. Menschen

Wir hätten in unserer Berechnung noch weitergehen und unterstellen können, daß die verheirateten Frauen ihren Kindern durchschnittlich 15 oder sogar nur 10 an Stelle von 20 Jahren widmen können. Die entsprechend größere Zunahme der Erwerbstätigen und die damit verbundene Steigerung der Produktions- und Dienstleistungen wäre gewaltig und würde eine beträchtliche Hebung des Lebensstandards ermöglichen. Wenn wir von dieser Annahme absehen, so deshalb, weil es weder durchführbar noch wünschenswert erscheint, daß Mütter von sehr kleinen Kindern außerhalb ihres Heims arbeiten. Wenn jedoch einige dieser Mütter außerhäuslich eine Stellung annähmen, dann würden die dadurch bewirkte zusätzliche Produktion und die vermehrten Dienstleistungen das gleichfalls wachsende Bedürfnis nach Waschanstalten, Tageskrippen, Kinder-Fertigkleidung (an Stelle der selbstgenähten) usw. mehr als aufwiegen. Gleichzeitig hätten die Frauen mehr Gelegenheit, sich in den Berufen zu spezialisieren, an denen sie interessiert sind und für die sie sich besonders eignen – sei es Kochen, Unterrichten, die Leitung eines Geschäftes oder das Dirigieren eines Orchesters.

PSYCHOLOGISCHE AUSWIRKUNGEN ZUNEHMENDER WEIBLICHER ERWERBSTÄTIGKEIT

Die soziologischen und psychologischen Auswirkungen einer stärkeren Beteiligung der Frau am Wirtschaftsleben würden nicht weniger weittragend sein als die damit einhergehenden materiellen Veränderungen; sie könnten sehr wohl das gesamte geistige Klima unserer Gesellschaft beeinflussen.

Wenn die Entwicklung in Richtung außerhäuslicher Erwerbstätigkeit der verheirateten Frau in manchen ihrer Ergebnisse auch revolutionär erscheinen mag, so ist sie doch nur unter veränderten Verhältnissen die Wiederherstellung einer gerechteren Arbeitsteilung zwischen den Geschlechtern, wie sie vor Beginn der Industrialisierung bestand. Wenn die Frauen daher heute ihren Haushalt verlassen und einen neuen Weg zur Arbeit einschlagen, dann wird sie in gewissem Sinne eben dieser Weg wieder »nach Hause« in die gebührende Stellung innerhalb der Gemeinschaft führen.

Diese »Rückkehr der verlorenen Tochter« ist durchaus zu begrüßen und liegt nicht nur im Interesse der Frau, sondern der Gemeinschaft als Ganzes. Denn der Ausschluß der Frauen von den meisten wirtschaftlichen und wissenschaftlichen Berufen und von vielen sozialen und kulturellen Betätigungen ist ein Faktor, der zu dem Mangel an sozialer Integrierung und zu der sich daraus ergebenden Isolierung des Individuums, die für die heutige Gesellschaft so charakteristisch sind, beigetragen hat. Es ist gut möglich, daß die Nicht-Beteiligung der Frau, wie A. M. Rose in einer Erörterung der Probleme der Massengesellschaft[1] vermutet, zu den Gefühlen der Unsicherheit und gegenseitigen Entfremdung, die in unserer modernen Gesellschaft so weitverbreitet sind, in hohem Maße beiträgt. Nachdem die Frau, wie Prof. Rose sagt, ihrer ehemaligen Aufgabe als Gefährtin ihres Mannes beim Broterwerb und als Haupterzieherin einer großen Kinderschar verlustig gegangen ist, »macht es ihr die Gesellschaft nicht zur Pflicht, sich Ersatzaufgaben zu suchen. Sie kann sich in einer bezahlten Arbeit oder im sozialen Wohlfahrtswesen versuchen, aber gewöhnlich sagt ihr niemand, daß sie es tun muß. Und so ist die moderne Ehefrau, sobald ihr jüngstes Kind zur Schule geht, zum Teil ohne Aufgaben, was bedeutet, daß sie sich wahrscheinlich nach dem eigentlichen Sinn ihres Lebens fragt und eine unklare, aber bohrende Unzufriedenheit empfindet. Da sie nur rein äußerlich mit anderen Menschen Berührungspunkte hat und sich über ihre Aufgabe in der Gesellschaft nicht klar ist, ist sie ein Glied einer Masse, nicht aber einer gestalteten (d. h. integrierten) Gesellschaft.«

Die Teilnahme am Leben und an der Arbeit der Gemeinschaft bewirkt das Gefühl, zu etwas nütze zu sein, das für ein erfülltes Dasein so wesentlich ist. Dies ist besonders in

1. A. M. Rose, *Social Problems in the Mass Society,* veröffentlicht in *The Antioch Review,* September 1950.

einer Gesellschaft wie der unsrigen der Fall, wo die Verpflichtung, einen positiven Beitrag zu den gesellschaftlichen Bestrebungen zu leisten, ein allgemein anerkanntes Ethos geworden ist, und wo dieser Beitrag mit beruflichen Maßstäben und an greifbaren Erfolgen gemessen wird. »Unsere Definitionen der Arbeit«, schreibt David Riesman[2], »bedeuten auch, daß die Hausfrau, die, sozial gesehen, ein Arbeitsprodukt erzeugt, ihre Arbeit weder in Stunden noch in Dollar ausgedrückt in der Volkszählungsstatistik oder in der Vorstellung der Menschen klar umrissen und errechnet finden kann. Und weil ihre Arbeit nicht als Arbeit gilt, ist sie am Ende des Tages erschöpft, ohne zu wissen, ob sie ein Recht dazu hat, wodurch zum Schaden noch der Spott hinzugefügt wird.«

In Zukunft wird es ebenso unmöglich sein, Frauen reiferen Alters von der praktischen Anwendung jener Ideologie auszuschließen, die von jedermann einen sozialen Beitrag im Sinne der anerkannten Definition der Arbeit verlangt, wie es unmöglich war, sie von den Auswirkungen der demokratischen Ideen gleichen Rechts und gleicher Chancen auszuschließen.

Ein unbewußter Anpassungsprozeß an diese neue Lage geht bereits im Denken vieler Frauen vor sich. Um noch einmal David Riesman zu zitieren: »... Frauen des Mittelstandes und der gehobenen Schichten sind nicht mehr als Wohltäterinnen willkommen; die Sozialarbeiter haben ... dieses Tätigkeitsfeld in Berufe aufgeteilt ... Dilettanten können den Kranken nicht mehr helfen, sofern sie nicht bereit sind, den geprüften Krankenschwestern als Hilfskräfte bei der Ausübung ihres Berufes zu dienen und für sie alle schmutzige Arbeit zu tun. Sie können anderen nicht helfen, sich zu vergnügen, denn auch die mit der organisierten Geselligkeit und Freizeitgestaltung zusammenhängenden Tätigkeiten sind zu Berufen geworden. Wenn

2. a. a. O., Seite 300.

sie auch Politik und Rassenfragen in der Weiblichen Wählerliga *(League of Women Voters)* und im *YMCA (CVJM)* erörtern, so können sie dies nur im Rahmen eines der fertigen und wirklich ausgezeichneten Programme tun, die ihnen von einer Zentralstelle geliefert werden ... Auf diese Lage reagieren die Frauen, indem sie entweder wieder in Gleichgültigkeit versinken oder daraus wie ihre Schwestern aus der Arbeiterklasse den Schluß ziehen, daß sie nur durch einen Beruf, durch einen kulturell umrissenen Beruf ihre Befreiung erlangen werden[3].«

Es ist ein schon oft wiederholter Gemeinplatz, daß die moderne Massengesellschaft unter dem Verlust des Gemeinschaftsgefühls leidet, das in der Vergangenheit die Menschen miteinander verband, ihre gemeinsamen Ziele zum Ausdruck brachte und ihnen die Sicherheit eines festen Standortes in einem organischen Ganzen bot. Es ist nicht unmöglich, daß dieser Verlust dadurch wieder ausgeglichen werden kann und wird, daß die Menschen sich mehr an dem Arbeitsleben der Gesellschaft beteiligen und dadurch den Sinn für ein gemeinsames Ziel wiedererlangen. Durch seinen Beruf erwachsen dem Menschen neue Bindungen und neue Treueverhältnisse, die die mehr unmittelbaren Berührungen in den kleinen Gemeinschaften der Vergangenheit ersetzen und sich als der Mörtel erweisen mögen, der die Menschen von neuem zu einem organischen Ganzen verbindet.

Die Hausfrauen im allgemeinen leiden heute unter der gesellschaftlichen Isolierung und dem Gefühl der Nutzlosigkeit, mehr als jede andere Gruppe der Gesellschaft, vielleicht mit der Ausnahme der alten Leute. Im Gegensatz zu diesen jedoch können sie nicht auf ein erfülltes Leben zurückblicken, und in der Regel haben sie keine Gelegenheit gehabt, außerhalb ihrer Familie Verbindungen anzuknüpfen, die ihnen das Gefühl der Zusammengehörigkeit geben könnten.

3. a. a. O., Seite 322.

Wenn für die verheiratete Frau die Wiederaufnahme ihrer unterbrochenen Berufstätigkeit in reiferen Lebensjahren eher zur Regel als zu einer Ausnahme würde, dann würden auch die Aussichten und die Stellung aller Frauen – ob jung oder alt, verheiratet oder ledig – eine Wendung zum Besseren erfahren.

Die Jüngeren würden von dem psychologischen Druck und den Spannungen befreit, die wir in einem früheren Kapitel erörtert haben. Sie wären endlich in der Lage, ihrem Leben auf weite Sicht einen festen Plan zugrunde zu legen und das zu ernten, was in Jahren der Ausbildung und des Studiums gesät wurde.

Schließlich – und das wäre keinesfalls das unwichtigste Ergebnis – würden viele Ursachen von ehelichem Unglück und Reibungen beseitigt, wenn die außerhäuslichen Kontakte und geistigen Anregungen wie auch das Verdienen des Lebensunterhalts nicht praktisch das Monopol eines der Ehegatten darstellten, und wenn zwischen Mann und Frau in ihren Interessen innerhalb wie auch außerhalb ihres gemeinsamen Heims ein größeres Gleichgewicht hergestellt werden könnte.

Die Gleichberechtigung der Frau schreitet langsam voran und ist reich an inneren Konflikten. Die traditionellen Normen der Lebensführung existieren nicht mehr und sind noch nicht durch neue ersetzt worden. Die Frau kann heute nicht mehr sicher sein, was man von ihr erwartet. Es gibt nicht mehr eine anerkannte weibliche Rolle, nach der man leben kann, sondern eine Anzahl widersprechender Modelle, die nur schwer nebeneinander bestehen. Bei einer Reihe von Stichproben-Befragungen ist z. B. zutage getreten, daß überraschend viele Frauen aus höheren Berufsgruppen und aus dem Geschäftsleben von Zweifeln an ihrer echten Weiblichkeit gepeinigt werden. Aber der Frau, die ihr Leben in der herkömmlichen Weise zu Hause verbringt, geht es nicht besser: auch sie möchte gern wissen, ob sie die richtige Wahl getroffen hat, und ob sie nicht verborgene Talente vernachlässigt oder ihre Energien vergeudet.

Dieser Zustand weit verbreiteter innerer Konflikte und Unsicherheiten wird jedoch im Laufe der gesellschaftlichen Entwicklung überwunden werden. Diese hat, zusammen mit dem technischen Fortschritt, den Weg »zurück an den Herd« versperrt. Es scheint daher im wesentlichen für die weitere Entwicklung nur ein Weg offen zu sein, und man tut gut daran, diesen Tatsachen ins Auge zu sehen und das Beste aus ihnen zu machen.

NEUBELEBUNG DES FAMILIENLEBENS

Man könnte einwenden, daß der Gewinn an Produktivität von geringem Nutzen ist, verglichen mit dem Verlust an Freizeit, deren sich zu erfreuen die Frau heute das Vorrecht hat. Viele Menschen glauben auch, daß manche unantastbaren Werte verlorengehen, wenn das Familienleben sich nicht in einer Atmosphäre der Muße abspielen kann. Ist aber die Voraussetzung, von der dieses Argument ausgeht, richtig? Würde die Berufstätigkeit der verheirateten Frau für die Familie wirklich den Verlust der Muße bedeuten?

Befassen wir uns näher mit diesem Argument und kehren wir zu unserer Annahme zurück, daß die verheiratete Frau ihrer Familie durchschnittlich 20 statt der bisherigen 26 Jahre widmen und im Anschluß an diese Periode außerhalb des Hauses eine Arbeit übernehmen könnte. Der Zuwachs an Arbeitskräften, der daraus resultiert, würde die Gemeinschaft in die Lage versetzen, an Gütern und Dienstleistungen 12,5 vH mehr zu produzieren, oder dieselbe Menge in 12,5 vH weniger Zeit herzustellen. Das würde je Arbeitswoche für alle Männer und Frauen eine Verkürzung der Arbeitszeit von 48 auf 42 oder von 40 auf 35 Stunden bedeuten.

Diese Möglichkeiten sind auf lange Sicht vorhanden. Sie werden jedoch nie erörtert. Bis jetzt scheinen sich alle Länder damit zu begnügen, der Entwicklung ihren Lauf zu lassen, die Zahl der Arbeitskräfte zu vermehren, wenn die Frauen auf gebotene finanzielle Vorteile reagieren, und – gewöhnlich zu wenig und zu spät – *ad hoc*-Regelungen zu treffen, wie wir sie im letzten Kapitel beschrieben haben, um eine gewisse Anpassung an die neue Situation zu erreichen.

Obgleich man, wie wir oben sagten, wählen könnte zwischen einem Mehr an Produktion (und der Zuwachs an weiblichen Arbeitskräften ist bis jetzt hauptsächlich dafür benutzt worden) und einem Weniger an Arbeitszeit, kann es keinen Zweifel geben, daß die Frauen, wenn sie in dieser Frage von oft sehr persönlicher Bedeutung etwas zu sagen hätten, für eine Verkürzung der langen Zeit eintreten würden, die der moderne Mann fern von seinem Heim und seinen privaten Interessen zubringt.

Selbst bei der hier angeregten stärkeren Berufstätigkeit verheirateter Frauen bliebe ihnen wie bisher die Hauptverantwortung für das Aufziehen der Kinder.

Man kann leicht eine Zeittafel aufstellen und damit nachweisen, daß die von uns angenommenen 20 Jahre für das Aufziehen der heutigen Durchschnitts-Kinderzahl völlig ausreichen. Geht man davon aus, daß die Kinder bis zum Schulalter die ganztägige Betreuung durch die Mutter brauchen und bis zum Alter von 15 Jahren ihre halbtägige Anwesenheit, so ist eine Periode von 20 Jahren eine großzügig geschätzte Zeit, um 2 bis 3 Kinder, wie sie die Familie heute im Durchschnitt hat, aufzuziehen.

Diese Berechnung mag nicht für jede einzelne Familie zutreffen, aber als Denkschema ist sie ebenso realistisch wie Statistiken. Abweichungen von der Regel in der einen Richtung werden durch eine Zahl von Abweichungen in der entgegengesetzten Richtung ausgeglichen. Denn den Familien, die mehr Kinder haben oder sie in größerem Abstand bekommen als der Durchschnitt, stehen solche gegenüber, die weniger Kinder haben oder kinderlos bleiben.

Wenn die Berufstätigkeit der verheirateten Frau im Anschluß an die dem Aufziehen der Kinder gewidmeten Jahre zu einer weitverbreiteten Gewohnheit wird, dann würde die damit mögliche Arbeitszeitverkürzung eine Veränderung des häuslichen und familiären Lebens mit sich bringen, die nur erwünscht sein kann. Sowohl die Frau als auch der Mann würden mehr Zeit und Energie übrig haben, sich um ihr Heim zu kümmern – was eine schöpferische Verbindung von Arbeit und Muße sein kann, wenn man weder zu viel noch zu wenig Zeit dafür hat. Ein Sechsstundentag für Mann und Frau dürfte dann nicht unerreichbar sein und entspräche mehr oder weniger der Zeit, die die Kinder in der Schule verbringen. Dies würde eine vollständige Erneuerung des Familienlebens ermöglichen. Aber schon eine Verkürzung des Arbeitstages um eine Stunde würde dazu verhelfen, die Väter ins Haus zurückzubringen. Gegenwärtig ist die Beteiligung des Mannes am Leben seiner Familie zumeist auf das Wochenende und im übrigen darauf beschränkt, daß er den Bericht seiner Frau über das, was sich während seiner Abwesenheit zugetragen hat, entgegennimmt. Diese Art der »Anteilnahme« mag vielleicht für das Verhältnis eines Chefs zu seinen Mitarbeitern angemessen sein; sie reicht aber gewiß nicht aus, um eine Familie für alle ihre Mitglieder zu einer lebendigen Gemeinschaft werden zu lassen.

Es erscheint uns in so hohem Maße wünschenswert, aus Ehemännern und Vätern vollwertige Partner in den Angelegenheiten ihrer Familie – statt bloße Abendbesucher *(»visiteurs du soir«)* – zu machen, daß wir mit dem Ziel einer generellen Arbeitszeitverkürzung, die ganztägige Beschäftigung der verheirateten Frau einer Teilzeittätigkeit vorziehen möchten – obgleich während einer Übergangsperiode die Teilzeitarbeit möglicherweise leichter *getan* werden kann (leichter zu *finden* ist sie gewiß nicht).

In einer Erörterung ähnlicher Probleme, nämlich daß es wünschenswert wäre, wenn die Männer an dem Leben ihrer Familie größeren Anteil nähmen und die Frauen sich an dem außerhäuslichen Berufsleben beteiligten, regt ein amerikanischer Autor, Ashley Montague[4], eine radikale Verbesserung unseres Arbeitssystems an. Er legt einen Plan vor, nach dem alle ledigen Personen beiderlei Geschlechts 8 Stunden, alle verheirateten Männer und Frauen hingegen nur 4 Stunden pro Tag arbeiten sollten. An Stelle der üblichen Arbeitsteilung zwischen den Geschlechtern befürwortet er eine Differenzierung der Arbeitszeit (aber nicht der Arbeitsarten) nach dem Familienstand. Dies würde, meint er, dazu verhelfen, durch die Schaffung völliger Gleichheit zwischen Mann und Frau ein harmonisches Verhältnis der Ehegatten zueinander herzustellen: gleicher Anteil an der beruflichen wie an der häuslichen Arbeit, und gleiche Pflichten beim Aufziehen der Kinder, wobei beide genügend Zeit hätten, sich dem Heim, der Familie und anderen gemeinsamen Interessen zu widmen.

So wünschenswert diese Ziele auch sind, erscheint es uns doch äußerst unrealistisch, einen Zustand zu schaffen, wo auf Junggesellen Prämien stehen, und zu erwarten, daß Arbeitgeber statt einer vollen Kraft zwei Halbtagskräfte beschäftigen oder die personelle Organisation des Betriebes einer jeden Veränderung im Familienstand ihrer Mitarbeiter anpassen; ganz zu schweigen von den Arbeitgebern selbst oder den vielen Menschen in freien Berufen wie Ärzten, Rechtsanwälten, Architekten usw. und den unabhängigen Geschäftsleuten, deren Arbeit ganz an ihre Person gebunden ist und weder auf die Hälfte reduziert noch zur Hälfte auf eine andere Person übertragen werden kann.

Im Gegensatz dazu bringt unsere Anregung, die Zahl der Erwerbstätigen durch Einbeziehung verheirateter Frauen, die entweder kinderlos sind oder keine kleinen Kinder mehr betreuen müssen, zu erhöhen, keine größeren Verän-

4. Ashley Montague, *The Natural Superiority of Women,* New York 1953.

derungen des Arbeitsgefüges mit sich. Der Vorschlag beruht hauptsächlich auf einer veränderten Einstellung der Frauen selbst und auf der Schaffung von besseren Möglichkeiten, den Umfang der Hausarbeit zu verringern. Beide Bedingungen sind bereits auf dem Wege zu ihrer Erfüllung, und alles, was wir brauchen, ist eine allmähliche Beschleunigung dieser Entwicklung und ihre Ausdehnung auf einen größeren Teil der Bevölkerung.

Es ist möglich, daß sich ein Interessenkonflikt zwischen beiden Geschlechtern ergibt, wenn man eine Verringerung der durchschnittlichen Arbeitszeit pro Woche zu planen beginnt. Die Kürzung der täglichen Arbeitszeit mag für jene Frauen verlockend sein, die gern zu Hause sind, wenn ihre Kinder aus der Schule kommen; eine Verringerung der Arbeitstage mag dagegen den Männern, die an sportlichen Veranstaltungen interessiert sind, und auch den Gewerkschaften vorteilhafter erscheinen. Tatsächlich könnte eine Erhebung interessant sein, die die Vorteile eines kürzeren Arbeitstages – die sich in geringerer täglicher Ermüdung und vermehrter Teilnahme am Familienleben ausdrücken – der kürzeren Arbeitswoche – die sich im besseren Erholungseffekt eines »verlängerten Wochenendes« ausdrückt – gegenüberstellt. Der Reiz wird offensichtlich viel größer für solche Arbeitskräfte sein, die wie in London und anderen Großstädten viel Zeit auf die Fahrt vom und zum Arbeitsplatz verwenden müssen.

Die mit der Sozialpolitik befaßten Stellen sind in wachsendem Maße zu der Einsicht gekommen, daß die berufstätigen Männer und Frauen nicht isolierte Einzelwesen, sondern Mitglieder von Familien sind, und daß man dieser Tatsache nicht nur im Heim, sondern auch bei der Organisation der Arbeit und der Freizeitgestaltung Rechnung tragen sollte. Das Problem besteht darin, wie man das Interesse der Wirtschaft an steigender Produktivität und das soziale Streben nach Zufriedenheit unter den Werktätigen und ihren Familien am besten ins Gleichgewicht bringt.

Die Richtung, in der sich die wohlerwogene amtliche Politik bewegt, kommt sowohl in Schweden als auch in Großbritannien am deutlichsten in den Berichten der Königlichen Kommissionen für Bevölkerungsfragen zum Ausdruck. Ihr Ausgangspunkt war bemerkenswerterweise nicht die Besorgnis um die Stellung der Frau, sondern um die Mittel und Wege zum Schutz der Interessen der Familie. Nichtsdestoweniger kamen beide zu einer entschiedenen Befürwortung der Berufstätigkeit verheirateter Frauen.

Die schwedische Kommission von 1955 beschuldigte die Arbeitgeber des »sozialen Mißbrauchs ihrer Macht«, wenn sie es verheirateten Frauen erschwerten, eine Stellung zu finden. Es wurde vorgeschlagen, ein Gesetz zu schaffen für den Fall, daß sich die Verhältnisse auf dem Arbeitsmarkt innerhalb eines angemessenen Zeitraums in dieser Hinsicht nicht änderten. Im Jahre 1938 legte die Königliche Kommission den Entwurf eines im folgenden Jahr verkündeten Gesetzes vor, nach dem »Berufstätige nicht wegen einer Heirat, einer Schwangerschaft oder der Geburt eines Kindes entlassen werden dürfen[5]«.

Die britische Königliche Kommission für Bevölkerungsfragen *(Royal Commission on Population)*[6] äußerte ihre Ansicht zu diesem Problem wie folgt: »Es wäre ganz allgemein für die Frau, die Familie und die Gemeinschaft von Schaden, versuchte man, den Beitrag, den die Frau zum Kultur- und Wirtschaftsleben der Nation beisteuern kann, einzuschränken. Es ist richtig, daß Mutterschaft und berufliche Vollbeschäftigung oft in Konflikt geraten. Dieser Konflikt ergibt sich zum Teil aus der biologischen Funktion der Frau, wird zum Teil aber auch künstlich erzeugt, und das Fortbestehen dieses künstlichen Elements führt dazu, den Stand der Mutterschaft zu einer untergeordneten Alternative gegenüber der außerhäuslichen Erwerbs-

5. Siehe auch Alva Myrdal, *Nation and Family*, London 1945, S. 415.
6. *Royal Commission on Population Report*, Cmd. 7695, 1949.

tätigkeit und der Teilnahme am öffentlichen Leben werden zu lassen. Wir begrüßen daher die Beseitigung des Eheverbotes in Berufen wie im Lehramt und dem öffentlichen Dienst, und wir sind der Meinung, man sollte sich um eine Regelung bemühen, die es den Frauen erleichtert, ihre Mutterschaft und die Betreuung des Haushalts mit Tätigkeiten außerhalb des Hauses zu verbinden[7].«

Man könnte hinzufügen, daß die erforderlichen Maßnahmen sich nicht auf eine technische und soziale Reorganisation beschränken. Was diese betrifft, so können Mittel für eine Verbesserung gefunden werden, und wir haben einige von ihnen erwähnt. Von gleicher Wichtigkeit jedoch ist ein Wandel in der gesellschaftlichen Einstellung. Dies ist ein Prozeß, der unvermeidlich langsamer vonstatten geht und nicht durch rein administrative Maßnahmen bewirkt werden kann.

Ein solcher Wandel in der Einstellung kann Folgen haben, von denen einige gegen tiefverwurzelte, gesellschaftliche Traditionen und wohlerworbene Rechte verstoßen mögen und die darum bei vielen Menschen – bei Frauen nicht weniger als bei Männern – unpopulär sein werden.

Um nur ein Beispiel zu nennen: Hat sich erst einmal der Gedanke durchgesetzt, daß es gleichermaßen die Pflicht von Männern und Frauen ist, einen positiven Beitrag zur Volkswirtschaft zu leisten, so ist schwerlich einzusehen, wieso ein Mann weiterhin seine geschiedene Frau bis zum Ende ihres Lebens unterhalten soll, wenn sie in der Lage ist, für sich selbst aufzukommen. Oder – während es bisher für eine Frau üblich ist, ihre Stellung aufzugeben, wenn der Beruf ihres Mannes einen Wechsel des Wohnsitzes erfordert –, es sind Situationen denkbar, in denen es sich für einen Mann günstiger erweist, seine Stellung zu wechseln, damit die Frau die ihre behalten kann. Gegenwärtig besteht ein starkes Vorurteil gegenüber einer sol-

7. a. a. O., Seite 160.

chen »Vertauschung der Rollen«; es kann nur allmählich beseitigt werden, indem Menschen bei gegebener Gelegenheit ein Exempel statuieren.

Die Befürchtung weitreichender Rückwirkungen, von denen manche vielleicht unvorhersehbar sind, darf jedoch nicht gesellschaftlichen Reformen im Wege stehen, die im heutigen Stadium der technischen und wirtschaftlichen Entwicklung längst überfällig sind und für die Gemeinschaft von allgemeinem Nutzen sein würden.

Der soziale Fortschritt dringt immer nur ungleichmäßig auf den verschiedenen Gebieten menschlicher Betätigung vor. In der Regel aber hat er sich immer etwa so vollzogen, daß neue wissenschaftliche Erfindungen zu technischen Fortschritten führten, denen wiederum soziale Angleichungen und Reorganisationen folgten; Veränderungen der allgemeinen Einstellung und Meinung bilden gewöhnlich den Schluß. Es besteht kein Grund zu der Annahme, auf dem Gebiet der Beschäftigung von Frauen, die heute durch die neuesten technischen Entwicklungen erleichtert und notwendig geworden ist, könne der Phasenablauf anders vor sich gehen – oder es werde Vorurteilen erlaubt sein, den Weg zum sozialen Fortschritt zu versperren.

So langsam die notwendige geistige Anpassung auch vor sich geht, sie muß sich schließlich vollziehen, und es gibt gewisse Symptome, die deutlich zeigen, daß solche Veränderungen in der sozialen Einstellung im Vordringen begriffen sind. Obwohl es zur Zeit beispielsweise keine Ideologie gibt, die verlangt, daß kinderlose verheiratete Frauen einen Beruf ergreifen (die Kriegszeit ausgenommen, wo dies in allen Ländern üblich war und in manchen zur Pflicht erhoben wurde), gibt es doch selbst in den mittleren und oberen Schichten keine Vorurteile mehr dagegen.

Dies steht in betontem Gegensatz zu den Ansichten und Gepflogenheiten früherer Generationen, und es weist auf die Richtung hin, in der die Entwicklung sich vollzieht. Die Ansichten und Vorstellungen werden mehr und mehr mit den technischen und gesellschaftlichen Entwicklungen in Einklang gebracht und wirken in Richtung einer stärkeren Beteiligung der verheirateten Frauen an den wirtschaftlichen, politischen, administrativen und kulturellen Tätigkeitsbereichen der Gesellschaft.

Bibliographie

Abel-Smith, Brian, *A History of the Nursing Profession,* London 1960.

Andrews, Benjamin R., *Economics of the Household,* New York 1935.

Applebaum, Stella B., *Working Wives and Mothers,* (Public Affairs Pamphlet No 188, New York 1952).

Aerreger, C. E. (Hrsg.), *Graduate Women at Work,* (Brit. Akademikerinnenverband), Newcastle 1966.

Baetjer, Anna M., *Women in Industry,* Philadelphia und London 1946.

Banks, J. A., *Prosperity and Parenthood,* London 1954.

Baur Hansl, Eva vom, *Part-Time Work – a Sampling from the AAUW Questionnaires,* (Journal of the American Association of University Women, Vol. 44, No. 3, 1951).

Beauvoir, Simone de, *Le Deuxième Sexe,* Paris 1949; Deutsche Ausgabe: *Das andere Geschlecht, Sitte und Sexus der Frau,* Hamburg 1956.

Beckerman, Wilfred und Sutherland, Jane, *Married Women at Work in 1972* (National Institute Economic Review, No. 23, Febr. 1963).

Benham, Elizabeth D., *The Woman Wage-Earner,* (US-Dept. of Labor, Women's Bureau Bulletin No 172, 1939).

Bennett, B. A., *Part-Time Nursing Employment in Great Britain* (International Labour Review, Bd. LXXXV, No. 4, April 1962).

Berry, Jane und Epstein, Sandra, *Continuing Education of Women: Needs, Aspirations and Plans* (Univ. of Kansas City, Miss., Mai 1963).

Borgatta, E. F. und C. F. Westhoff, *Social and Psychological Factors Affecting Fertility, XXV. The Prediction of Total Fertility,* (The Millbank Memorial Fund Quarterly, Oktober 1954, XXXII No 4).

Borsodi, Ralph, *Flight from the City – The Story of a New Way to Family Security,* New York 1933.

Bowlby, John, *Maternal Care and Mental Health,* (Weltgesundheitsorganisation, Genf 1951).

Bowlby, John, *The Effects of Mother-Child Separation. A Follow-up Study.* (British Journal of Medical Psychology, September 1956).

Bowlby, John, Child Care and the Growth of Love, Harmondsworth 1965.

Broughton, M. E., *Children with Mothers at Work* (Journal of the Royal Institute of Public Health and Hygiene, Mai/Juni 1962).

Bruntz, François, *The Part-Time Employment of Women in Industrialized Countries* (International Labour Review, Bd. LXXXVI, No. 5, Nov. 1962).

Chester, T. E., *Growth, Productivity and Womanpower* (District Bank Review, Sept. 1962).
Chombart de Lauwe, P. H. (Hrsg.), *Images de la femme dans la société,* Paris 1964.
Clark, F. le Gros, *Woman, Work and Age* (Nuffield Foundation), London 1962.
Clephane, Irene, *Toward Sex Freedom,* London 1935.
Curtis, Helen und Willmott, Phyllis, *Part-Time Employment and Some Aspects of Recruitment and Training in Social Work – An Enquiry in London,* (Association of Part-Time Social Workers), Jan. 1963.
Curtis, Helen und Howell, Catherine, *Part-Time Social Work,* (The National Council of Social Service Inc.), London 1965.
Dahlström, Edmund (Hrsg.), *The Changing Role of Men and Women,* London 1967. (Ursprüngl. in schwed. und norweg. Fassung erschienen, 1962).
Daric, Jean, *L'Activité professionelle des femmes en France,* Paris 1947.
Daric, Jean, *Aperçu général de l'évolution du travail féminin en France,* (Avenirs, Paris, März-April 1951).
Daric, Jean, *Vieillisement de la population, (Population,* Paris 1952, No 1).
Daric, Jean, *Le travail des femmes: professions, métiers, situations sociales et salaires* (Population 1958, No 1).
Daric, Jean, *Quelques vues sur le travail féminin non-agricole en divers pays.* (Population 1958, No 1).
David, Henry, *Work, Women and Children* (The Nations Children, Bd. III, Problems and Prospects, Columbia University N. Y. 1960).
Dennis, Lawrence E. (Hrsg.), *Education and a Woman's Life,* (Amer. Council on Education), Washington 1963.
Douglas, J. W. B. und Blomfield, J. M., *Children under Five,* London 1958.
Durand, John D., *Women in the United States,* (Int. Labour Review, Dezember 1943).
Durand, John D., *Married Women in the Labour Force,* (American Journal of Sociology, November 1946).
Durand, John D., *The Labour Force in the United States, 1890–1960,* (Research Monograph, Social Science Research Council, 1948).
Duverger, Maurice, *The Political Role of Women,* UNESCO 1955.
Elliott, Dorothy M., *The Status of Domestic Work in the United Kingdom,* (International Labour Review, Vol. LXIII, No 2, Februar 1951).
Ferguson, T. und J. Cunnison, *The Young Wage-Earner,* London 1951.

Folsom, J. K., *The Family and Democratic Society*, New York und London 1943.
Frandsen, Dorothea und Daldrup, Ursula, *Der Frauenbericht der Bundesregierung, Rechtliche Konsequenzen*, Niedersächsische Landeszentrale für politische Bildung, 1969.
Freud, Anna und Dorothy Burlingham, *Young Children in Wartime*, London 1942.
Freud, Anna, *Infants Without Families*, London 1943.
Deutsche Ausgabe: *Anstaltskinder*, London 1950.
Freud, Sigmund, *Die Psychologie der Frauen*, 1933.
Gesammelte Werke, Bd. 15 (Neue Folge der Vorlesungen zur Einführung in die Psychoanalyse) London 1941 (Neudruck 1946).
Friedan, Betty, *The Feminine Mystique*, New York und London 1963.
Deutsche Ausgabe: *Der Weiblichkeitswahn*, Hamburg 1966.
Gafafer, W. M., *Industrial Sickness Absenteeism Among Males and Females During 1950*, (US Public Health Reports, Vol 66, No 47. November 1951).
Gavron, Hannah, *Captive Wives*, London 1966.
Gillen, J. M., *Non-occupational Disability in General Motors* (Monthly Labour Review, Januar 1952).
Ginzberg, Eli et al., *Life Styles of Educated Women*, New York und London 1966.
Glass, Netta, *Eating, Sleeping and Elimination Habits in Children Attending Day Nurseries and Children cared for at Home by Mothers*, (American Journal of Ortho-psychiatry, Vol XIX, No 4, Oktober 1949).
Glick, Paul, *The Family Circle*, (American Sociological Review, April 1947).
Glueck, Sheldon und Eleanor, *Unravelling Juvenile Delinquency*, New York 1950.
Glueck, Sheldon und Eleanor, *Working Mothers and Delinquency*, (Mental Hygiene, XLI No 3, 1957).
Goldsmith, Margaret, *Women at War*, London 1943.
Goldwater, Ethel, *Woman's Place* (Commentary, New York, Dezember 1947).
Gruenberg, S. M. und Hilda Sidney Krech, *The Many Lives of Modern Women*, New York 1952.
Gubbels, Robert, *La citoyenneté économique de la femme. Reflexions sur le travail féminin à temps partiel.* Brüssel 1966.
Guelaud-Leridon, *Le travail des femmes en France* (Institut National d'Études Démographiques & Commissariat Général du Plan d'Equipement et de la Productivité; Travaux et Documents, Heft No. 4), Paris 1964.

Guilbert, Madeleine und V. Isambert-Jamati, *Statut professionnel et rôle traditionnel des Femmes,* (Cahiers Internationaux de Sociologie, Nouv. Série, XVII, Juli-Dezember Paris 1954).
Guilbert, Madeleine, *Les fonctions des femmes dans l'industrie.* Haag und Paris, 1966.
Halmos, Paul, *Solitude and Privacy,* London 1952.
Harris, E. M., *Married Women in Industry,* (Institute of Personal Management, Occasional Papers No 4, überarbeitete Neuauflage, London 1960
Havemann, Ernest und Patricia Salter West, *They Went to College,* New York 1952.
Heinicke, Christoph M., *Some Effects of Separating Two-Year-Old Children from their Parents: A Comparative Study,* (Human Relations, Bd. IX, 1956).
Herzog, Elizabeth, *Children of Working Mothers,* (Children's Bureau Publication, USA Regierungsdruck) Washington 1960.
Hewitt, Margaret, *The Effect of Married Women's Employment in the Cotton Textile Districts on the Organisation and Structure of the Home in Lancashire, 1840–1880,* Dissertation, London 1953.
Hewitt, Margaret, *Wives and Mothers in Victorian Industry,* London 1958.
Hooks, Janet, *British Policies and Methods in Employing Women in War-time,* (US Dept. of Labour, 1944).
Hooks, Janet, M., *Women's Occupations Through Seven Decades* (US Dept. of Labour, Women's Bureau Bulletin No 218, Washington 1951).
Horney, Karen, *The Neurotic Personality of our Time,* London 1937. Deutsche Ausgabe: *Der neurotische Mensch unserer Zeit,* Stuttgart 1951.
Hubback, Judith, *Wives who went to College,* London 1958.
Hunt, Audrey, *A Survey of Women's Employment* (Government Social Survey, 2 Bde.), London 1968.
James, Edward, *Women at Work in Twentieth Century Britain,* (The Manchester School of Economics and Social Studies, Bd. XXX, No. 3, Sept. 1962).
Jefferys, Margot, *Married Women in the Higher Grades of the Civil Service and Government Sponsored Research Organisations* (Research Note, British Journal of Sociology, Vol. III No 4, 1942).
Jephcott, Agnes Pearl, *Girls Growing Up,* London 1942.
Jephcott, Agnes Pearl, *Rising Twenty,* London 1948.
Jephcott, Pearl, mit Seear, N. und Smith, J. S., *Married Women Working,* London 1962.
Kelsall, R. K., *Women and Teaching,* (H. M. S. O.), London 1963.
Kelsall, R. K. und Mitchell, Sheila, *Married Women and Employment*

in England and Wales, (Population Studies, Bd. XIII, Erster Teil, Juli 1959).
Kinsey, Alfred C., W. B. Pomeroy und andere, *Sexual Behaviour of the Human Female,* Philadelphia und London 1953.
Deutsche Ausgabe: *Das sexuelle Verhalten der Frau,* Frankfurt 1954.
Kiser, Clyde V. und N. L. Schacter, *Demographic Characteristics of Women,* in »Who is Who« (The Millbank Memorial Fund Quarterly, Vol. XXVII, No 4, Oktober 1949).
Klein, Viola, *The Feminine Character – History of an Ideology,* London 1946, New York 1948.
Klein, Viola, *Britain's Married Women Workers,* London 1965.
Klein, Viola, *Women Workers – Working Hours and Services,* (O. E. C. D.), Paris 1965.
Kneeland, Hildegarde, *Limitations of Scientific Management in Household Work,* (Journal of Home Economics, 1928, No 20).
Kneeland, Hildegarde, *Woman's Economic Contribution in the Home,* (Annals of the American Academy of Polit. and Social Science, No 143, 1929).
Kneeland, Hildegarde, *Is the Modern Housewife a Lady of Leisure?,* (Survey Graphic, Juni 1929).
Komarovsky, Myrra, *Cultural Contradictions and Sex Roles,* (American Journal of Sociology, November 1946).
Komarovsky, Myrra, *Women in the Modern World, Their Education and Their Dilemmas,* Boston 1953.
Komarovsky, Myrra, *Womens in the Modern World, Their Education and Their Dilemmas,* Boston 1953.
Kyrk, Hazel, *Economic Problems of the Family,* New York 1933.
Leplae, Claire, *Les femmes universitaires,* (Institut des Recherches Economiques et Sociales, Löwen 1950).
Levy, David M., *Maternal Over-protection,* New York 1943.
Luetkens, Charlotte, *Women and a New Society,* London 1946.
Marbeau-Cleirens, Béatrice, *Psychologie des mères,* Paris 1966.
Mead, Margaret, *Male and Female,* London und New York 1949.
Deutsche Ausgabe: *Mann und Weib. Das Verhältnis der Geschlechter in einer sich wandelnden Welt,* Hamburg 1958.
Mead, Margaret, *Some Theoretical Considerations on the Problem of Mother-Child Separation,* (American Journal of Orthopsychiatry, XXIV, No 3, Juli 1954).
Miller, Frieda S., *Household Employment in the United States,* (International Labour Review, Vol. LXVI, No 4, 1952).
Montague, Ashley, *The Natural Superiority of Women,* New York 1953.

Myrdal, Alva, *Nation and Family,* New York und London 1945.
Nye, F. Ivan und Hoffman, Lois Wladis, *The Employed Mother in America,* Chicago 1963.
Parrish, John B., *Professional Womanpower as a National Resource* (Quarterly Review of Economics and Business, Univ. of Illinois, Febr. 1961).
Parrish, John B., *Top Level Training of Women in the U. S., 1900–1960* (Journal of the Assoc. of Women Deans and Lounsellors, 1962.)
Pfeil, Elisabeth, *Die Berufstätigkeit von Müttern,* Tübingen 1961.
Pinchbeck, Ivy, *Women Workers and the Industrial Revolution,* London 1930.
Radke Yarrow, M.; Scott, P. M.; de Leeuw, L. und Heinig, C., *Child-Rearing in Families of Working and Non-Working Mothers,* (Sociometry, Bd. XXV, No. 2), Beacon (N. Y.) 1962.
Renard, Marie-Therèse, *La participation des femmes à la vie civique,* Paris 1965.
Riesman, David, *The Lonely Crowd,* New York 1953.
Deutsche Ausgabe: *Die einsame Masse, Eine Untersuchung der Wandlungen des amerikanischen Charakters,* Berlin und Neuwied 1956.
Riesman, David, *Some Continuities and Discontinuities in the Education of Women,* (3. John Dewey Gedächtnis-Vorlesung im Bennington College), Bennington 1957.
Rössel, Agda, *The Employment of Women in Sweden,* (Int. Labour Review, Genf, März 1955).
Rössel, James, *Women in Sweden,* (The Swedish Institute), Stockholm 1965.
Rose, A. M., *Social Problems in the Mass Society,* (The Antioch Review, September 1950).
Rowntree B., Seebohm und G. R. Lovers, *Poverty and the Welfare State,* London 1951.
Schaffer, Rudolph und Emerson, Peggy E., *The Development of Social Attachments in Infancy,* (Sonderschrift der Society for Research in Child Development) 1964.
Sharp, Thomas, *Town Planning,* Harmondsworth 1945.
Deutsche Ausgabe: *Städtebau in England,* Berlin 1948.
Seear, Nancy, et al., *A Career for Women in Industry?,* (London School of Economies), London 1964.
Smieton, Dame Mary, *Problems of Women's Employment in Great Britain,* (Int. Labour Review, Vol LXIX No 1, 1954).
Smieton, Dame Mary, *Women in the Labour Force,* (Int. Labour Review, Genf, März 1958).
Steinmann, Anne, *Women's Attitudes Towards Careers,* (Vocational Guidance Quarterly, No. 8, Herbst 1959).

Steward, C. M., *Future Trends in the Employment of Married Women,* (British Journal of Sociology, März 1961).
Stoetzel, Jean, *Une étude du budget-temps de la femme dans les agglomérations urbaines,* (Population, Paris 1948, No 1).
Stolz, L. M., *Effects of Maternal Employment on Children: Evidence from Research* (Child Development, No. 31, 1960).
Stolz, Siegel, Hitchcock und Adamson, *Dependence and Independence in Children of Working Mothers* (Childs Development, Dezember 1959).
Stott, D. H., *Do Working Mothers' Children Suffer?,* (New Society, 19. August 1965).
Strecker, Edward, *Their Mother's Sons,* Philadelphia 1946.
Sullerot, Evelyne, *Histoire et Sociologie du Travail Féminin,* Paris 1968.
Thomas, Geoffrey, *Women in Industry, Social Survey,* London 1947.
Thompson, B. und Finlayson, A., *Married Women Who Work in Early Motherhood,* (British Journal of Sociology, Bd. XIII, No. 1, März 1962).
Titmuss, R. M., *Essays on the Welfare State,* London 1958.
White, Lynn, Jr., *Educating our Daughters – A Challenge to the Colleges,* New York 1950.
Williams, Gertrude, *Women and Work,* London 1945.
Wilson, Maud, *Use of Time by Oregon Farm Home-makers,* (Oregon Agricultural Experimental Station, Bulletin No 256, 1929).
Witmer, Helen, *The Field of Parent Education,* (Nat. Council of Parent Education, Vassar College, 1934).
Witmer, Helen, *The influence of Parental Attitudes on the Social Adjustment of the Individual,* (American Soziological Review, No 2, 1937).
Wolfe, Beran, M. D., *A Woman's Best Years,* Garden City N. Y. und London 1946.
Wood, Ethel, M., *Mainly for Men,* London 1943.
Woodhall, Maureen, *Is it Worth Educating Women?,* (New Society, 19. August 1965).
Young, Louise M., *Women's Opportunities and Responsibilities,* (The Annals of the Amer. Academy of Political and Social Sciences, Mai 1947).
Young, Louise M., *The American Woman at Mid-Century,* (American Review, Dezember 1961).
Yudkin, Simon und Holme, Anthea, *Working Mothers and their Children,* London 1963.
Zapoleon, Marguerite, *Occupational Planning for Women,* New York 1951.

Zweig, Ferd., *Women's Life and Labour*, London 1952.
Zweig, Ferdynand, *The Worker in an Affluent Society*, London 1961.

SONSTIGE VERÖFFENTLICHUNGEN

American Women. Report of the President's Commission on the Status of Women (U. S. Govt. Printing Office, Washington 1963).
»An International Survey of Part-Time Employment«, *(International Labour Review,* Vol. LXXXVII, Nr. 4 und 5, Oktober und November 1963).
Bericht der Bundesregierung über die Situation der Frauen in Beruf, Familie und Gesellschaft, (Drucksache V, 909), Bonn 1966.
»Child Care Facilities for Women Workers«, *(International Labour Review,* Vol. LXII, Nr. 5, November 1950).
Deprivation of Maternal Care – A Reassessment of Its Effects, (Public Health Papers, W. H. O., Genf 1962).
»Employment of Married Women and Mothers of Families«, (*International Labour Review,* Vol. LXIII, Nr. 6, Juni 1951).
»Employment of Women«, (*Political and Economic Planning,* Vol. XV, Nr. 285, Juli 1948).
Employment of Women in a Emergency Period, (U. S. Departement of Labor, Women's Bureau, 1951).
»Enquiry on Equal Pay in Sweden«, (*International Labour Review,* Vol. LXIII, Nr. 7, Juli 1951).
»Facilities for Women Workers with Home Responsibilities« (*International Labour Review,* Vol. LXIII, Nr. 3, März 1951).
15 to 18, A Report of the Central Advisory Council for Education (England), (H.M.S.O., London 1959).
Graduate Wives (P.E.P. in *Planning,* Vol. XX, Nr. 361, April 1944).
Handbook of Facts on Women Workers, (U. S. Departement of Labor, Women's Bureau Bulletin Nr. 237, Washington 1950).
Higher Education, Report of the Committee appointed by the Prime Minister under the Chairmanship of Lord Robbins, 1961–1963 (Cmd. 2154, H.M.S.O., Oktober 1963).
La Femme au Travail, (Sondernummer von *Esprit,* Paris Mai 1961).
Occupations Suitable for Women (U. S. Social Security Board, Bureau of Employment Security, 1942).
Older Women Workers, (U. S. Department of Labor, Women's Bureau, 1945).
Part-Time Jobs for Women: A Study in Ten Cities, (U. S. Department of Labor, Women's Bureau Bulletin Nr. 238, Washington, 1951).
People in Production. Enquiry into British War Production, (Mass Observation Report, Penguin Special, London 1942).

Progress of Women in the United States, 1949–1951, (Report prepared by the U. S. Department of Labor, Women's Bureau, for the 7th Assembly of the Inter-American Commission of Women at Santiago, 30. Mai–14. Juni 1951).

»Social Contribution by the Ageing«, (*The Annals of the Amer. Academy of Political and Social Science,* Philadelphia, Jan. 1952).

The Changing Pattern, Report on the Training of the Older Woman (National Federation of Business and Professional Women's Club, London 1966).

The Housewife's Day – a Pilot Survey (Mass Observation Bulletin Nr. 40, London 1951).

The Influence of Home and Community on Children Under Thirteen Years of Age (UNESCO, Paris 1949).

The Problem of Absenteeism (Ministry of Labour and National Service, London September 1942).

The Outlook for Women in Social Work Administration, Teaching and Research, (U. S. Department of Labor, Women's Bureau Bulletin 235–236).

The War and Women's Employment; The Eexperience of the United Kingdom and the United States, (International Labour Office, Montreal 1946).

The Woman in America, (Sondernummer von *Daedalus,* Zeitschrift der American Academy of Arts and Sciences, Frühjahr 1964).

The Women in the Labour Force, Teil I und II, Statistisches Zentralbüro, (Stockholm 1965, Nr. 5 und 7).

Vocational Guidance and Training for Women (*International Labour Review,* Vol. LXVI, Nr. 1, Juli 1952).

Woman, Wife and Worker, London School of Economics, (H.M.S.O., London 1960).

Womanpower (*Civilian Personnel Pamphlet,* Nr. 20, published U. S. War Dept., 1945).

Womanpower, National Manpower Council (Columbia Univ. Press, New York 1957).

Women and Top Jobs, An Interim Report (P.E.P. 1967).

Women Want to Work, Some Notes on Prospects, Training and Finding Work for the Older Woman with a Good Educational Background (Women's Employment Federation, London, Frühjahr 1964).

Women Workers/1963 (Trades Union Congress, 1963).

Women Workers in a Changing World, Reports VI (1) und (2), (International Labour Office, Genf 1963).

Women in the Federal Service. Part I: Trends in Employment, Part II: Occupational Information (U. S. Department of Labor, Women's Bureau Bulletin Nr. 230 – I und II, Washington 1949 und 1950).

Women in Higher Level Positions (U. S. Department of Labor, Women's Bureau Bulletin Nr. 236, Washington 1950).
Women's Jobs: Advance and Growth, (U. S. Department of Labor, Women's Bureau Bulletin Nr. 232, Washington 1949).
Work in the Lives of Married Women, National Manpower Council (Columbia University Press, New York 1958).

Register